CHINA PLATEAU HEALTH
AND
CARE DEVELOPMENT REPOR

2025

主　编◎马金刚　王成慧
副主编◎张　静　陈　刚　张丽娜

中国高原康养
发展报告

（2025）

经济管理出版社
ECONOMY & MANAGEMENT PUBLISHING HOUSE

图书在版编目（CIP）数据

中国高原康养发展报告.2025 / 马金刚，王成慧主编；张静，陈刚，张丽娜副主编.-- 北京：经济管理出版社，2025.-- ISBN 978-7-5243-0259-9

Ⅰ.F592.3

中国国家版本馆 CIP 数据核字第 2025GK5910 号

组稿编辑：王光艳

责任编辑：王光艳

责任印制：张莉琼

出版发行：经济管理出版社

（北京市海淀区北蜂窝 8 号中雅大厦 A 座 11 层　100038）

网　　址：www.E-mp.com.cn

电　　话：（010）51915602

印　　刷：北京市海淀区唐家岭福利印刷厂

经　　销：新华书店

开　　本：710mm×1000mm /16

印　　张：16

字　　数：314 千字

版　　次：2025 年 6 月第 1 版　　2025 年 6 月第 1 次印刷

书　　号：ISBN 978-7-5243-0259-9

定　　价：88.00 元

编写组成员

（按姓氏拼音排序）

学术顾问：

李　群　邹统钎

编写组：

陈　刚　郭　佳　马金刚　庞跃霞　普　霞

王成慧　吴　航　杨子琪　尹建伟　余　灿

张　静　张丽娜

序
PREFACE

　　适度高原地区生活可增进人体的低氧耐力，短期高原停留锻炼可促进健康，利用高原气候可治疗某些疾病。高原环境的特点是气压低、气温低、空气稀薄，由于海拔高度不同，气温、湿度、光照气候要素也不同，对人体健康和寿命有不同程度的影响。一般认为，高原低氧会给中枢系统带来不良影响。但据研究发现，缺氧时大脑可自动调节血流速度改变、血管舒张、启动侧支循环，增强代谢储备，以维持正常脑循环，保护脑组织免受缺血缺氧损伤。而通过预先反复短暂缺氧的预处理能够让脑组织形成低氧适应，增强脑储备力，激发内源性保护机制，促进受到损伤的大脑结构和功能的恢复。研究表明，适度间歇性暴露于高原低氧环境中，可以作为保护和提高脑储备力的手段。

　　高原康养，是指在由海拔高度形成的一定低氧环境范围内进行的健康养生甚至一些慢性病康复等活动。高原康养是相较于传统康养理念，如只有氧气充足、环境优美的地方才适合康养的传统认知提出的，是培养身体的"逆商"，即对于长期生活在低海拔地区的人，短期将身体处于低氧这种让人感觉欠佳的环境中，以激发人体的心肺功能等生理机能，调整神经系统功能，提高身体适应各种自然环境的能力，而又不至于造成低氧损伤。立足于高原地区独特的自然生态环境和丰富的文化旅游、医疗卫生、健康养老等资源禀赋优势，加快发展高原康养产业，是深化供给侧结构性改革、加快产业转型升级的重要抓手，是重塑区域竞争新优势、培育经济增长新动能、发展新质生产力、实现高质量发展的重要支撑，也是满足人民群众对美好生活需求的重要保障。

　　本书对高原医疗、高原健康、高原养生养老展开理论研究，对高原康养产业对旅居养老、生态旅游、特色农牧业、中医药康养、休闲体育等产业的推动和发展联动进行理论分析和实践总结。本书分为总报告篇、发展业态篇和地区实践篇三个部分。

在总报告篇中，一是对逆向康养的概念和理论基础进行了分析，提出了逆向康养的分类、发展价值、发展路径，并探索总结了逆向康养的实践状况；二是对高原康养的概念体系及产业组织分类、中国高原康养产业发展现状、中国高原康养产业发展面临的问题与对策、中国高原康养产业的发展趋势进行分析；三是对2023~2024 年中国高原康养发展指数进行了分析，构建了包括生态环境系统、康养资源系统、康养经济系统、服务能力系统、政策环境系统共 5 个分析系统的34 项指标体系，运用熵权 TOPSIS 法对 21 个高原康养目的地市（州）的高原康养发展情况进行量化分析。

在发展业态篇中，一是在分析老年人康养需求特点的基础上，研究了老年人高原康养的医养结合、食养结合、药养结合、旅养结合的几种康养业态，分析了不同业态的发展现状与发展趋势；二是在总结中国高原地区发展"体育+"业态的基础上，分析了我国高原体育康养的发展模式，并提供了推进高原体育康养发展的对策建议。

在地区实践篇中，本书分析了西宁市、昆明市、拉萨市、丽江市、海东市、林芝市、曲靖市共 7 个地区在发展各具特色的高原康养方面的实践做法和经验，为我国其他地区的高原康养产业发展提供了有价值的参考。

本书是团队集体力量和智慧的结晶，由马金刚、王成慧任主编，张静、陈刚、张丽娜任副主编。各章资料整理与编写的具体分工如下：第一章（马金刚），第二章（王成慧、张静），第三章（王成慧、张静），第四章（王成慧、郭佳），第五章（王成慧、吴航），第六章（庞跃霞、尹建伟），第七章（陈刚、张丽娜），第八章（陈刚、张丽娜），第九章（王成慧、杨子琪），第十章（杨子琪、张静），第十一章（郭佳、王成慧），第十二章（普霞、余灿）。最后由马金刚和王成慧统一核稿。本书编写得到了国内诸多专家、学者的指导与支持，同时参考了近年来医疗康复、养老养生、文化旅游、体育健身等研究领域的最新成果，引用了如青海日报、云南日报、西藏日报、贵州日报等高原省（区、市）报纸和地方政府官网的信息资料，无法一一列出，在此向原作者致以诚挚的谢意。需要特别指出的是，由于高原康养是一种新康养业态和康养模式，国内尚未就此领域形成标准统一的统计口径，因此在搜集高原区相关数据时，难免由于数据不全而产生偏差和谬误，加之作者水平所限，书中难免还有疏漏和错误，敬请各位专家和读者批评指正！

马金刚　王成慧

2025 年 2 月 9 日于北京

目 录
CONTENTS

总报告

第一章　引言：逆向康养——开启人类康养新时代 ……………… **003**

一、逆向康养概念的诞生与启迪 ………………… 003

二、深入思考与"逆向康养"理念 ………………… 004

三、逆向康养的理论基石 ………………… 005

四、高原环境的积极影响 ………………… 008

五、逆向康养的分类 ………………… 009

六、逆向康养的发展路径 ………………… 011

七、开展逆向康养的意义 ………………… 013

八、青海逆向康养产业实践探索 ………………… 014

九、逆向康养愿景 ………………… 018

第二章　中国高原康养产业发展现状及趋势分析 ……………… **020**

一、高原康养产业的界定 ………………… 021

二、高原康养产业发展迎来重大历史机遇 ………………… 025

三、中国高原康养产业发展现状 ………………… 030

四、中国高原康养产业发展面临的问题 …………………………………… 049

五、中国高原康养产业的发展趋势 ………………………………………… 054

第三章　2023～2024 年中国高原康养发展指数分析 ………………… **059**

一、中国高原康养发展指标体系构建 ……………………………………… 059

二、高原康养目标城市的选取 ……………………………………………… 064

三、高原康养发展指标数据处理 …………………………………………… 065

四、高原康养发展指数分析 ………………………………………………… 073

发展业态

第四章　老年人高原康养的发展现状与趋势 ………………………… **081**

一、中国已经进入"深度老龄化" ………………………………………… 081

二、老年人康养服务的基本需求 …………………………………………… 084

三、医养结合成为高原养老的新模式 ……………………………………… 091

四、食养结合成为高原康养发展的新动力 ………………………………… 096

五、药养结合的中医药高原康养迎来新机遇 ……………………………… 100

六、旅养结合的高原康养旅居成为新风尚 ………………………………… 111

七、开发高品位老年高原康养核心产品 …………………………………… 119

第五章　高原体育康养的发展模式与对策 …………………………… **123**

一、体育康养是大健康产业的一个重要组成部分 ………………………… 123

二、高原地区发展"体育＋"的势头强劲 ………………………………… 128

三、高原体育康养的发展模式 ……………………………………………… 135

四、推进高原体育康养发展的对策建议 …………………………………… 140

地区实践

第六章　西宁市：打造黄金海拔康养之都 …………………………… **147**

　　一、高原康养的独特资源优势 ………………………………… 147

　　二、全力打造高原康养特色旅游 ……………………………… 151

　　三、大力发展高原体育康养 …………………………………… 152

　　四、积极拓展医养结合发展新路径 …………………………… 154

　　五、打造高原幸福养老之城 …………………………………… 156

第七章　昆明市：打造旅居康养新名片 …………………………… **158**

　　一、旅居康养产业概述 ………………………………………… 158

　　二、昆明旅居康养资源条件 …………………………………… 159

　　三、各具特色的旅居项目 ……………………………………… 161

　　四、会展活动对旅居氛围的营造 ……………………………… 165

　　五、紧抓年轻人的旅居市场 …………………………………… 166

第八章　拉萨市：发挥高海拔优势，打造康养旅游发展基地 …… **168**

　　一、拉萨市高原康养产业发展优势 …………………………… 168

　　二、拉萨市康养项目经典案例 ………………………………… 171

第九章　丽江市：雪山下的康养仙境 ……………………………… **176**

　　一、丽江市发展康养产业的资源优势 ………………………… 176

　　二、丽江市康养产业发展现状 ………………………………… 179

　　三、丽江高原康养产业未来发展战略 ………………………… 185

第十章　海东市：高原康养路上的"璀璨明珠" ………………… **194**

　　一、海东市得天独厚的高原康养资源禀赋 …………………… 194

二、产业融合推进高原康养产业高质量发展 …………………………… 201

三、高原康养产业提档升级八大工程的建议 …………………………… 209

第十一章 林芝市：建设雪域高原生态旅游目的地 …………………… **217**

一、林芝市优越的自然生态环境 …………………………………… 217

二、全面推进全域生态旅游融合发展 ……………………………… 218

三、强化生态旅游发展的保障体系 ………………………………… 225

四、林芝市发展高原康养的三个新"赛道"思考 ………………… 228

第十二章 推进曲靖市旅居康养产业发展的调查思考 ………………… **229**

一、曲靖市发展旅居康养产业的优势 ……………………………… 229

二、曲靖市发展旅居康养产业面临的困难 ………………………… 231

三、推进旅居康养产业发展，打造"旅居曲靖"品牌的建议 …………… 233

参考文献 ………………………………………………………………… **239**

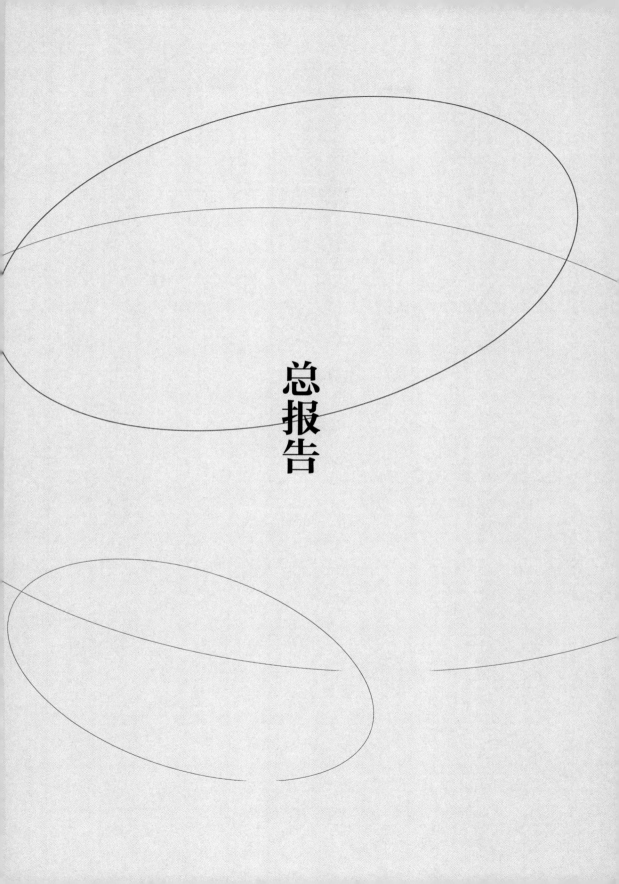

总报告

第一章

引言：逆向康养——开启人类康养新时代

自 2016 年中共中央、国务院发布并实施《"健康中国 2030"规划纲要》以来，健康产业被正式确立为国民经济发展的重要支柱。各地健康产业规划纷纷将健康置于国民经济发展的核心位置，并聚焦通过产业深度融合，打造示范区域与项目，以此作为推动健康事业发展的强大引擎。

目前，中国大健康产业正步入前所未有的黄金时代，健康服务业展现出惊人的增长潜力，2030 年市场规模将从 2024 年的 3.8 万亿元飞跃至 16 万亿元，这一巨变不仅彰显了行业的蓬勃生机，更被国际经济学界誉为"潜力无限的兆亿级产业"。

在这一历史性的发展机遇面前，青海省作为高原地区的独特存在，如何精准把握时代脉搏，从这片广袤的高原土壤中汲取养分，不仅服务于本地居民，还为高原访客及旅游者提供科学的健康保障，成为一个值得深思的重要课题。我们这一代人，尤其是像我们这样扎根青海近二十载的工作者，更应勇于担当，积极探索，将高原环境的独特优势转化为促进人类健康的宝贵资源，催生出一系列新经济形态与业态，推动康养产业深度融合与高质量发展，为青海乃至全国的康养事业贡献我们的智慧与力量。

一、逆向康养概念的诞生与启迪

逆向康养这一创新理念的初步构想，首次在公众视野中亮相，是在 2016 年 1 月 25 日的青海省"两会"上。当时，笔者作了题为《把环西宁旅游圈打造成青藏高原康养圣都》的大会发言。逆向康养这一提议不仅是对青海独特自然资源的深刻洞察，还是对高原康养潜力的一次大胆探索。而这一灵感的火花，源自一次偶然的阅读体验——笔者翻阅了 2008 年由青海人民出版社出版的中国工程院院士吴天一等的著作《青藏之旅健康行——青藏高原健康旅游指南》。它不仅是一部关于高原旅行的健康指南，还是一本揭示高原环境对人体健康双重影响的著作。书中前五篇详尽阐述了低海拔居民初上高原可能遭遇的不适与应对之策，第六篇则独辟蹊径，提出了一个颠覆性的观点：高原环境同样蕴藏着促进人体健康的宝贵资源。吴天一院士等通过深入研究，指出适度的高原环境能够提升人体的低氧耐力，短期的高原停留甚至能成为一种有效的健康锻炼方式。更令人瞩目的是，高原独特的气候条件被证实对某些疾病具有治疗作用，而世界三大长寿区的共同特征——高山环境，更是为这一理论提供了有力的现实支撑。

高原环境的独特性在于其低气压、低气温及稀薄的空气，这些看似不利的自然条件实则对人体健康与寿命产生了复杂而深远的影响。传统观念认为，高原低氧会对中枢神经系统构成威胁，但现代科学研究却揭示了其积极的一面：在缺氧状态下，大脑会自动调节，通过改变血流速度、舒张血管、启动侧支循环等机制，增强代谢储备，从而有效保护脑组织免受损害。更为神奇的是，预先短暂的缺氧预处理能够促使脑组织产生低氧适应，这种适应性变化不仅增强了脑储备力，还激发了内源性的保护机制，有助于受损大脑结构与功能的恢复。

正是基于这些前沿的科学发现，笔者萌生了将环西宁旅游圈打造成青藏高原康养圣地的构想。希望通过科学规划与合理开发，让更多人能够受益于高原环境的独特优势，实现身心的全面康养。

二、深入思考与"逆向康养"理念

在深入探究"短期高原停留"与"适度间歇性暴露于高原低氧环境中"的益处后，我们更加坚信这样的行为对人体健康具有积极影响。旅游、度假乃至疗休养，这些本就是短期且可能间歇性的活动，恰好与高原康养的核心理念相契合。基于这一理解，笔者以多重身份（省政协常委、省政协副秘书长、黄南藏族自治州副州长）提交了《把环西宁旅游圈打造成青藏高原康养圣都》的提案，并在2016 年青海省"两会"上进行了口头阐述。遗憾的是，当时并未引起广泛的关注与回响。这可能与长期以来人们对高原环境的传统认知有关。在大多数人的观念中，高原缺氧往往被视为对人体有害的负面因素，高原医学的研究也多聚焦低海拔人群进入高原后的适应性问题和高原反应。而提及康养，人们往往会联想到森林、大海等氧气充足、环境优美的场所。然而，我们坚信高原康养的理论观点转化为实践是完全可行的，只是需要时间和创新的方式去打破固有的认知壁垒。

2021 年，海北藏族自治州第一人民医院负责人的来访为我们提供了新的契机。他们希望利用海北康复基地的资源发展康养项目，这再次点燃了笔者对高原康养事业的热情。要推动这一事业，首先需要找到一个能够准确区分传统康养与高原康养的概念，同时又能引发公众思考的新词汇。经过反复思考，"逆向康养"这一概念应运而生。

逆向康养的核心在于挑战传统观念，将原本被认为负面因素的高原低氧环境转变为促进健康的积极因素。它强调的是一种反向的、挑战身体极限的康养方式，即通过短期暴露于低氧环境中，激发人体的生理机能，提高身体对自然环境的适应能力。这不仅是对传统康养理念的颠覆，还是对"生命在于运动"这一原理的深刻诠释。

在初步定义中，明确了逆向康养是在特定低氧环境范围内进行的健康养生和慢性病康复活动。它旨在培养身体的"逆商"，即面对不利环境时的适应能力和抵抗力。对于长期生活在低海拔地区的人群而言，逆向康养是一种全新的体验和挑战，它能够在不造成低氧损伤的前提下，有效提升心肺功能、调整神经系统功能，提升人体的整体健康水平。

未来，我们将致力于推广"逆向康养"理念，通过科学规划、合理布局和精准营销，将环西宁旅游圈打造成具有影响力的青藏高原康养圣地。同时，也将加强与其他地区的交流合作，共同探索高原康养事业的新模式、新路径，为人类的健康事业贡献更多的智慧和力量。

三、逆向康养的理论基石

逆向康养作为一种创新的健康理念，其理论依据根植于运动生理学、高原医学及人体适应机制等多个学科领域。

（一）高原医学

高原医学研究揭示了高原环境对人体健康的"双刃剑"效应：一方面，低氧环境可能导致高原病的发生；另一方面，通过习服和适应过程，人体能够调动生理功能活动，提高心肺功能、提升氧的利用并改善新陈代谢。这种生理适应机制正是逆向康养理念的核心所在。

习服与适应是人体面对环境变化时的重要生理机制。在高原低氧环境中，人体通过一系列复杂的生理生化过程逐渐适应这一特殊环境。在习服过程中，心肺功能得到显著提升，对氧的利用效率提高，新陈代谢得到改善。这种适应性的提升不仅限于高原环境本身，还能在返回低海拔地区后持续发挥积极作用，从而提高整体健康水平。

对于世居青藏高原的人群而言，他们通过长期的高原低氧适应，不仅增强了对疾病的抵抗力，还降低了心脑血管和代谢性疾病的发病率。这一现象进一步证实了高原低氧环境对人体健康的潜在益处。这些人群独特的生理适应机制，如冠状动脉侧支循环的丰富、心肌对低氧耐力的增强以及抗凝系统的活跃，均为逆向康养提供了宝贵的实践案例和理论依据。

对于在中度海拔高原短期居住或间断性居留的人群而言，低氧环境对人体产生的有益影响是多方面的。首先，呼吸调控功能显著增强，表现为低氧通气反应（HVR）加剧，肺泡通气和肺弥散能力提高，有助于提升氧气吸收效率。其次，红细胞生成增多，提高了血液的携氧能力。同时，自主神经系统在高原低氧条件下重新达到平衡，以维持心率和血压在生理范围内稳定。此外，抗过氧化能力增强，氧自由基代谢得到改善，有助于减少氧化应激对身体的损害。

（二）高原运动训练原理

高原运动训练原理即基于适度高原的低氧环境对平原运动员的"激活"作用，通过利用低氧应激，科学提升运动员的心肺功能、红细胞生成及最大有氧能力，进而在竞技中占据优势。这一方法在全球范围内被广泛采用，而中国凭借丰富的高原资源，已在此领域取得显著成效。

高原运动训练通过让平原运动员在高原环境下进行体育训练，利用低氧环境刺激，强化体能、提升低氧耐力，最终达到提高运动成绩的目的。在青海多巴国家高原体育训练基地等地，多名田径耐力项目运动员通过适应性训练，成功在国际赛场上摘金夺银。这些运动员在高原训练中经历了生理上的显著变化，包括红细胞数量适度增加，增强了血液的携氧能力；运动状态下潮气量和肺泡血流量增加，改善了肺通气和血流的比率，增强了肺弥散功能；同时，周围血流重新分配，心率降低，心脏每搏量提高，对氧气的利用率和低氧运动耐力显著提升。这些生理变化共同作用于运动员的身体，使其运动成绩实现了质的飞跃。

因此，高原运动训练已成为运动生理学领域的一项重要应用，为运动员在竞技赛场上取得优异成绩提供强有力的支持。

（三）运动健身原理

运动健身的核心在于通过增加身体活动量来提升体能与健康水平。在运动过程中，身体因能量需求激增而面临缺氧挑战，此时机体会自动启动代偿机制以应对。心脏加速跳动，泵血效率提升，同时呼吸加深加快，以最大限度地摄取氧气。这一过程不仅锻炼了心肺功能，还促进了全身血液循环与新陈代谢。逆向康养正是基于这一原理，将高原低氧环境视为一种天然的"运动加速器"。在高海拔地区，由于空气稀薄，人体自然处于轻度至中度缺氧状态，从而促使身体启动与高强度运动相似的代偿机制。这种非运动性的缺氧刺激，能够在不增加身体负担的情况下，有效提升心肺功能，增强身体的耐受力与适应力。

（四）细胞学原理

人体细胞在低氧环境中展现出的适应性变化，为逆向康养提供了坚实的细胞学基础。一是促进细胞适应能力。低氧环境作为一种压力源，能够激活细胞内的多种适应机制，包括基因表达调控、蛋白质合成与修饰等，从而增强细胞在不利条件下的生存能力和稳定性。二是刺激血管生成。为应对低氧，细胞会释放如血管内皮生长因子（VEGF）等信号分子，这些分子能够刺激新血管的生成，即血管新生（angiogenesis）。这一过程有助于改善氧气和营养物质的供应，促进组织修复与再生。三是调节细胞代谢。在低氧条件下，细胞会调整其代谢途径，从依赖氧气的高效率有氧氧化转向更灵活的无氧糖酵解。这种代谢重编程有助于细胞更有效地利用有限的氧气和能量资源，维持基本的生命活动。四是诱导细胞保护机制。低氧环境能够激活细胞的抗氧化防御系统，如超氧化物歧化酶（SOD）、过氧化氢酶等，减少氧化应激对细胞的损伤。同时，细胞还会增强自噬作用，清除受损的细胞器和蛋白质聚集体，保持细胞内环境的稳定。五是细胞膜与线粒体变化。低氧环境还可能促使细胞膜更加稳定，减少钙离子的内流，从而改善细胞内外环境的平衡。此外，线粒体作为细胞的"能量工厂"，在低氧条件下会发生一系列变化，如 NAD^+ 依赖性的代谢增强，ATP 合成增多，进而提高细胞对氧的利用效率。

（五）高山疗养与高原健康旅游

受高原运动训练成效的启发，高山疗养和高原健康旅游逐渐兴起于瑞士等国家和地区。这些活动通常选址在海拔 2000 ～ 3000 米的中度高原地区，要求风光秀丽、植被丰富、气候宜人。疗养点提供朴素的生活环境，配备医务人员指导和简单的物理训练设备，旨在让游客充分接触高原大自然，享受清新的空气、温暖的阳光和绿色食品。游客可以参与健身操、高原呼吸操等活动，或组织徒步旅行、登山等户外活动，通过低氧刺激"激活"生理功能，调整神经系统，从而达到提升健康水平的目的。

四、高原环境的积极影响

（一）高原环境在疾病治疗中的应用

高原训练及高原世居人群较低的心、脑血管病发病率，启发了医学界利用高原气候进行疾病治疗与康复。通过高山疗养、低压舱模拟高原低氧环境等方式，已证明高原环境对多种疾病具有治疗效果。例如，高血压，在高加索山区建立的高山疗养院，成功用于治疗高血压和冠心病，通过低氧环境改善心血管功能。冠心病，急性低氧暴露可增加冠脉血流，早期冠心病患者在海拔 1600 ～ 2200 米的地区疗养后，临床症状和心肌供血均有显著改善。支气管哮喘，低氧条件下小支气管平滑肌应激性降低，有助于减轻哮喘发作，间歇性低氧治疗已取得一定疗效。再生障碍性贫血，高原低氧刺激促进肾脏产生红细胞生成素，进而刺激骨髓生成红细胞，改善贫血状况。糖尿病，高原短期居住可改善人体糖耐量，高山徒步行走对糖尿病患者也有益。青稞和藜麦等高原作物被认为具有抗糖尿病的潜力。另外，高原气候还被用于治疗帕金森病、放射性损伤、情感性疾病、某些职业病及慢性肾炎肾病综合征等，均取得了较好的治疗效果。

（二）高原环境对睡眠质量的积极影响

适度高原地区生活（海拔 1500 ～ 3000 米），既能保证慢波睡眠的时间和质量，不影响深度睡眠，又能使适度的快波睡眠增加，有利于大脑的健康和机体的长寿。在海拔 1500 ～ 3000 米的高原地区，由于空气稀薄、气压较低，人体在适应这种环境的过程中，可能会经历一种"低氧应激"。这种应激反应反而有助于促进深度睡眠，即慢波睡眠，对身体的恢复和修复至关重要。适度的快波睡眠增加被认为对大脑的健康和记忆巩固具有积极作用。高原环境可能通过某种机制促进了这种睡眠阶段的增加，从而进一步有利于大脑的健康。

（三）高原环境与长寿的关联

（1）发育延迟与性成熟期延缓。青藏高原等高原地区由于低氧环境，人体发育和性成熟过程相对延缓。这种延缓可能意味着细胞分裂和复制的次数减少，从而降低了因细胞老化而引发的疾病风险，如癌症等。

（2）生命周期延长。前文所述的生理变化共同作用于人体，使得在高原生活的人群可能拥有更长的生命周期，即更长的健康寿命。

（3）低发病率的心脑血管疾病和恶性肿瘤。高原低氧环境可能通过促进血液循环、增强心肺功能等机制，降低了心脑血管疾病的发生风险。同时，由于细胞分裂减缓，恶性肿瘤的发病率也可能相对较低。

此外，我国青藏高原的长寿老人数量位居全国第三，这与在高原低氧环境中，人体发育延迟、性成熟期延缓、生命周期延长及心脑血管疾病和恶性肿瘤的低发病率有关。

需要注意的是，高原生活与健康长寿间的关系并非单一因素所能解释。除上述的生理机制外，还可能涉及遗传因素、饮食习惯、生活方式、医疗卫生条件等多方面的综合作用。例如，青藏高原地区居民可能因长期适应高原环境而形成了独特的饮食习惯和生活方式，这些都有助于他们的健康长寿。

五、逆向康养的分类

（一）基于康养资源

高原逆向康养通常是指在海拔较高地区进行的康养活动。高原地区拥有丰富的康养资源，依托不同类型的康养资源，高原康养可以进一步细分为以下两类：

1. 依托自然资源的康养

自然资源包括高原特有的气候、空气、水源、植被等，这些资源对于改善人体机能、促进健康具有积极作用。例如，高原地区新鲜的空气和充足的阳光有助于增强人体免疫力、改善心肺功能。

2. 依托文化资源的康养

高原地区往往拥有独特的民族文化、宗教信仰和风俗习惯等，这些文化资源可以为游客提供丰富的精神体验和心理慰藉。例如，藏族的藏医药文化、藏传佛教的禅修文化等都具有独特的康养价值。

（二）基于康养方式

高原逆向康养的方式多种多样，可以根据不同的需求和喜好进行选择。

1. 静养型

适合那些需要放松身心、调节情绪的人群。在高原地区进行冥想、瑜伽、太极等静养活动，可以帮助人们缓解压力、放松身心。

2. 动养型

适合那些喜欢运动、追求健康的人群。在高原地区进行徒步、骑行、登山等户外运动，可以锻炼身体、增强体质，同时欣赏高原独特的自然风光。

3. 综合型

将静养和动养相结合，根据个人需求和身体状况制定个性化的康养方案。例如，在高原地区进行一段时间的徒步旅行后，再回到酒店或民宿进行冥想或瑜伽等静养活动。

（三）基于市场需求

随着人们对健康和生活品质的追求不断提高，高原逆向康养市场也呈现多元发展趋势。根据市场需求的不同，高原逆向康养可以分为以下三类：

1. 高端定制型

针对高收入人群和特殊需求人群，提供个性化、定制化的康养服务。这些服务往往包括私人医生、营养师、心理咨询师等专业团队的全程陪伴和指导。

2. 大众普及型

针对普通游客和大众市场，提供价格适中、易于接受的康养服务。这些服务可能包括高原徒步旅行、藏医药体验、文化交流等活动。

3. 主题特色型

结合高原地区的特色和优势资源，打造具有独特魅力的康养主题。例如，以藏医药为主题的康养中心、以高原运动为主题的户外基地等。

六、逆向康养的发展路径

（一）强化高原医学研究与转化

1. 成立高原医学研究机构

在高原地区成立专门的高原医学研究机构，如高原医学科学研究院等，以推动高原医学研究的深入发展。这些机构应致力于高原病的防治、低氧适应机制的研究及高原康养产品的开发等。

2. 加强科研团队建设

组建由院士、专家组成的高原医学研究团队，分领域组建研究小组，专注高原病临床医学、基础医学、转化医学等方面的研究。通过科研团队的建设，提升高原医学研究的整体水平。

3. 推动科研成果转化

将高原医学研究成果转化为实际应用产品，如抗缺氧、抗疲劳的药品、保健品，以及具有辅助降血糖、恢复心血管健康等功效的功能食品。这些产品可以为前来高原旅游或居住的人群提供更多康养选择。

（二）完善高原康养基础设施建设

1. 建设高原医学研究中心

规划并建设高原医学研究中心，设置床位、实验室、研究功能区域等，以支持高原医学的深入研究和临床应用。这些设施的建设将提升高原康养的整体水平。

2. 改善医养结合机构条件

推动医养结合机构的建设和发展，提高老年人的生活质量。通过加强康复专业人才培养、开展中藏医养生保健活动等方式，提升医养结合机构的服务水平。

3. 加强交通与配套服务

针对高原康养地区交通不便、配套服务缺失等问题，加大基建建设投入，增加交通预算，加强交通服务监督。同时，完善旅游设施和服务体系，为游客提供更加便捷、舒适的康养环境。

（三）推动高原康养与多产业融合发展

1. 康养 + 旅游

依托高原地区的自然风光和民族文化资源，开发高原生态旅游产品。例如，推出生态研学、高原康养、湿地观鸟、自驾越野等旅游线路和产品，吸引更多游客前来体验高原康养旅游。

2. 康养 + 医疗

将高原医学研究成果应用于康养产业中，提供个性化的康养方案和服务。例如，根据游客的身体状况和需求，提供抗缺氧、抗疲劳的药品和保健品及定制化的康复治疗方案等。

3. 康养 + 体育

利用高原地区的气候特征和地理条件，开展高原体育运动和健身活动。例如，建设山地体育公园，开展徒步、骑行等户外运动项目，促进游客的身心健康。

（四）加强政策支持和宣传推广

1. 制定优惠政策

政府应出台相关优惠政策，鼓励企业和个人投资高原康养产业。例如，通过税收减免、财政补贴等政策支持措施，降低企业和个人的投资成本。

2. 加强宣传推广

通过媒体宣传、举办康养论坛和展会等方式，提高高原康养产业的知名度和扩大影响力。同时，加强与国内外相关机构的合作与交流，共同推动高原康养产业的发展。

综上所述，高原逆向康养的发展需要政府、企业和科研机构等多方面的共同努力和协作。通过强化高原医学研究与转化、完善高原康养基础设施建设、推动高原康养与多产业融合发展，以及加强政策支持和宣传推广等措施，从而推动高原逆向康养产业的持续健康发展。

七、开展逆向康养的意义

（一）引发理论创新

"逆向康养"理论的提出，是基于中国工程院院士吴天一等专家、学者长期致力于高原医学的研究成果。将这些科研成果延伸至青海低氧生态旅游、实现逆向康养，进行新的理性分析和解答，对高原生态旅游的本质规律和发展变化进行新的揭示和预见，从而引发更深入的思考和研究，具有重要的实践意义。

（二）扩展资源边界

资源边界是指能调动的资源种类的总和。青海省打造国际生态旅游目的地，基础是要打破传统认知，对生态旅游资源重新认识、深度挖掘和高效利用。资源就像积木，拼对了地方叫资源，拼错了地方就是垃圾。每个人身边的资源和机会都很多，如何挖掘和利用有限的资源和机遇，是由一个人的眼界和思维决定的。逆向康养利用的资源就是青海省特有的符合逆向康养的自然环境和气候类型，这有助于我们挖掘和利用有限的资源和机遇，进一步扩展资源边界。

（三）创新发展模式

逆向康养所形成的产业体系属于生态产业，是产业生态化、生态产业化的具体表现，也是文化、旅游、健康产业的发展模式创新。通过延长产业链、增强产业关联度、提高资源利用效率，医养旅研究会可助力突出高原低氧特色，拓展逆向康养品牌的认知度，开发逆向康养旅游产品和旅游线路，加大产业融合力度，形成逆向康养产业链，培育产业聚集区，催生逆向康养旅游新业态。

（四）升级产品体系

产品是旅游资源开发及旅游业经营和管理的重点，也是呈现给旅游者的核心价值所在。对于健康人群，我们可以设计有针对性的健康主题产品，提供康养服务和设施、营养膳食、修心养性、关爱环境及静心之旅等浅度干预产品；对于亚健康人群，我们可以将医学、保健、养疗技术渗透到旅游活动中，提供培养健康休闲方式的中度干预性产品；同时，我们还可以打破康养传统认知，颠覆康养旅游空间分布特征及产业形态，打造高原逆向康养基地，设计针对性强、深度干预的逆向康养产品，并探索性地对抑郁、慢性病等进行调理，进一步深入研究高原低氧环境适宜人群和康养康复性的旅游产品等。

八、青海逆向康养产业实践探索

（一）发展进程

2016年1月25日，青海省政协常委、省政协副秘书长、黄南藏族自治州副州长马金刚在青海省"两会"上作了题为《把环西宁旅游圈打造成青藏高原康养圣都》的大会发言。

2022年1月，青海省政协常委、省文化和旅游厅二级巡视员马金刚向省政协十二届五次会议递交了"关于在青海开展逆向康养的提案"。

2022年2月，"关于在青海开展逆向康养的提案"列为青海省政协主席重点督办提案。

2022年3月，青海省政协主席公保扎西向全国政协十三届五次会议提交了"推进高原健康康复医学及产业发展"的提案，建议加强高原健康康复医学及产业发展，将青海设立为国家高原健康康复产业发展试验区，加快推进"健康中国"建设。

2022年6月16日，青海省政协主席公保扎西邀请吴天一院士在"高原健康康复医学及产业发展"座谈会暨专题协商会上，给青海省政协常委作了题为《高原康养医学的理论和前景——青海是个理想之地》的讲座，匡湧副省长讲话，海东市市长王华杰介绍了海东市高原康养产业发展情况。

2022年8月10日，青海省政协主席公保扎西带领由部分省政协委员和特邀专家组成的调研组，赴海东市调研督办"关于在青海开展逆向康养"的重点提案。青海省省委常委、海东市委书记乌拉孜别克·热苏力汗出席有关活动。

2022年9月，青海省发展改革委会同省卫生健康委、省科技厅、省民政厅、省文化和旅游厅、省体育局等部门就"关于在青海开展逆向康养的提案"给予了答复。

2023年7月13日，青海省政协主席公保扎西率队围绕"加快高原医学康养基地建设"赴海东市开展主席民主监督，并出席吴天一院士创新中心和青海高原康养核心基地挂牌仪式。随后，公保扎西主席主持召开主席民主监督座谈会，青海省委常委、海东市委书记乌拉孜别克·热苏力汗，青海省副省长何录春，中国工程院院士吴天一，青海省政协副主席马丰胜分别作讲话和主题发言。海东市政府及青海省科技厅、省民政厅、省文化和旅游厅、省卫生健康委负责同志作交流发言。

2024 年 4 月 2 日，中共西宁市委宣传部、西宁市社会科学界联合会发布《关于开展西宁市 2024 年度哲学社会科学揭榜重大项目和自筹项目申报工作的通知》，《西宁市高原康养产业发展路径研究》作为重要选题名列其中。

2024 年 4 月 29 日，民革青海省委员会承担的 2024 年省委重点调研课题《青海发展逆向康养产业研究》开题，青海省人大常委会副主任刘同德参加会议并讲话。

（二）逆向康养产业发展中的困难

一是部门协同推进不够。高原逆向康养产业的发展涉及发展改革委、文旅、医疗、科技、农牧等多个职能部门，以及康养、旅游、医疗等行业的企业主体，自上而下缺乏统一调度管理，各部门间协同机制有待完善，资源整合利用不够充分，难以形成合力共同推动产业发展。

二是发展思路不清晰。高原逆向康养的产业核心应是吸引更多外地游客，更好服务于青海省国际生态旅游目的地建设。目前，青海省在高原逆向康养产业发展上尚未形成清晰准确的发展定位，如西宁市和海东市虽都已建立了各自的高原康养基地，但其主要内容仍停留在传统的养老服务及相关产业上，同旅游、生态、健康等概念的联系不够紧密，对高原逆向康养的核心内涵把握不准，从而导致在产业规划、政策制定等方面缺乏针对性。

三是市场定位不明确。对高原逆向康养产业的市场需求缺乏深入研究，市场定位不够明确，是面向青海省内大众，还是面向其他地区的旅游者？服务内容和形式也尚未明确，是提供短期的旅游式康养，还是长期的居住式康养？是提供健康检查、疾病治疗服务，还是提供生活方式指导、健身运动等服务？市场定位、服务内容，以及服务形式的不明确也导致在产品开发、市场推广等方面存在盲目性和不确定性。

四是行业标准缺失。产业发展，标准先行。高原逆向康养是一个新概念、新事物、新业态，需要有完善的标准体系引领行业高起点起步、高质量发展。如果标准制定不完善或相对滞后，就会导致产业陷入无序化发展困境，出现服务质量参差不齐、安全隐患增加、影响消费者选择、损害行业形象、资源重复投入和浪费等问题，进而阻碍行业发展、制约产业升级。亟需高起点谋划，打造一整套完善的标准体系，确保高原逆向康养产业能够健康、有序、可持续发展。

（三）青海逆向康养产业开发思考

当今迫切需要对逆向康养及其因果关系进行系统深入的研究，以揭示在采取特定方式做特定事情时会产生何种具体结果。为此，我们应着重关注以下四个方面：

1. 推动高原逆向康养共识的形成

推动逆向康养的首要任务是推动社会各界达成一个共识：高原不仅是一个能够康养的地方，还是一个适合康养的环境。这一共识的形成有助于为后续的研究和实践奠定坚实的基础。

2. 建立完善的指标体系

为科学评估逆向康养的效果，我们需要建立一套完善的指标体系，具体包括：明确哪些人群适合到青海等高原地区进行逆向康养，这需要考虑个体的身体状况、年龄、性别等因素；确定逆向康养后哪些生理或心理指标会得到改善，如心肺功能、睡眠质量、情绪状态等；探究我们可以通过哪些干预手段来改善这些指标，如调整饮食、增加运动量、进行特定的康复训练等。

3. 强化要素支撑，注重理论与实践的结合

在推动逆向康养的过程中，我们不仅要关注硬件设施、数字化改造、人才培养等要素，还要重视理论和实践数据的支撑。我们需要深入研究如何康、如何养、如何干预等问题，这是康养产品的基础，也是实现高原低氧环境康养经济的关键。与三亚等低海拔、植被覆盖率高的康养胜地相比，我们需要避免仅仅围绕地产行业、养老、保险等领域开发康养产品，而应更加注重康养效果评估体系的建立。通过明确康养后身体哪些指标得到改善，我们可以采取有效的干预手段，进而设计出具有盈利能力和可持续性的商业模式。

4. 实现效果评估，建立人体健康模型

为实现康养效果的准确评估并采取有效的干预手段，我们需要建立一个人体健康模型，并明确构成该模型的指标体系。有了这个模型和指标，我们才能准确

地评估通过康养哪些指标得到了改善，以及为了改善这些指标需要做哪些干预及干预的方式。同时，我们还需要探究哪些干预手段起到了什么效果，以便不断优化和完善康养方案。

（四）青海逆向康养产业发展建议

1. 成立领导机构，强化战略规划

把发展逆向康养产业纳入青海省"十五五"战略总体规划，成立由副省长牵头，省发展改革委、文化和旅游厅、财政厅、商务厅、科技厅、卫生健康委、体育局等职能部门组成的工作专班，并吸纳行业协会、专家学者以及企业代表共同组成，办公室设在文旅厅，负责战略规划、政策制定、资源整合、项目推进、监管评估，以及宣传推广等日常工作的执行和协调。工作专班当前的工作重心应放在研究制定青海省高原逆向康养产业的发展战略规划及产业发展的政策措施上，明确发展目标、重点工作和支持政策，确保高原逆向康养产业有序推进。同时，注重同青海省产业"四地"打造，尤其是国际生态旅游目的地建设有机结合。

2. 完善顶层设计，制定行动方案

充分把握高原逆向康养的核心要义，高起点谋划青海省高原逆向康养产业发展行动方案。细化各部门职责，确定产业发展的重点区域、重点项目和重点企业等。在产品设计方面，重点开发融合康养元素的旅游、健康产品，如生态徒步、文化体验游、养生度假等，注重产品设计与创新。在品牌建设方面，加强品牌创新和市场推广，打造具有青海特色的高原逆向康养旅游品牌，举办高原逆向康养文化节、高原逆向康养论坛等活动，提升品牌知名度和美誉度，吸引更多游客和投资者的关注。在基础设施方面，重点提升住宿、餐饮等基础服务设施的质量和水平，同时加强路网建设，提高交通便捷性和通达性。

3. 完善保障措施，护航产业发展

一是加强政府引导。设立高原逆向康养产业发展专项资金，用于支持设施建设、品牌打造、市场推广、产品创新、技术研发等方面；鼓励金融机构加大对高原逆向康养产业的支持力度，向企业提供贷款、担保等金融服务；出台税收、土地等方面优惠政策，降低逆向康养产业发展的成本，吸引社会资本参与产业发展。二是强化市场主体培育。引进与培育龙头企业，通过招商引资等方式，引进国内外知名的康养产业企业，同时培育本地特色的龙头企业，形成具有竞争力

的市场主体；支持中小企业发展，为中小企业提供创业孵化、技术支持、市场拓展等服务，鼓励其参与高原康养产业的开发和运营。三是活用东西部对口协作平台。将"高原康养"纳入对口支援工作范畴，建立青海省与对口支援六省（区、市）协同共谋共商共建共享机制，创新建管模式，以青海出地无偿划拨方式，六省（区、市）自投自建自管自营，建设各自省（区、市）劳模、职工青海高原逆向康养疗休养基地。每年组织各省（区、市）劳模、先进工作者、职工来青海进行疗养休假，既为青海带来大量高质量长期稳定客源，又可形成广泛的社会影响。

4. 建设示范基地，打造行业标准

充分依托西宁市、海东市、黄南州、海南州等地的黄金海拔，以及丰富的自然景观、冷凉气候、多民族文化、绿色有机农畜产品等多重资源优势，打造多层次、宽领域、复合型的高原康养示范基地。基地内设立健康评估中心，提供全面的健康评估服务，根据评估结果，为客户制定高原医学、藏医药浴、温泉养生、休闲度假、绿色生态食品等个性化的健康养生方案。同时，协调医学、科技、文旅等主管部门和行业组织的相关专家机构，深入研究高原逆向康养产业的特性和需求，实施高原逆向康养标准体系建设，对环境评估与资源保护、健康评估与指导、服务内容与质量、硬件设施的建设、专业人才的培养、安全管理与风险防控等进行细化、量化、指标化，并在此基础上积极借鉴吸收国内外先进经验，制定出一套符合青海实际的高原逆向康养产业标准，促进高原逆向康养产业规范有序高质量发展。

九、逆向康养愿景

我们期望吸引更多学者投身于逆向康养的研究，从内涵、构成、发展三个核心方面进行深入探索，为逆向康养的研究提供重要的路径指引，同时也为其可持续发展贡献重要的思想观念。

逆向康养研究展现出高度的跨学科特性，其涉及医学、旅游学、设计学、心理学、体育学、经济学、美学、气象学等多学科领域。研究视角多样，既可以从健康和文化旅游的融合角度展开，也可以从经济发展、环境设计、目的地管理等多视角进行深入探讨。

逆向康养研究与实践紧密相连，只有与实践保持频繁的互动，才能形成更加科学规范的理论。很多研究应源于实践，同时又指导着实践的发展，形成理论与

实践的良性循环。

当前，我们急需解决一系列关键问题，包括理论的跟进与深化，打破概念内涵的模糊性，完善实践指标，获取相关数据，深化共识以克服认识上的浅薄，以及从客观量化的角度进行解释和研究。

针对未来的发展趋势，我们提出以下研究议题：

其一，深入研究青海高原各市（州）开展逆向康养旅游的适宜性，探讨其空间分布格局及影响因素。

其二，基于评价维度，对青海高原各市（州）的康养生态环境、康养旅游资源、康养设施条件、社会经济条件进行排序，并分析其优势与不足。

其三，探索青海高原逆向康养旅游的开发路径，包括阶梯式开发、产品多元化、补齐发展短板、人才培养与服务水平提升，以及区域带动与可持续发展等方面。

在青海省发展高原康养、逆向康养，是践行习近平总书记"绿水青山就是金山银山"理念的最佳路径。逆向康养作为一个新理念、大课题、大产业，因地制宜地发展新质生产力，对于青海省而言，可以成为建设生态文明高地、打造产业"四地"、实施乡村振兴战略的重要战略举措。随着健康中国战略的推进，大健康产业将迎来黄金发展期，高原逆向康养产业大有可为，也必将大有作为。

我们要感谢青海省各民主党派的积极倡议和青海省政协的努力推动，也要感谢青海省委，省人大，省政府，海东市委、市政府对"高原康养"和"逆向康养"理念的高度重视和认可。虽然产业发展已起步，认知也达成了一定的共识，但逆向康养要实现高质量发展，仍面临一系列的困难和挑战，亟须各方共同努力，加以解决。

第二章

中国高原康养产业发展现状及趋势分析

康养产业是 21 世纪的新兴产业，是现代服务业的重要组成部分，关系国民的生存质量，影响经济社会发展。"十三五"时期，我国康养产业在需求与政策"双轮"驱动下，实现了从无到有、从少到多、从量到质、从弱到强的历史性、跨越式发展，国家陆续出台政策文件大力鼓励发展康养产业。从 2016 年《"健康中国 2030"规划纲要》，2017 年养老政策"质量提升年"，2018 年新设"老龄健康司"，2019 年"28 条"推进养老服务发展，到 2020 年将康养小镇建设上升为国家战略，5 年来出台各种优惠补贴、土地政策及支付体系细化专项鼓励政策百余项。自"十四五"以来，康养产业政策体系逐步完善，产业生态体系逐步形成，康养产业向气候、森林、温泉、中医药和特色农业等康养资源依附和聚集。作为康养产业的一种新兴业态，高原康养产业也迎来前所未有的发展机遇，不仅逐渐成为高原地区打造特色产业、推动经济转型升级的重要抓手，还成为重塑区域竞争新优势、培育经济增长新动能、发展新质生产力、实现高质量发展的重要支撑，成为实现健康中国战略目标的重要力量。

中国高原面积约为 250 万平方千米，占国土面积的 1/4。特别是被誉为"世界屋脊"的青藏高原，发展高原康养产业拥有得天独厚的自然条件、文化资源和政策支持，但在实际发展过程中仍面临诸多挑战，如基础设施不完善、产业布局不合理、服务质量参差不齐、专业人才缺乏等问题，这些都制约了高原康养产业的健康、可持续发展。因此，深入研究我国高原康养产业的发展现状、存在问题及其解决对策，对于推动高原地区乃至全国康养产业的健康发展具有重要意义。本章旨在通过对中国高原康养产业发展现状与趋势的分析，探讨该产业面临的主要问题及其原因，并在此基础上提出相应的对策建议，以期为高原康养产业的可持续发展提供参考和借鉴。

一、高原康养产业的界定

（一）高原康养的概念解析

目前对康养的定义，全国老龄办站在老年人视角提出：康养要做的是健康、养生和养老。健康即生理、心理和精神都处于良好状态；养生是以提升生命质量为目标，对身体和心理进行养护；养老则是针对老年人群的设施保障和系列服务。因此，康养产业的对象应以老年人为主，而主要内容是对生命的养护。中山大学何莽教授（2017）认为，对康养的定义应从行为学角度出发，康养是一种行为活动，是维持身心健康状态的集合，"康"是目的，"养"是手段。康养就是结合外部环境以改善人的身体和心智并使其不断趋于最佳状态的行为活动。康养既可以是一种持续性、系统性的行为活动，又可以是诸如休息、疗养、康复等具有短暂性、针对性、单一性的健康和医疗行为。何莽教授（2017）进一步认为，延伸至更大范围，从生命的角度出发，康养要兼顾生命的三个维度：一是生命长度，即寿命；二是生命丰度，即精神层面的丰富度；三是生命自由度，即国际上用以描述生命质量高低的指标体系。因此，康养的核心功能在于尽可能提高生命的长度、丰度和自由度。在这三个维度下，每个人都可以根据自己的状态在这个体系里找到特定的位置——从孕幼到青少年再到中老年乃至各个年龄阶层的人群，存在不同程度、不同类型的康养需求，从健康到亚健康再到病患甚至是需要临终关怀的群体，都有必要纳入康养的范围。

根据服务对象、需求类型、依托资源等不同的标准，康养可以分为不同种类。基于地区海拔高度差异，可以将康养分为高原康养、山地康养、丘陵康养和平原康养。因此，高原康养本质上是基于海拔空间标准的一种康养分类。

高原康养是充分利用高原地区的适度海拔、独有低氧环境、特定冷凉气候、良好生态环境，通过低氧应激和特定训练，配以康养设施、高原营养食品、调整心理状态、接受养护指导，调节改善人体机能代谢，提高人体的生理功能，从而达到提高健康水平和防治某些疾病的行为活动。我国高原医学事业的开拓者、世界著名的低氧生理学与高原医学专家、中国工程院院士吴天一和公保扎西（2024）研究认为，通过间歇性低氧"习服—适应"过程，可激活机体潜能、提高心肺血液功能、增强机体氧利用能力、改善人体新陈代谢，在海拔2000～3000米植被丰富的地方，最有利于机体的改善和人体的健康，最有利于激发人体的生理机能又不至于造成低氧损伤。因此，高原康养是一种利用高原环境和"习服—适应"原理，实现增进健康和防止疾病的康养业态和康养模式。

发展高原康养必须具备三个资源和能力条件：一是自然资源，如气候、空气、水源、植被等，可以改善人体机能、促进健康，增强免疫力。二是文化资源，如民族风情、宗教信仰、艺术作品、历史文物、传统技艺、语言艺术和风俗习惯等，可以为游客提供丰富的精神体验和心理慰藉。三是服务能力，高原地区发展康养，必须拥有坚实的康养服务设备设施和接待能力，如医疗机构、养老机构、星级酒店、特色民宿、体育运动健身设施等。

（二）高原康养产业的组织分类

高原康养产业是为社会提供独特的高原康养产品和服务的各相关产业部门组成的业态总和，是高原地区最具资源优势、最有发展前景的新兴产业之一。可以看出，高原康养产业涉及国民经济多个部门与行业。借鉴《中国康养产业发展报告（2017）》一书中的分类方法，从康养目的、产业属性、资源差异等不同角度，又可以衍生出不同的高原康养产业类型和康养内容。

1. 基于养护对象生命长度的分类

从生命的长度来看，人的一生一般要经历孕、婴、幼、少、青、中、老等各个阶段，而在不同生命阶段，人们对康养产品的需求有较大区别。因此，如果依据生命周期对人群进行划分，则康养之于不同年龄群体会有不同的产业分类。

（1）妇孕婴幼高原康养：妇孕婴幼康养是康养产业中新的分支，随着社会和家庭对妇孕婴幼群体重视程度的不断提升及该群体消费转向多元化，妇孕婴幼的健康需求不再局限于医疗保健，更多母婴健康产品也持续涌现。高原地区由于特殊的地理位置、气候条件和传统习俗，妇孕婴幼的健康保健和医疗护理模式在多方面具有鲜明特点。因此，妇孕婴幼高原康养产业主要是供给产前检测、产后恢复、胎儿早教、小儿推拿、妇幼膳食、益智玩具等围绕高原地区妇孕婴幼群体的康养产品。需要指出的是，现有医学研究表明，平原区域的妇孕婴幼在一般情况下不适宜去高原区域进行旅居和健康养护。

（2）青少年高原康养：是指为满足青少年群体改善健康状况增强身体素质需要的产业集合。目前，多项科学研究和实践表明，高原健身能够激活身体生理功能，促进血液循环、提升心肺状况及改善肺部功能，提高身体的氧气运输能力，既可以使人们的运动耐受力得到显著提升，又能够预防和治疗多种慢性疾病。这不仅让参与者的生活质量得以提高，也对其心理健康产生积极影响，使他们更加充满活力和自信。因此，针对这一群体的高原康养供给更多围绕体育健身、旅游、教育、心理咨询等方面展开，如健身赛事、亚健康防治、生态旅游、文化旅游、教育、心理诊疗等相关产品与服务。

（3）中老年高原康养：在高原地区，由于其特殊的地理环境和气候条件，为中老年人的康养提供了新的选择和可能。高原康养结合了高原地区的自然优势和现代康养理念，为中老年人提供了一个全新的、健康的养老方式。从现阶段该群体实际需求来看，中老年高原康养不仅包含高原地区的养老产业，还包含高原医疗、高原旅游、高原体育健身、慢性病高原诊疗管理、健康检测、高原营养膳食、高原地区老年文化等相关产业及周边产业。

2. 基于养护对象生命丰度的分类

康养的基本目的是要实现从"物质""心灵"到"精神"等各个层面的健康养护。

（1）基于养身的高原康养，养身即是对身体的养护，保证身体机能不断趋于最佳状态或保持在最佳状态，是目前康养最基本的养护内容和目的。现代医学研究认为，海拔高的地区空气氧含量较平原低，低氧环境可促进人的心血管系统及呼吸系统功能增强，使其整个健康状况获得改善。这主要体现在：一是适度高原地区生活（海拔 1500～3000 米），既能保证慢波睡眠的时间和质量，不影响深度睡眠，又能使适度的快波睡眠增加，有利于大脑的健康和机体的长寿。二是在适度的高原寒冷环境下，由于温度降低，可以延缓代谢过程，减慢运动过程，生命能释放较慢，使更多的细胞保持巨大的潜力，在一定程度上起到延缓衰老的作用。三是适度高原低氧环境，可增强肺功能，对支气管哮喘及慢性喘息性支气管炎有"气候性治疗作用"。四是适度高原低氧环境可以使心肌数量增加，心肌内毛细血管增生，心排血量增加，有利于人体健康和长寿。居住在适度高原的人，由于其微循环功能血管内皮生长因子等血管新生因子增加而使功能减退缓慢，甚至有新生毛细血管使循环功能增强，延缓了大脑、心脏及骨骼肌的衰退，达到了健康长寿的目的。这可能是适度高原生活长寿的重要原因之一。五是适度高原环境可使血管内皮生长因子等基因表达适度增加，使全身毛细血管增生及密度增加比较适宜，明显地改善重要生命器官的微循环，使器官功能增强，有利于健康长寿。因此，基于养身的高原康养产业，可提供如慢性病诊治护理、保健、养生、运动、休闲、旅游等产品或服务，旨在对康养消费者身体进行一种特殊适度低氧下的养护或锻炼，满足康养消费者身体健康的需求。

（2）基于养心的高原康养。养心即是对心理健康的关注和养护，使康养消费者获得心情放松愉悦、心理健康、内心积极向上的体验。青藏高原、云贵高原等高原地区拥有广阔的草原、雪山、湖泊和森林等自然景观，独特的气候条件，拥有悠久的历史和丰富的民族文化，这些自然和文化元素均成为高原康养产业的重要组成部分，是减压放松的理想之地。因此，高原养心康养产业主要提供心理咨询、文化影视、休闲度假等对人心理层面产生影响的服务或产品。

（3）基于养神的康养。养神即是对人的思想、信仰、价值观念等精神层面的养护，旨在保证个人精神世界的健康和安逸。我国高原地区不仅拥有独特的冷凉气候、壮丽的自然风光和丰富的生物多样性，而且拥有丰富且独特的宗教文化、民族文化、历史传说、艺术手工艺等文化资源，这些都构成了高原康养的文化基础。因此，基于养神的高原康养产业所涉及的具体内容主要有安神养神产品、宗教旅游、艺术鉴赏与收藏服务及禅修服务等。

3. 基于养护对象生命自由度的分类

基于个体健康状况，一般把人群分为健康、亚健康和病患三类。健康群体重保养，亚健康群体重疗养，病患群体则重医养。因此，从康养的本质来说，不同健康程度人群都有康养的需求。

（1）健康状态的保养。健康人群的高原康养需求集中在对身心的保养上，即通过健康运动、体育锻炼，以及其他心理和精神方面的康养行为等保持身心的健康状态。基于健康人群的高原康养产业主要集中在体育、健身、休闲、旅游，以及文教和影视等行业。

（2）亚健康状态的疗养。亚健康人群是目前康养产业最关注的人群之一，对应的康养产业主要集中在卫生保健和康复理疗等行业，如高原养生、中医药保健、康复运动、心理咨询、休闲旅游等，都是亚健康人群疗养类高原康养产业的主要构成。

（3）临床状态的医养。病患人群医养产业是目前康养产业最成熟的构成，所涉及行业主要集中在三个层面，一是医疗、医护等医疗服务业，对于高原康养产业而言，主要是支气管哮喘、慢性阻塞性支气管炎、慢性肺炎等呼吸系统疾病的治疗，以及心血管病、糖尿病、贫血、肥胖症等慢性病的高原诊疗。二是高原生物、化学制药等高原药物制造加工业。三是医疗装备、器械等装备制造业。

4. 基于关联产业属性的分类

根据康养产品和服务在生产过程中所投入生产要素类型的不同，将高原康养产业分为高原康养农业、高原康养制造业和高原康养服务业三大类别。

（1）高原康养农业。是指所提供的产品和服务主要以健康农产品、农业风光为基础和元素，或具有康养属性、为康养产业提供生产原料的林、牧、渔业等融合业态，如果蔬种植、农业观光、乡村休闲等。

（2）高原康养制造业。泛指为康养产品和服务提供生产加工服务的产业。根据加工制造产品属性的不同，又可以分为康养药品与食品制造业，如加工制造营养方便食品、功能性食品、药食同源产品及特殊食品等高原特色康养食品，功能性果蔬产品、多肽类功能性食品等高原生物技术食品和保健品，药膳、药酒、药茶、保健品等药食两用产品；康养装备制造业，如加工制造医疗器械、辅助设备、养老设备等；康养智能制造业，如加工制造可穿戴医疗设备、移动检测设备等。

（3）高原康养服务业。主要由健康服务业、养老服务业和养生服务业组成。高原健康服务业包括医疗卫生服务、康复医疗、护理服务等，养老服务业包括养老院服务、社区养老服务、养老金融、看护服务等，养生服务业包括美体美容、养生旅游、健康咨询等。

高原康养产业上下游之间形成一条产业链。产业链上游主要包括高原生态农业、高原康养产品制造、高原旅游资源和健康养老养生资源的开发与建设，如自然景观、民族文化开发，高原特色食品加工，医疗康复机构、养老机构建设等；中游则是康养服务的提供，包括医疗保健、康复疗养、养老养生、休闲度假、健康管理等；下游则是相关产业的延伸，如餐饮、住宿、交通等。这些环节相互关联，共同推动了高原康养产业的发展。

二、高原康养产业发展迎来重大历史机遇

全球康养产业呈现高科技化、精准化、智能化、融合化和国际化的发展趋势。未来5～10年，是康养产业发展的重要战略机遇期。高原地区应牢牢抓住新机遇，主动应对新挑战，利用独特的高原地理气候，大力发展特色高原康养产业，推动产业跨越关口、提升优势、更上台阶，积极抢占康养产业"新蓝海"。

（一）新阶段新征程给康养产业发展带来新使命

发展康养产业是落实以人民为中心的发展思想，不断增强人民群众幸福感的具体体现。习近平总书记指出，"健康是促进人的全面发展的必然要求，是经济社会发展的基础条件，是民族昌盛和国家富强的重要标志，也是广大人民群众的共同追求""现代化最重要的指标还是人民健康，这是人民幸福生活的基础。把

这事抓牢，人民至上、生命至上应该是全党全社会必须牢牢树立的一个理念""要把人民健康放在优先发展的战略地位，以普及健康生活、优化健康服务、完善健康保障、建设健康环境、发展健康产业为重点，加快推进健康中国建设，努力全方位、全周期保障人民健康"。党的二十大报告中明确指出，"人民健康是民族昌盛和国家强盛的重要标志。把保障人民健康放在优先发展的战略位置，完善人民健康促进政策"。党的二十届三中全会通过的《中共中央关于进一步全面深化改革 推进中国式现代化的决定》中，对我国健康发展战略和养老事业、养老产业，进一步提出了明确的要求，指出要"实施健康优先发展战略""促进医疗、医保、医药协同发展和治理""完善发展养老事业和养老产业政策机制""培育社区养老服务机构，健全公办养老机构运营机制，鼓励和引导企业等社会力量积极参与，推进互助性养老服务，促进医养结合"。习近平总书记的重要指示和党的二十大报告、党的二十届三中全会的文件精神，为新时期推进我国康养产业指明了清晰的发展路径。健康养老产业已经上升为国家战略。

（二）新生活新需求给康养产业发展带来新市场

一方面，随着经济发展质效和群众对美好生活愿望的不断提升，公众健康观念显著增强，更加重视生命质量和健康安全，生产生活方式发生深刻变化，呈现个性化、智能化、绿色化趋势，绿色、低碳、环保、健康理念将成为生活主流。居民健康需求正由单一的医疗服务需求向疾病预防、健康促进与保健康复等多元化需求转变，尤其是占消费主力的"Z世代"[①]和千禧一代消费者对健康尤为关注，他们在大健康产品和服务上的投入较前几代人更多，包括健康管理、睡眠改善、饮食营养、强身健体、科学养颜以及心理治愈等。因此，健康消费已成为我国消费增长的一大亮点。国家卫生健康委预测，到2035年左右，健康产业将会达17万亿美元，总产值将占到GDP一半左右。

另一方面，我国已经进入人口深度老龄化阶段。根据2024年民政部的统计数据，截至2023年底，全国60岁及以上老年人口为29697万人，占总人口的21.1%，全国65岁及以上老年人口为21676万人，占总人口的15.4%，如图2-1所示。根据乔晓春（2024）的研究数据，至2035年前后预测60岁及以上老年人口将突破4亿大关，在全国总人口中的比例将跃升至30%以上，2050年预测将

---

① "Z世代"也称为"网生代""互联网世代"，通常是指1995～2009年出生的一代人，他们一出生就与网络信息时代无缝对接，受数字信息技术、即时通信设备、智能手机产品等影响比较大。

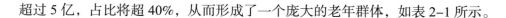

超过 5 亿，占比将超 40%，从而形成了一个庞大的老年群体，如表 2-1 所示。

图 2-1　2013~2023 年全国 65 岁及以上老年人口数量及占全国总人口比重

资料来源：民政部，全国老龄办 . 2023 年度国家老龄事业发展公报［R］. 2024-10-11。

表 2-1　未来中国人口年龄结构和人口规模预测结果

年份	人口数（万人）				占总人口比例（%）					年龄中位数	抚养比（%）（以 0~14 岁和 65 岁为标准）		
	总人口	15~59岁	60岁及以上	80岁及以上	0~14岁	15~64岁	65岁及以上	60岁及以上	80岁及以上		少儿抚养比	老年抚养比	总抚养比
2020	141179	89435	26408	3580	17.9	68.5	13.5	18.7	2.5	38.4	26.2	19.7	45.9
2025	140387	87161	31909	4382	15.2	69.1	15.8	22.7	3.1	40.9	22.0	22.8	44.8
2030	138458	83779	38488	5801	11.7	68.8	19.5	27.8	4.2	43.1	17.0	28.4	45.4
2035	136121	80053	43642	8098	9.1	66.7	24.2	32.1	5.9	45.7	13.7	36.3	50.0
2040	133643	75222	46132	9548	9.2	62.8	28.0	34.5	7.1	48.1	14.6	44.6	59.2
2045	130728	69236	48641	12421	9.8	60.1	30.1	37.2	9.5	49.4	16.4	50.1	66.5
2050	126757	60992	53049	15938	10.0	57.4	32.6	41.9	12.6	50.2	17.5	56.8	74.3
2055	121661	56267	53912	18304	9.4	53.4	37.1	44.3	15.0	50.7	17.7	69.5	87.2
2060	115979	53213	52940	18848	8.5	52.1	39.4	45.6	16.3	51.7	16.3	75.7	92.0
2065	110201	49876	51538	19746	8.0	51.6	40.5	46.8	17.9	53.0	15.5	78.4	93.9
2070	104576	44610	51343	22542	8.2	50.5	41.3	49.1	21.6	54.4	16.3	81.7	98.0

资料来源：乔晓春 . 中国人口老龄化的过去、现在和未来［J］. 社会政策研究，2024（1）：50.

老年群体数量的快速增加，使养老、医疗、照护，以及精神文化、适老环境等需求日益增长，催生了巨大的养老健康市场需求。健康消费和养老养生的需求攀升引领健康服务消费内容升级，"银发经济""医疗旅游""中式养生"等新兴业态涌现，这些均意味着康养产业将迎来前所未有的发展契机，为高原区域康养产业的发展提供前所未有的市场机遇，有助于其以特色高原康养产业为引领，培育未来经济新的增长点，实现经济持续健康高效协调发展。

（三）中医药政策红利给康养产业发展带来新机遇

国家高度重视中医药传承创新发展，国务院办公厅出台了《"十四五"中医药发展规划》（国办发〔2022〕5号）、《中医药振兴发展重大工程实施方案》（国办发〔2023〕3号）等多项促进中医药和传统医学创新发展的政策文件与完善性监管措施，持续推进中医药领域改革创新，持续加大中医药发展支持力度，并将传承创新发展中医药作为新时代中国特色社会主义事业的重要内容，为推动中医药产业发展提供了良好的政策环境。海东市中藏医药资源丰富、基础良好，中藏医药产业发展迎来重大机遇。表2-2为2019～2024年国家颁布的支持中医药发展的相关文件政策。

表 2-2　2019～2024年国家支持中医药发展的相关文件政策

成文／颁布时间	颁布单位	文件政策名称
2019年10月	中共中央、国务院	《关于促进中医药传承创新发展的意见》
2020年12月	国家中医药管理局、国家卫生健康委员会、国家体育总局、国家医疗保障局、中国残疾人联合会、中央军委后勤保障部卫生局	《中医药康复服务能力提升工程实施方案（2021—2025年）》
2021年1月	国务院办公厅	《关于加快中医药特色发展的若干政策措施》
2021年12月	国家中医药管理局、推进"一带一路"建设工作领导小组办公室	《推进中医药高质量融入共建"一带一路"发展规划（2021—2025年）》
2022年3月	国务院办公厅	《"十四五"中医药发展规划》
2022年11月	国家中医药局、中央宣传部、教育部、商务部、文化和旅游部、国家卫生健康委、国家广电总局、国家文物局	《"十四五"中医药文化弘扬工程实施方案》
2023年2月	国务院办公厅	《中医药振兴发展重大工程实施方案》
2024年6月	国家中医药管理局	《中医药标准化行动计划（2024—2026年）》
2024年7月	国家中医药管理局、国家数据局	《关于促进数字中医药发展的若干意见》

（四）高原减肥开辟了防治肥胖症难题的新路径

目前，肥胖症已成为世界范围内严重的社会性健康问题之一。世界肥胖协会发布的《2023 年全球肥胖地图》显示，到 2035 年全球将有超过 40 亿人属于肥胖或超重，占全球人口的 51%。国家卫生健康委员会办公厅 2024 年 2 月发布的《成人肥胖食养指南（2024 年版）》指出，我国 18 岁及以上居民超重率和肥胖率分别达 34.3% 和 16.4%（见图 2-2），居民肥胖率呈上升趋势；预计到 2030 年，我国成年超重和肥胖人口将达 7.9 亿，学龄期和青春期超重和肥胖人口将达 5892 万，学龄前超重和肥胖人口也将高达 1819 万。肥胖是导致糖尿病、心血管病和癌症的主要原因。据预测，到 2030 年归因于超重肥胖的医疗费用可能为 4180 亿元人民币，约占全国医疗费用总额的 21.5%，造成的经济负担将呈上升趋势，肥胖症防控已刻不容缓（唐闻佳，2024）。世界上高原人群肥胖和糖尿病患病率较低的事实和当前高原医学研究都已证明，人类在高原低氧环境下的生理—代谢、习服—适应的结果，使高原人群拥有正常的血糖水平和良好的血脂结构，高原能很好地调控人体的代谢来防治肥胖和糖尿病。通过高原特有低氧环境进行"高原减肥"、通过高原适应性锻炼调控血糖，为防治肥胖症，以及由肥胖导致的糖尿病和心血管病等世界难题开辟了新路径，也为海东市提供了一个巨大的特色康养产业发展的新赛道。

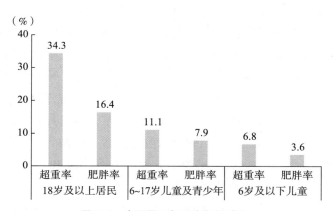

图 2-2　中国居民超重率与肥胖率

资料来源：国家卫生健康委员会办公厅 . 成人肥胖食养指南（2024 年版）[R]. 2024.

（五）数字科技赋能给康养产业发展带来新变革

新一轮科技革命在医养健康产业领域催生出一批新业态，5G、大数据、人工智能、VR/AR、区块链、可穿戴技术等的应用场景不断拓展，加快驱动康养资源数字化、康养产业融合化，催生出智慧医疗、精准医疗、远程医疗等新产品、新业态、新模式，有利于推进医养健康产业数字化转型。数字技术为健康监测、远程诊疗、电子健康档案、药品管理等提供了新可能，通过各种智能设备、移动应用等工具，可实现生命体征、运动数据等人体状态的实时监测；运用大数据技术，做到对多元化、个性化康养需求的精准分析，能够实现针对性强、目标明确、量身定制的类型化高质量康养产品和服务；利用数字化、智能化、网络化、信息化手段实现企业资源整合，可以推动成熟的康养机构和康养模式加快发展，实现连锁化、规模化经营，进行精准远程控制和管理，在更大范围内统筹配置康养资源要素。"互联网＋康养""数字技术＋康养"等新业态、新模式蓬勃兴起，为康养产业发展提供了科技支撑。

三、中国高原康养产业发展现状

（一）康养发展政策支持体系不断完善

2016 年 10 月，中共中央、国务院印发《"健康中国 2030"规划纲要》。根据《"健康中国 2030"规划纲要》，积极促进健康与养老、旅游、互联网、健身休闲、食品融合，催生健康新产业、新业态、新模式。发展基于互联网的健康服务，鼓励发展健康体检、咨询等健康服务，促进个性化健康管理服务发展，培育一批有特色的健康管理服务产业，探索推进可穿戴设备、智能健康电子产品和健康医疗移动应用服务等发展。规范发展母婴照料服务。培育健康文化产业和体育医疗康复产业。制定健康医疗旅游行业标准、规范，打造具有国际竞争力的健康医疗旅游目的地。大力发展中医药健康旅游。打造一批知名品牌和良性循环的健康服务产业集群，扶持一大批中小微企业配套发展。到 2030 年，我国健康产业规模将显著扩大，健康服务业总规模将达 16 万亿元。

2023 年 9 月，国务院办公厅印发《关于释放旅游消费潜力推动旅游业高质量发展的若干措施》（国办发〔2023〕36 号）明确提出，在严格保护的基础上，依法依规合理利用国家公园、自然保护区、风景名胜区、森林公园、湿地公园、沙漠公园、地质公园等自然生态资源，积极开发森林康养、生态观光、自然教育等生态旅游产品；推出一批特色生态旅游线路；推进森林步道、休闲健康步道建设。

2024 年 8 月，《国务院关于促进服务消费高质量发展的意见》（国发〔2024〕

18号）中提出了"大力发展银发经济，促进智慧健康养老产业发展""加快健全居家社区机构相协调、医养康养相结合的养老服务体系""推进商旅文体健融合发展""培育壮大健康体检、咨询、管理等新型服务业态"等一系列推动康养产业发展的政策和具体要求。

国家相关部委也出台了一系列政策积极推动我国康养产业发展。2016年1月，国家旅游局发布旅游行业标准LB/T 051—2016《国家康养旅游示范基地》，明确了"康养旅游"概念。另外，明确康养旅游的必备条件：①康养旅游示范基地应包括康养旅游核心区和康养旅游依托区两个区域。康养基地应有明确的行政边界，授予对象为县级行政区域或城市建成区。②康养旅游核心区和康养旅游依托区间应有较强的功能联系，康养旅游核心区具备独特的康养旅游资源优势，而康养旅游依托区能为核心区提供产业联动平台，并在公共休闲、信息咨询、旅游安全、休闲教育等公共服务体系上给予有力保障。③康养旅游核心区或其主要实体应具备国家级及以上荣誉。

2016年1月，《国家林业局关于大力推进森林体验和森林养生发展的通知》（林场发〔2016〕3号）对森林养生发展指明了方向，提出了具体要求。2016年5月，国家林业局出台了《林业发展"十三五"规划》，将森林康养确定为"林业产业建设工程"的重点内容。2017年5月，国家林业局等11部门出台的《林业产业发展"十三五"规划》中，提出了"十三五"森林养生发展的内容和目标。国家林业局积极推动将森林养生发展纳入了国务院印发的《"十三五"旅游业发展规划》，该规划明确提出，要"推出一批具备森林游憩、疗养、教育等功能的森林体验基地和森林养生基地"。各地林业主管部门将森林养生纳入重要工作内容，多个省（区、市）出台了关于大力推动森林康养发展的意见。

2021年，文化和旅游部印发的《"十四五"文化和旅游发展规划》进一步明确：丰富优质旅游产品供给，发展康养旅游，推动国家康养旅游示范基地建设；发展冰雪、避暑、避寒等气候旅游产品；认定一批国家级滑雪旅游度假地；发展老年旅游，提升老年旅游产品和服务。

2024年9月，在十四届全国人大常委会第十一次会议上，民政部部长受国务院委托所作的《国务院关于推进养老服务体系建设、加强和改进失能老年人照护工作情况的报告》显示，目前我国初步建立了养老服务制度体系，养老服务正经历四个转变——从服务特殊困难老年人为主向服务全体老年人转变，从政府供给为主向政府、市场、社会多元供给转变，从机构养老为主向居家社区机构相协调转变，从兜底保障、生活照料向更有质量的医养康养相结合服务转变。

表2-3为国家康养产业相关政策。

表 2-3 国家康养产业相关政策

成文/发布时间	发布单位	政策名称	相关内容
2023 年 9 月	国务院办公厅	《关于释放旅游消费潜力推动旅游业高质量发展的若干措施》	在严格保护的基础上，依法依规合理利用国家公园、自然保护区、风景名胜区、森林公园、湿地公园、沙漠公园、地质公园等自然生态资源，积极开发森林康养、生态观光、自然教育等生态旅游产品。推出一批特色生态旅游线路。推进森林步道、休闲健康步道建设
2023 年 2 月	文化和旅游部	《关于推动非物质文化遗产与旅游深度融合发展的通知》	依托传统医药类非物质文化遗产发展康养旅游。支持将非物质文化遗产与乡村旅游、红色旅游、冰雪旅游、康养旅游、体育旅游等结合
2023 年 2 月	中共中央、国务院	《质量强国建设纲要》	提升旅游管理和服务水平，规范旅游市场秩序，改善旅游消费体验，打造乡村旅游、康养旅游、红色旅游等精品项目
2022 年 10 月	国家体育总局等 8 部门	《户外运动产业发展规划（2022—2025 年）》	推动户外运动与卫生、健康、养老等融合，开展户外运动健康干预、康复疗养、健康养老等多样化康体服务，发展户外运动康复产业
2022 年 8 月	中共中央办公厅、国务院办公厅	《"十四五"文化发展规划》	推动旅游与现代生产生活有机结合，加快发展度假休闲旅游、康养旅游、研学实践活动等，打造一批国家全域旅游示范区、A 级旅游景区、国家级旅游度假区、国家精品旅游带、国家旅游风景道、特色旅游目的地、特色旅游功能区、城市绿道、骑行公园和慢行系统等
2022 年 5 月	文化和旅游部等	《巴蜀文化旅游走廊建设规划》	重点发展人文旅游、研学旅游、生态旅游、康养旅游等，打造主题研学、禅茶康养、高山户外等特色产品，大力推动休闲度假旅游业态升级，建设国内研学旅游发展样板地
2022 年 2 月	国务院	《"十四五"国家老龄事业发展和养老服务体系规划》	促进养老和旅游融合发展。引导各类旅游景区、度假区加强适老化建设和改造，建设康养旅游基地
2021 年 11 月	中共中央、国务院	《关于加强新时代老龄工作的意见》	构建居家社区机构相协调、医养康养相结合的养老服务体系和健康支撑体系，大力发展普惠型养老服务，促进资源均衡配置。推动老龄事业与产业、基本公共服务与多样化服务协调发展，统筹好老年人经济保障、服务保障、精神关爱、作用发挥等制度安排
2021 年 4 月	文化和旅游部	《"十四五"文化和旅游发展规划》	发展康养旅游，推动国家康养旅游示范基地建设
2019 年 8 月	国务院办公厅	《关于进一步激发文化和旅游消费潜力的意见》	推进国家全域旅游示范区建设，着力开发商务会展旅游、海洋海岛旅游、自驾车旅居车旅游、体育旅游、森林旅游、康养旅游等产品

续表

发布时间	发布单位	政策名称	相关内容
2019年3月	国家林业和草原局等4部门	《关于促进森林康养产业发展的意见》	培育一批功能显著、设施齐备、特色突出、服务优良的森林康养基地，构建产品丰富、标准完善、管理有序、融合发展的森林康养服务体系。到2022年，建设国家森林康养基地300处。到2035年，建设国家森林康养基地1200处。到2050年，森林康养服务体系更加健全，森林康养理念深入人心，人民群众享有更加充分的森林康养服务
2018年12月	文化和旅游部等17部门	《关于促进乡村旅游可持续发展的指导意见》	打造"三区三州"深度贫困地区旅游大环线，培育一批乡村旅游精品线路；鼓励东北地区依托农业、林业、避暑、冰雪等优势，重点推进避暑旅游、冰雪旅游、森林旅游、康养旅游、民俗旅游等，探索开展乡村旅游边境跨境交流，打造乡村旅游新高地
2018年10月	文化和旅游部办公厅	《关于做好冬季旅游产品供给工作的通知》	依托独特的气候条件、生态环境和旅游特色资源，推出一批具有地方特色和季节特点的冰雪旅游、温泉旅游、红色旅游、生态旅游、乡村旅游、体育旅游、康养旅游、民俗旅游、避寒旅游等冬季旅游优质产品
2018年9月	中共中央、国务院	《关于完善促进消费体制机制　进一步激发居民消费潜力的若干意见》	支持邮轮、游艇、自驾车、旅居车、通用航空等消费大众化发展，加强相关公共配套基础设施建设。建立现代体育产业体系，推动体育与旅游、健康、养老等融合发展，积极培育潜在需求大的体育消费新业态
2018年1月	中共中央、国务院	《关于实施乡村振兴战略的意见》	加快发展森林草原旅游、河湖湿地观光、冰雪海上运动、野生动物驯养观赏等产业，积极开发观光农业、游憩休闲、健康养生、生态教育等服务
2016年12月	中共中央、国务院	《关于深入推进农业供给侧结构性改革加快培育农业农村发展新动能的若干意见》	大力发展乡村休闲旅游产业。充分发挥乡村各类物质与非物质资源富集的独特优势，利用"旅游＋""生态＋"等模式，推进农业、林业与旅游、教育、文化、康养等产业深度融合
2016年10月	中共中央、国务院	《"健康中国2030"规划纲要》	积极促进健康与养老、旅游、互联网、健身休闲、食品融合，催生健康新产业、新业态、新模式
2015年11月	国务院办公厅	《关于加快发展生活性服务业　促进消费结构升级的指导意见》	推动旅游服务向观光、休闲、度假并重转变，提升旅游文化内涵和附加值。进一步推动集观光、度假、休闲、娱乐、海上运动于一体的滨海旅游和海岛旅游。丰富老年旅游服务供给，积极开发多层次、多样化的老年人休闲养生度假产品

　　全国各地纷纷拉开康养产业大开发的序幕，各省（区、市）的健康产业规划都把健康产业提到了国民经济的支柱产业的高度，同时把通过产业融合建设示范区、

示范项目作为工作的重点，出台了一系列推动康养产业发展的政策（见表2-4）。

表2-4　部分省（区、市）出台的康养产业相关政策

省（区、市）	文件名称	发布时间	相关内容
北京	《北京市"十四五"时期老龄事业发展规划》	2021年11月11日	充分发挥市场在资源配置中的决定性作用，着力推进供给侧结构性改革，全面放开养老服务市场，推动全市老龄产业高质量发展
天津	《天津市"十四五"养老服务体系发展规划和二〇三五年远景目标纲要》	2022年10月14日	壮大康养产业，实施津（金）牌养老"科创"工程
河北	《河北省康养产业发展"十四五"规划》	2021年11月16日	围绕医疗服务、健康养老、中医药养生、健康管理、健康旅游、体育健身、医药与健康食品、医疗器械与康复辅具八大领域，着力构建全链条的康养产业体系，着力推进康养产业集聚化、规模化、品牌化发展，着力增强康养产业发展动力和活力，着力推动康养产业创新、融合、协调发展，不断满足人民群众多层次、多样化的健康、康复、养生、养老需求。聚焦康养产业发展重点，深化京津冀协同发展，培育壮大市场主体，加快推动消费升级，提升科技创新能力，推动康养产业智慧发展，培养壮大人才队伍，持续优化营商环境，实施一批重点工程、重大项目，更好地满足群众多层次，多样化、个性化需求，推动康养产业高质量发展
山西	《山西省"十四五"文化旅游会展康养产业发展规划》	2021年12月22日	推进康养生活、发挥康养延展作用，打造全国山岳型夏季康养重地。突出太原在全省康养产业发展中的核心地位，打造大同—朔州、长治—晋城2个康养产业片区，形成医疗服务、健康教育与管理、健康养老、生物医药、中医中药、体育健身、文化旅游、健康食品、健康大数据等领域内多点支撑的产业格局。构建避暑康养、温泉康养、森林康养、运动康养、中医药康养等特色康养产品体系。做强山岳型夏季康养载体，建设一批康养小镇，培育一批康养社区，发展一批康养村落，打造一批中药材康养小镇（基地）
内蒙古	《内蒙古自治区"十四五"老龄事业发展规划》	2021年12月2日	加快医养康养结合发展。建立健全医养结合政策体系，积极探索医养康养新模式，提升居家社区医养结合服务能力，提升医养结合服务质量
辽宁	《辽宁省"十四五"服务业发展规划》	2022年1月6日	依托辽河养老产业示范区等多元化养老产业集聚区，着力推动形成康复辅具研发生产、旅游、医疗、配餐、康养人才培养等"养老+"产业格局，延展康养产业链条，丰富康养产业内涵

省（区、市）	文件名称	发布时间	相关内容
吉林	《吉林省老龄事业发展和养老服务体系"十四五"规划》	2022年8月5日	养老服务与相关行业不断融合发展，探索"养老服务+行业"模式，培育旅居养老、文化养老、健康养老、养生养老、智慧养老等新业态
黑龙江	《黑龙江省养老服务业"十四五"发展规划》	2021年11月12日	加快养老与医疗、健康、农业、旅游、保险、地产等行业融合步伐，拓展旅居养老、文化养老、健康养老等新型消费领域。大力发展以房养老、养老社区、康养小镇等新兴业态，促进老年人生活照料、康复护理、健康服务等养老服务业全面发展
上海	《上海市老龄事业发展"十四五"规划》	2021年6月3日	创新和丰富养老服务产业新模式与新业态，拓展旅居养老、文化养老、健康养老、养生养老等新型消费领域，深入推进医养康养结合
江苏	《江苏省"十四五"老龄事业发展规划》	2021年12月12日	促进康养融合发展。以需求为导向整合老年健康服务，支持面向老年人的健康管理、预防干预、养生保健、健身休闲、文化旅游、特色农业等业态深度融合。促进中医药资源广泛服务老年人群体，鼓励中医药产业基础好的地区和企业发展康养服务。发展老年体育，打造一批老年健身活动和赛事品牌。依托省内有资源禀赋和产业优势的地区建设省级示范康养小镇，打造康养产业集聚高地
浙江	《浙江省健康产业发展"十四五"规划》	2021年3月31日	大力发展健康养老产业。加强专业性强、医养服务能力突出的社会办医养结合机构建设，推动品牌化战略、连锁化经营、集团化发展。推动养老机构康复室和康复医师配备，增加个性化、专业化康养服务供给，构建集预防保健、医疗服务、康复护理和生活照料于一体的健康养老服务体系。积极推进康养联合体培育建设，开展养老产业试点，打造一批特色养老产业园区。鼓励支持社会力量举办各类养老服务机构。鼓励研制老年系列产品用品，发展康复辅具产品，培育辅具租赁市场，开发助行器、感官辅助器等高附加值产品，打造康复辅具产业园
安徽	《安徽省"十四五"养老服务发展规划》	2022年2月18日	充分运用市场逻辑和资本力量，推进健康养老产业"双招双引"工作。建立省级养老产业项目库，突出区域特色和比较优势，着力推进一批具有示范带动效应的大项目、产业集聚区和产业基地建设，形成一批产业链长、覆盖领域广、经济社会效益显著的产业集群和集聚区。举办健康养老产业"双招双引"推介会

续表

省（区、市）	文件名称	发布时间	相关内容
福建	《福建省"十四五"老龄事业发展和养老服务体系规划》	2022年8月8日	发展养老服务新业态。实施"养老服务＋行业"行动，创新和丰富养老服务产业新模式与新业态，拓展旅居养老、文化养老、健康养老、养生养老等新型消费领域。支持建设具有配餐、送餐功能的养老服务"中央厨房"，科学布局长者食堂和老年人助餐点，解决老年人就餐难题。大力推进森林康养产业发展，合理利用农村未承包的集体所有的部分土地、山林、水面、滩涂发展养老产业。鼓励企业结合老年人兴趣爱好开发特色旅游产品，拓展文化研学、康复保健、纪念怀旧等旅游新业态，支持发展乡村康养旅游。支持社会力量建设旅居养老服务设施，结合各地区自然资源禀赋，形成季节性地方推介目录，加强跨区域对接联动，打造"清新福建·颐养福地"旅居养老服务市场
江西	《江西省"十四五"养老服务体系建设规划》	2022年1月18日	发展康养产业。依托江西优质的生态资源和中医药优势，推进面向老年人的健康管理、养生保健、教育服务、精神文化、旅游休闲、体育健身等业态深度融合，积极发展养教结合、康养小镇、森林康养、旅居养老等新兴业态，着力打造具有江西特色的全国康养高地。充分发掘江西省中医药特色优势，开发中医药医养康养服务。促进中医医院、社区卫生服务中心、乡镇卫生院与养老机构、社区养老服务中心等加强合作，广泛推广热敏灸、中医康复等中医药技术适宜服务。支持养老机构开设中医诊所，提供具有中医特色的老年康养服务
山东	《山东省"十四五"养老服务体系规划》	2021年8月4日	大力推动产业融合发展。实施"养老＋行业"行动，支持养老服务与文化、旅游、餐饮、体育、家政、教育、养生、健康、金融、地产等行业融合发展，创新和丰富养老服务产业新模式与新业态，拓展旅居养老、文化养老、健康养老等新型消费领域。推进养老服务向专业化、产业化、连锁化、集团化方向迈进，优先培育一批带动力强、辐射面广的龙头企业，打造一批产业链长、覆盖领域广、经济社会效益显著的产业集群，形成一批具有影响力和竞争力的行业品牌
河南	《河南省"十四五"养老服务体系和康养产业发展规划》	2022年1月21日	发展特色鲜明的康养产业，一是发展壮大康养服务业，二是大力发展康养医疗业，三是创新发展康养制造业
湖北	《湖北省养老服务体系建设"十四五"规划》	2022年1月30日	培育养老服务融合发展新业态。实施"养老服务＋行业"行动，支持养老服务与文化、旅游、餐饮、体育、家政、教育、养生、健康、金融、地产等行业融合发展，创新和丰富养老服务产业新模式与新业态，拓展旅居养老、文化养老、健康养老、养生养老等新型消费领域

省（区、市）	文件名称	发布时间	相关内容
湖南	《湖南省老龄事业发展和养老服务体系"十四五"规划》	2022年7月5日	倡导发展老年宜居产业，拓展旅居养老、文化养老、健康养老、养生养老等新型消费领域，鼓励发展老年数字教育新业态，鼓励旅游企业设计更多的一日游、短途游和康养游等适合老年人的旅游产品，推进养老服务与乡村旅游、绿色农产品开发等融合发展
广东	《"十四五"广东省老龄事业发展和养老服务体系建设规划》	2022年1月15日	推动养老服务业融合。大力推动"养老＋行业"多元融合，拉长养老服务产业链条，丰富产品和服务供给，促进养老与文化、教育、体育、家政、医疗、商业、金融、保险、旅游等行业全面融合发展。持续探索多方互动的省际养老服务"旅居模式"，通过"养老＋旅居＋N"，链接全国养老服务先进经验、优质资金、服务模式、运营机构和康养人才，链接养老、医疗、旅居、文化、保险等多元产业和多方资源，促进资源共享、优势互补、市场共建、产业共兴，推动养老服务市场化、产业化、集群化发展
海南	《海南省健康产业发展规划（2019—2025年）》	2019年1月4日	打造"健康海南""世界健康岛""世界长寿岛"品牌。构建以博鳌乐城国际医疗旅游先行区为核心，以海澄文一体化综合经济圈和大三亚旅游经济圈为两大增长极，有序带动全省东部、中部、西部三区协同发展的"一核两极三区"健康产业发展格局。引导健康服务业高品质发展，大力发展医疗服务业，打造具有国际影响力的健康旅游业，做大做强中医药健康服务业，发展多样化康复疗养服务业，广泛发展健身休闲运动业，积极发展健康保险服务，加快发展智慧健康服务
广西	《广西老龄事业发展"十四五"规划》	2022年11月7日	大力发展健康养老产业。探索制定广西旅居养老服务地方标准，挖掘各地资源优势，打造以休闲养生、健康养老、生态疗养、康养综合体等为核心的旅居养老示范基地。加快建设集养老、医疗、老年用品、保健食品、养老服务人才培训等功能于一体的养老产业集聚区，为全国各地老年人到广西旅居养老提供优质服务。鼓励支持培训疗养机构、酒店、民宿等升级改造、转型发展旅居养老床位，增加旅居康养服务供给
重庆	《重庆市养老服务体系建设"十四五"规划（2021—2025年）》	2022年3月2日	促进养老服务业与文化、旅游等产业融合发展。加快发展旅游养老、田园养老、异地旅居养老等"养老＋"新业态新模式，逐步形成多层次、多类型的养老服务业新发展格局。支持有条件的地区打造旅居养老目的地，积极依托自然生态资源优势，着力发展长寿养生、休闲养老、康复疗养等特色养老产业

续表

省（区、市）	文件名称	发布时间	相关内容
四川	《四川省老龄事业发展和养老服务体系规划（2023—2025年）》	2023年1月10日	促进养老服务与文化、旅游、餐饮、体育、家政、教育、养生、健康、金融等行业融合发展，拉长老龄产业链条，丰富养老服务内容，形成产业规模效应。加快发展生活性为老服务业，支持引导零售服务、家政物业、餐饮服务等生活性服务企业拓展为老服务功能。培育一批品牌化、规模化、有影响力的新型养老服务产业集团，鼓励社会资本通过多种方式和途径参与养老服务设施建设、运营和服务，塑造四川养老服务品牌
贵州	《贵州省大健康产业"十四五"发展规划》	2022年11月1日	实施旅居康养产业集聚区建设工程，大力推进城市康养社区建设，建立集医疗、养生、养情、养花、养心、休闲功能一体化康养小镇。实施乡村生态康养示范工程，打造一批康养民族村寨。重点发展康养旅游、候鸟式养老、保健品开发、健康管理、康复护理、医疗保健、花旅康养等业态，打造一批融健身休闲、医疗养生、旅居养老为一体的康养基地和康养示范区。实施避暑康养旅游产品培育工程，培育集度假休闲、游憩观光、文化创意、乡村旅游、乡村民俗、生态农业等多种功能于一体的休闲避暑康养产品。实施森林康养产品培育工程，推进森林生态、森林景观资源、食药资源、文化资源与医学、养生学有机融合，培育集保健养生、康复疗养、健康养老、休闲度假、特色林业、林下经济等多种功能于一体的森林康养产品。实施温泉康养旅游产品培育工程，打造一批全国一流的温泉保健疗养品牌，推进"温泉省"建设。实施中医药健康旅游产品培育工程，推进省级中医药服务综合示范区建设。实施健康养老旅游产品培育工程，大力发展旅居养老、休闲度假型候鸟养老旅游等新业态，重点打造一批健康养老知名品牌，建设50个集休闲旅游、度假养生、康体养老于一体的健康养老基地
云南	《云南省"十四五"健康服务业发展规划》	2022年3月3日	促进医疗健康与养生、旅游、互联网、高原体育、金融和食品深度融合，大力推动健康养生、健康旅游、智慧健康、健身休闲和健康保险等健康服务多业态高质量发展。推动中医药健康服务多业态融合发展。建设国际一流高原特色运动康体目的地。打造呼吸疗养、温泉疗护、森林康养圣地。打造国际绿色药食疗养生福地。打造集"医、药、学、康、养、旅、智"为一体的健康产业综合体

续表

省（区、市）	文件名称	发布时间	相关内容
陕西	《陕西省"十四五"养老服务体系专项规划》	2022 年 11 月 7 日	发展养老服务新业态。发挥养老服务跨区域的协同集群效应，支持养老服务机构和养老服务产业集团化、连锁化、规模化、品牌化创新发展，支持有条件的地区打造健康养老产业基地，带动老年人旅游消费。充分发挥陕西省历史文化、红色旅游、生态康养等资源优势，推动旅居示范县（市、区）、机构（基地）建设，力争半数以上县（市、区）开展旅居养老，构建旅居互动联盟
甘肃	《甘肃省"十四五"老龄事业发展和养老服务体系规划》	2022 年 11 月 28 日	规划打造文化旅游领域内的康养融合产业项目，将气候、生态、休闲等多种康养元素融入养老产业，发展康复疗养、旅居养老、休闲度假型"候鸟"养老、老年文化活动等业态
青海	《青海省"十四五"老龄事业和养老服务发展规划》	2021 年 12 月 31 日	立足高原特有资源禀赋，积极以培育新兴产业为导向，发展具有比较优势的特色养老产业集群，促进养老服务业与生态、健康、旅游、健身、文化、休闲等融合发展
宁夏	《宁夏回族自治区养老服务体系"十四五"规划》	2022 年 1 月 18 日	促进文旅康养融合发展，鼓励各地政府、社会力量发展老年旅游产业，开发符合老年人需求的康养旅居产品，拓展康复理疗、文化体验、休闲养生等旅游新业态
新疆	《新疆维吾尔自治区"十四五"老龄事业发展和养老服务体系规划》	2022 年 8 月 11 日	加大健康养老产业领军企业培育扶持力度，形成一批市场效益好、发展潜力大、带动作用强的骨干企业，推动建设一批百姓住得起、质量有保证的集团化、连锁化的大型医养结合机构。实施"养老服务＋行业"行动，促进养老服务与文化、旅游、餐饮、体育、家政、教育、养生、健康、金融、地产等行业融合发展。积极培育智慧养老等新业态，促进养老企业连锁化、集团化发展，积极培育养老服务行业组织，支持行业协会增强服务能力，发挥行业协会推进养老服务业高质量发展的积极作用。建设一批发展基础好、上升潜力大、创新能力强、比较优势明显、主导产业突出的健康养老产业园区

　　我国一些高原省（区、市）立足本地高原所特有的自然资源和文化资源优势，出台了一系列推动高原康养产业发展的政策。例如，青海省制定了《青海省加快打造全国乃至国际生态文明高地总体规划》，印发了《青海打造国际生态旅游目的地行动方案任务分工》《"健康青海 2030"行动计划》《青海省贯彻落实〈"十四五"国民健康规划〉若干措施》等一系列支持健康养老产业发展的文件政策，充分发挥高原独特优势打造特色产业，通过产业聚集形成了一批康养产业品

牌和产业集群，促进多元业态融合发展，实现康养产业发展的良好开局。中共青海省委十四届七次全会决议指出，"必须充分发挥青海独特优势，以改革思维和创新思路推动'四地'建设融合发展。要创新产业'四地'建设机制，健全产业转型机制，构建服务业带动产业升级机制"，对青海省立足高原优势发展特色康养产业，实现产业融合和产业升级，提出了新的要求和任务，为青海省依托自身优势创新发展高原康养产业创造了有利条件和注入强大动力。青海省海东市印发《"健康海东 2030"行动方案》《海东市"十四五"卫生健康事业发展规划》《海东市"十四五"文体旅游广电发展规划》《海东市全域旅游发展总体规划》《海东市全域旅游发展总体规划》《海东市推进养老服务业发展实施意见》《海东市养老机构运营补贴管理办法（试行）》《海东市扶持和促进中藏医药发展实施方案》《海东市加快推进建设青海高原康养核心基地工作方案》《打造国际生态旅游目的地（海东）行动方案》等一系列政策文件，为加快打造青藏高原医养之都、旅游健康休闲之城，推动青海高原康养核心基地建设提供了坚实的政策支持保障。

政策环境的不断优化，不仅为高原康养产业带来了资金、技术和人才的保障，还激发了市场活力，吸引了更多的社会资本投入这一领域中。企业在政策引导下，积极拓宽服务范围，提升服务质量，努力打造具有高原特色的康养品牌。同时，政策的明确导向也促进了产业的规范化发展，使整个行业在竞争中保持了良性、有序的状态。更为重要的是，政策环境的完善为高原康养产业提供了更加广阔的发展空间和市场前景，使其在满足人民群众健康养生需求的同时，也为地方经济发展带来了新的增长点。

（二）高原旅游资源开发成效显著

康养旅游是康养产业中极具潜力的部分，在国际上一般被称为健康旅游。与传统旅游相比，康养旅游游客具有消费更高、停留时间更长的特点，并且能更有效地带动相关产业要素发展。因此，康养旅游产业链所产生的经济带动效益，将远大于其他传统旅游产业及医疗产业的带动效应。近年来，我国各个高原地区，纷纷立足本地自然、生态和文化特色，加大康养旅游资源和产品的开发力度，已经逐渐形成了各具特色的高原康养旅游产品和品牌。

例如，青海省制定出台《青海打造国际生态旅游目的地行动方案》《关于加快全域旅游发展的实施意见》《关于促进冰雪旅游发展的实施意见》《青海省旅游景区高质量发展实施方案（2022—2025 年）》等系列文件，依托山地森林、湿地湖泊、草原荒漠和地域文化等，围绕打造国际生态旅游目的地，有效整合旅游资源，不断创新旅游产品，构建了点线面有机结合的"一环六区两廊多点"旅游发展总体布局——"一环"：依托山地森林、湿地湖泊、草原冰川和地域文化等，串联青海湖、塔尔寺、茶卡盐湖、金银滩、祁连山、昆仑山等自然人文景观，全力打造青藏高原生态文明文化旅游大环线。六区：发展青海湖、三江源、祁连风光、昆仑溯源、河湟文化、青甘川黄河风情六大文化旅游协作区。依托"六区"独具特色的生态文化旅游资源，打造江河源头生态观光、高原科考探险、生态体验和自然生态教育等生态旅游品牌，打造河湟文化、红色文化、热贡文化、格萨尔文化、昆仑文化等多元文化品牌。"两廊"：建设青藏世界屋脊文化旅游廊道和唐蕃古道文化旅游廊道。"多点"：以旅游景区、旅游休闲街区、文化场馆、艺术演艺空间、产业园区、乡村旅游接待点、旅游驿站、交通枢纽等共同组成旅游集聚节点。积极建设提升 A 级旅游景区，建成 4 个 5A 级景区，49 个 4A 级景区，115 个 3A 级景区，着力打造具有国际影响力的黄河文化旅游带；大力推出特色旅游精品线路，形成河湟文化体验线、黄河廊道旅游线、三江源生态文明旅游线、青海湖人文旅游线、世界屋脊探险旅游线、唐蕃古道旅游线、激情穿越柴达木旅游线、环青海湖骑行旅游线、祁连风光精品旅游线、世界级非遗体验线、乡村民俗旅游线等精品旅游路线；培育具有鲜明文化主题和地域特色，具备旅游休闲、文化体验和公共服务等功能，融合观光、餐饮、娱乐、购物、住宿、休闲等业态的旅游休闲街区，建成了 17 家省级旅游休闲街区，建成了唐道·637 休闲文旅步行街、平安驿·河湟民俗文化体验街区、格尔木市旱码头·1960 旅游休闲街区 3 个国家级旅游休闲街区。2024 年，青海省全年接待游客 5378.3 万人次，实现旅游总收入 516.59 亿元，均同比增长 20% 以上。

西藏作为我国最典型的高原地区，近年来在旅游资源的开发力度上前所未有，为高原康养旅游发展奠定了坚实的产品供给基础。截至 2023 年底，西藏自治区建立了林芝市鲁朗国际旅游小镇，墨脱县入选国家级全域森林康养试点建设县，林芝市入选中国避暑旅游样板城市，创建拉萨市慈觉林藏院风情街、昌都市茶马城街区、山南市乃东区昌珠镇扎西曲登、拉萨市城关区八廓街 4 个国家级旅游休闲街区，创建山南错那县勒布沟景区、昌都市芒康县曲孜卡景区 2 个自治区级旅游度假区，拉萨市城关区八廓街、林芝市工布印象街区 2 个自治区级旅游休闲街区，拉萨市达孜区、林芝市米林县、昌都市江达县 3 个全域旅游示范区，创建拉萨市堆龙德庆区达东村、拉萨市羊八井蓝色天国、拉萨市甘露曲秘藏药浴、日喀则市谢通门温泉景区 4 个自治区级康养旅游示范基地，林芝市墨脱生态旅游区、林芝市鲁朗国际旅游小镇、林芝市波密县波密岗云杉林旅游区、山南市错那县勒布沟、昌都市江达县雪巴沟 5 个自治区级绿色旅游示范基地，开发了藏医药甘露健康之旅四大主题 19 个康养旅游线路产品。培育打造了旅游度假与高原生物产业深入融合的健康旅游新产品，全面推进专项旅游发展，推动了拉萨山地户外运动服务产业中心、当雄县羊八井镇羊八井高山训练基地、定日县岗嘎镇定日登山徒步基地、米林县派镇南迦巴瓦山地户外运动小镇、聂拉木县希夏邦马峰户外旅游基地等建设；协调发展夜间休闲游产品，支持拉萨城关区、日喀则桑珠孜区、林芝巴宜区等提升优化城市夜景工程，发展夜间文旅经济，建设主题化夜间经济集聚区。创新发展冬季与避暑旅游产品，有序引导和推动冰雪旅游和温泉旅游，打造米堆冰川等冰雪公园，提升拉萨、林芝作为全区冬季旅游核心城市地位的作用，推进其他地市稳妥推出冬季旅游特色项目产品。积极创新避暑旅游产品，打响夏季避暑康养；提速优化观光旅游产品，提质提效文化体验旅游、自驾车旅居车旅游、冬季旅游产品，着力开发红色文化旅游与特色乡村旅游产品，创新开发了森林与农业旅游、温泉与藏医药健康旅游、体育健身旅游、避暑旅游等康养度假旅游新业态，开发了私人定制与奢野旅游、冰雪与极限挑战旅游、研学团建与会议奖励旅游、边境旅游与跨境旅游等新型旅游产品。随着西藏文化和旅游产业的深度融合，以及旅游产品的不断创新与升级，西藏为广大游客提供更加丰富多样、独具特色的旅游体验。2023 年，西藏接待国内外游客 5517 万人次，较 2022 年增长 83.7%。

（三）高原特色生态农业不断发展壮大

随着社会对健康与食品安全的关注以及旅游业的快速发展，以康养为核心概念，以绿色食品、乡村休闲、田园养生等为基础的生态农业发展势头强劲。这类康养产品往往能够给消费者带来回归自然、享受生命、修身养性、度假休闲等诸多良好体验，获得了广大康养消费者的青睐。同时，"康养＋农业"不仅能带动农民增收致富，还能改善地方基建设施，因此获得了国家的大力支持和政策扶持，许多高原地区不断推出适合地方发展的"康养＋农业"模式。

例如，云南省丽江市依托得天独厚的自然条件，因地制宜发展特色产业，持续发展壮大生态农业、设施农业、高效农业、共享农业，打造出一系列高原特色农产品品牌，高原特色农业不断发展壮大。2023 年，全市高原特色农业重点产业全产业链产值达 340 亿元，较 2022 年增长 10%。丽江市突出优势，布局花卉、中药材、食用菌、芒果、马铃薯种薯等"一县一业"，因地制宜发展苹果、雪桃、木梨、沃柑、软籽石榴等绿色种植业，生猪、肉牛、禽类、冷水鱼等高原生态养殖业；培引壮大市场主体，先后引进深圳佳沃鑫荣懋、上海东方希望集团、北京惠润、华润集团、云南白药等优质企业，培育壮大了一批新型农业经营主体。截至 2023 年底，全市农业企业登记注册户 6575 户，其中营业收入 1 亿元以上的企业 10 家，全市已实现国家级龙头企业覆盖市，省级龙头企业覆盖县（区），县级以上龙头企业村委会（社区）覆盖率达 96.7%，培育农民专业合作社 3100 个，创建家庭农场 1481 个，带动 21.7 万户农户发展乡村特色产业，建设农业示范基地 280 万亩；打响"丽系"农业品牌，全市绿色、有机认证、地理标志产品和名特优新农产品共计 216 个，其中绿色食品 97 个、有机产品 103 个、地理标志产品 13 项、全国名特优新农产品 3 个，累计创建国家农业产业强镇 5 个、全国"一村一品"示范村镇 14 个、获评全国乡村特色产业产值超 10 亿元镇 3 个、超亿元村 5 个；累计有 10 品次获评云南省"十大名品"，25 个品牌入选"绿色云品"品牌目录。在高原特色农业高质量发展过程中，丽江成功打造出了"丽果""丽药""丽薯""丽花"等一系列高原特色农产品品牌和雪桃、芒果、核桃、油橄榄、沃柑、软籽石榴、中药材、高山蔬菜等种类繁多、品质优良的高原特色农产品。

青海省海东市突出"高原、绿色、富硒、有机"特色，全力打造青海东部特色农牧产业基地，重点围绕油菜、马铃薯、蔬菜、饲草料、青稞、生猪、肉牛肉羊、奶业、冷水鱼、制种十大重点特色产业，加快推进区域化布局、规模化种养、标准化生产、品牌化营销的产业发展模式，调整优化区域布局和产业结构，输出农畜产品种类涉及粮油、蔬菜、肉蛋奶、水产品、瓜果、中（藏）药材等近百种，产品销往北京、上海、广州、深圳等各大城市。截至 2023 年年底，海东市累计有效认证绿色农畜产品 112 个，全国绿色食品原料标准化生产基地 4 个，拥有循化花椒、平安青宏杏、乐都大樱桃、互助马铃薯、互助蚕豆、互助藜麦等有机农产品认证；共申报认定乐都紫皮大蒜、乐都大樱桃、乐都长辣椒、乐都绿萝卜、互助蚕豆、互助八眉猪、互助葱花土鸡、互助白牦牛、民和羊肉、民和旱砂西瓜、民和马铃薯、民和肉牛等农产品地理标志 18 个；注册乐都洋芋、乐都紫皮大蒜、乐都长辣椒、互助八眉猪、互助马铃薯、循化花椒、循化薄皮核桃、循化线辣椒地理标志证明商标 8 个；黄河彩篮、河湟彩园、乐都长辣椒、乐都紫皮大蒜、互助马铃薯、互助八眉猪、互助蚕豆、乐都大樱桃、循化线辣椒、民和羊肉、互助菜籽油、乐都绿萝卜、互助葱花土鸡、互助青海白牦牛、乐都牦牛肉、乐都沙果、黄河循鳟 17 个被认定为海东市农牧业区域公用品牌；"互助八眉猪""乐都紫皮大蒜"被认定为省级农产品区域公用品牌。全市建有"黄河彩篮"高原现代农业产业园、高原现代农业富硒产业园基地、杂交油菜马铃薯制种基地、特色农畜产品生产加工基地和集散中心、全省最大蔬菜生产基地和高原设施农业试验示范基地、八眉猪繁育及生产基地、牦牛藏羊"西繁东育"基地、万亩菜薹供港蔬菜基地、小杂果生产基地、千吨高原冷水鱼养殖基地、万吨禽蛋生产基地、"高原冷凉夏菜"基地、万吨高原食用菌生产基地等现代生态农业产业园和生产基地。

（四）高原养老产业快速推进

我国的人口老龄化趋势推动了养老产业的快速发展，尤其是在居家养老、社区养老服务及医疗结合养老等领域。有关数据显示，2023 年中国养老产业市场规模为 12.0 万亿元，同比增长 16.50%，预计到 2035 年，我国银发经济规模将达 30 万亿元左右，占同期 GDP 比重为 10%，我国银发经济处在加快发展阶段（陈涵旸，2024）。与此同时，我国养老机构和养老设施建设不断加快，养老服务体系不断完善，养老保障能力逐步增强。截至 2023 年年末，全国共有各类养老机构和设施 40.4 万个，养老床位合计 823 万张。其中，注册登记的养老机构 4.1 万个，床位 517.2 万张（护理型床位占比为 58.9%）；社区养老服务机构和设施 36.3 万个，床位 305.8 万张；全国 60 岁及以上老人每千人拥有的养老床位数为 28 张（民政部、全国老龄办，2024）。我国西部的高原地区由于得到中央政府的大力支持和东部发达省（区、市）的对口援助，因此在养老机构和设施建设方面已基本达到全国平均水平。例如，2023 年青海省 60 岁及以上老年人口达 83 万人，共有各类养老机构和养老服务设施 1862 个，养老床位数共计 23470 张（护理型床位占比达到 55%），每千人拥有的养老床位数为 28 张；西藏林芝市共有养老服务设施 40 个，养老床位 1003 张，每千名老人拥有养老床位 53 张（护理型床位占比达 57.22%）。这为高原地区的养老产业发展奠定一定基础。

随着我国老龄化人口呈现持续增长态势，养老服务需求愈加旺盛，与规模巨大且持续快速增长的养老服务需求总量相比，我国养老服务的总供给仍存在严重不足。从需求内容来看，社会期待质量更高、结构更优的养老服务供给。伴随人均寿命的提高和越来越多"60 后"开始进入老年期，"新生代"老年人生活习惯和消费观念较过去发生显著变化，老年人对商品和服务的需求也会增多，消费结构将趋于高级化和多层次化。除满足吃、穿、住、用等日常起居、医疗健康等基本养老保障外，老年人还会注重自我实现和精神发展，也会对终身学习、休闲娱乐、先进科技等更高质量、更加多样个性化、精细化养老服务供给有期待。老年人需求朝着"生存型"向"发展型""享受型"演进，这些变化将对养老服务供给质量和结构优化提出更高的要求，也给高原地区的养老产业发展带来了更多的契机。

例如，云南省多地风景秀丽、气候宜人、空气质量优良，是"银发一族"最佳的康养旅居理想圣地，昆明、楚雄、保山、曲靖、普洱、大理六市（州）入选"中国候鸟式养老夏季栖息地"。云南区域医疗康养资源领先，拥有众多天然康养资源，如云南温泉资源带领旅居者放松身心、享受生活。如今云南已成为旅居养老的热门目的地，大批来自各地的老年人到云南的老年公寓、康养机构长期居住。云南特色的美食、周到的服务、完善的设施、丰富的生活让"候鸟"能充分感受到"在家"的温暖。近年来，云南省发展"近悦远来、主客共享"的旅居产品，把旅居业态培育成为"有一种叫云南的生活"的"样板房"，把"旅居云南"打造成云南旅游转型升级的硬品牌。云南省人民政府办公厅印发《关于发展银发经济增进老年人福祉的实施意见》，结合云南实际健全助老服务体系，提升产品供给质量，推进旅游与康养产业融合发展。以"旅居生活社区"开展单元试点，拓展旅居服务业态，开发集医、疗、愈、养为一体的旅居健康服务。云南省与时俱进满足银发需求，打造跨区域"协同养老"旅居产业，开发 4 条旅居养老线路，推出 50 多家高品质旅居养老服务机构。推出"游云南"App 聚焦老年人使用高频服务场景，对界面、程序、字体等进行适老化改造。昆明铁路开设"银发专列"，丰富老年群体旅游选择；蒙自为银发旅行团提供集人文、美食、美景为一体的颐养旅程；楚雄打造康养地产项目，建设康养住宅、度假酒店满足银发一族异地旅居需求；晋宁抓住康养 + 旅居"候鸟式"康养旅游业发展的新机遇，提供一站式服务，构建滇池南岸文旅公共服务体系。《云南省推进养老服务高质量发展三年行动方案（2024—2026 年）》指出，云南将积极推进"七彩云南·养老福地"建设，满足高质量休闲需求，实施"养老服务 + 行业"行动，促进养老服务与旅游、餐饮、体育、家政、教育、房地产等行业融合发展，为银发一族赏美好云南景色，过养老幸福旅居生活而不断努力。

（五）康复医疗市场快速增长

康复医疗是指应用医学方法和技术进行康复诊断、评估、治疗和护理，改善伤、病、残及其他康复需求者的功能状况，以提高其生存质量和重返社会能力的诊疗活动。在帮助患者恢复功能、体质和免疫能力，使其尽快回归正常的生活和工作的过程中，康复医疗发挥着重要作用。随着老龄人口数增长、疾病谱变化及医疗支付能力提升持续驱动康复医疗需求释放，中国康复医疗行业市场规模快速上涨，从 2015 年的 271 亿元上涨至 2023 年的 1032 亿元，年复合增长率为18.19%。艾瑞咨询发布的《2022 年中国康复医疗行业研究报告》指出，随着人口老龄化的加速、国民康复意识的觉醒及国家政策的强力推动，康复医疗服务行业市场规模将持续增长，2025年中国康复医疗服务市场规模将达2686亿元（艾瑞咨询，2022）。

近年来，随着我国康复医疗行业市场规模的扩大，康复医院数量持续增加，其中民营康复医院发展更为迅速。根据《中国卫生健康统计年鉴》（2014—2022年）的数据，我国康复医院从2010年的268家增至2021年的810家。其中，民营康复医院从2010年的118家增至2021年的628家，占比从44.0%提升至77.5%。2014～2021年我国医疗卫生机构康复医学科床位数由约13.8万张增长至约32.7万张（见图2-3），2015～2021年我国康复医院诊疗人次数由789.9万人次提升至1441.8万人次（见图2-4）。康复医疗千亿市场亟待挖掘。

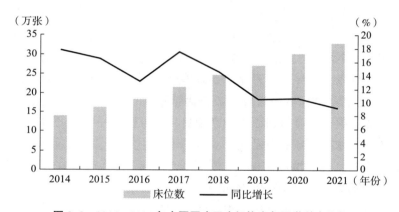

图2-3 2014～2021年中国医疗卫生机构康复医学科床位数

资料来源：《中国卫生健康统计年鉴》（2014—2022年）。

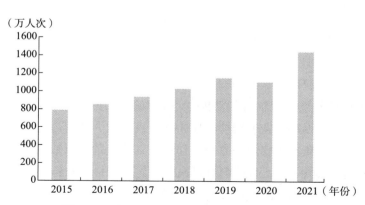

图2-4 2015～2021年中国康复医院诊疗人次数

资料来源：《中国卫生健康统计年鉴》（2015～2022年）。

高原康复医疗是一种特殊的康复医疗服务，是指在海拔较高、氧气稀薄环境下，运用现代医学理论和技术，结合高原环境的特殊性，对患者进行身体评估、疾病治疗、功能恢复及健康管理的综合性医疗服务。近年来，国家不断加大对高原地区医疗卫生事业的投入，医疗机构数量增加、专业技术人员壮大、医疗床位扩充，为高原康养产业提供了坚实的医疗支撑。例如，2023年云南省大理州发布的《大理州文旅康养产业发展三年行动计划（2023—2025）》中明确提出，提升医疗养生服务能力。建设省级医学副中心，打造滇西健康医疗服务业集聚区，着力抓好滇西区域医疗中心、省第二传染病医院、州人民医院核心区等重大项目，系统提升专科诊疗服务水平，全面提升综合医疗保障能力。完善医养结合服务体系，建设一批老年病医院、康复医院、护理院等涉老医疗机构，力争二级以上综合性医院（含中医医院）100% 设立老年医学科、中医医院设立治未病科。推进医研产深度融合，集群打造滇西区域医疗中心康养产业园、祥云县健康产业园，重点发展康复医学、远程医疗、基因检测、个体化治疗等高端健康服务新业态。充分利用大理大学、滇西应用技术大学和大理护理职业学院等高校资源，培养一批高素质应用型、复合型的健康管理、护理、咨询、服务和资产经营管理人才。扩大医疗康养结合服务供给，促进养老、医疗、医美、康复等主体强强联手、专专联手，形成既能满足社会多样化需求，又能满足养老多层次需求，功能齐全、布局合理的"医养结合示范区"。

（六）高原体育康养产业开始发力

体育康养是以维持和促进身心健康为目的，前往康养目的地，通过参与健身休闲、体育养生、运动康复等方式达到身心健康、精神愉悦和慢性病治疗，从而实现运动促进健康的一种活动，在促进健康关口前移、增强社会互动、提供文化体验、推动银发经济发展、满足美好生活需要等方面具有多重价值。国务院印发的《"十四五"国家老龄事业发展和养老服务体系规划》、国家卫生健康委等15部门联合印发《"十四五"健康老龄化规划》等系列政策提出，要促进推动体育、旅游与康养产业的融合发展，催生体育康养新业态。在政策引导、运动需求释放背景下，体育康养产业已初具规模，四川、云南、黑龙江、哈尔滨等地区已建设体育康养小镇或示范基地。

青藏高原是中国最大、世界海拔最高和人口相对最多的高原，由于其不同的高山地理地貌和完整的高原生态系统，加强高原运动与健康促进研究，发展高原体育康养，实现促进健康的目的，促进高原经济社会长期发展，具有重大意义。一方面，显著的高原低氧环境可引起人体生理功能障碍或病理生理变化，造成低氧损伤和高原衰退，导致人体精神体力全面衰退和各型急性、慢性高原病的发生，生命质量降低，不仅影响健康而且危及生命；另一方面，适度高原（海拔1500～3000米）的轻度缺氧对人体起到了一种"激活"生理功能的作用，会给健康带来有益影响。人类主动适应高原最积极有效的方法就是运动锻炼，利用高原气候环境进行身体锻炼来提高心、肺功能和健康水平。适宜的体育运动可达到健身防病、增强体质、增进健康以及促进高原适应的作用，是治未病和慢病康复的重要手段。这也是高原地区大力发展体育康养的理论前提和实践经验。

青海省充分挖掘体育潜力，聚力打造精品赛事，全力促进体育与文化、旅游、农业等产业深度融合发展。在打造精品赛事方面，成功举办第二十三届环青海湖国际公路自行车赛、第十八届中国青海抢渡黄河极限挑战赛、2023年中国冰壶联赛（西宁站）、2024年"冰雪丝路"青海门源岗什卡滑雪登山三省联赛、玉珠峰登山大会、民族传统射箭精英赛等品牌赛事，不断带动大众体育健身、休闲体育消费热情，促进体育赛事经济增长。充分利用环青海湖国际公路自行车赛，积极搭建赛事与生态保护、乡村振兴、农畜产品、文化旅游、商贸流通等融合发展新平台，不断延伸产业链条，沿线各赛段共设置126家非遗文创及农特产品展示区，20处地方文化展示点，将赛事活动"流量"转换为经济"增量"。中国·青海抢渡黄河极限挑战赛联合黄河文化季，在举办赛事的3个县推出"赛事＋旅游"、文化、生态、商业、乡村振兴5个版块21项活动。进一步推动"五业"融合，举办以"品足球盛宴、享高原臻品、游大美青海"为主题的"大美青海·高原足球"超级联赛，通过"品牌足球赛事＋特色农畜产品展销＋特色文旅产品展示＋特色文艺节目展演＋线上线下宣传推广"的方式，打响农牧产品品牌，带动旅游、促进消费，加快推进农牧、体育、文化、旅游、商务"五业"融合，扩大特色农畜产品销售渠道，推动农牧产业转型升级。鼓励各地依托本地资源优势推出研学体验、生态探险、户外休闲等"体育＋"跨界体验产品，让游客从"看山看水"到"进山进水"，最终实现"游山玩水"。积极促进全民健身，支持各地区举办社区运动会、乡村运动会、"三大球"赛事等各类群众身边的体育赛事活动。组织开展贴近群众、方便参与、形式多样的全民健身主题活动，推进赛事进景区、进社区、进商圈、进农牧区。通过举办新兴项目大众体验日、志愿服务"四进"、新项目推广培训等公益活动，带动健身舞龙、柔力球、滑板、飞盘、路冲、匹克球等新兴小众运动兴起，在丰富群众多元化健身需求的同时，进一步促进体育消费新的增长点。广泛发展冰雪运动，相继组织举办青海省第二届冰雪运动会、2024年中国体育彩票全国新年登高健身大会青海分会场、世界雪日暨国际儿童滑雪节等56项冰雪主题活动，进一步调动了全省群众参与冰雪运动的积极性。成功举办全国青少年冰球联赛总决赛等冰雪赛事，为举办地西宁市带来经济收入，间接带动旅游、农业、文化等行业经济增长。

云南省大理白族自治州充分发挥地域优势、旅游优势，发展"体育+"模式，建设高原训练基地，有效提升体育公共服务能力，增强人民群众幸福感。截至 2023 年底，全州共建成 7 个体育馆、5 个体育场、8 个全民健身中心等体育设施，覆盖率达 100%，人均体育场地面积达 2.23 平方米，经常参加体育锻炼的人数比例达 36.6%。以开展徒步、马拉松、登山、自行车等各类体育赛事活动为载体，加快体育与旅游、康养的深度融合，不断丰富旅游内涵，提升旅游品质，促进体育服务业提质增效；建设一批体育公园健身步道设施，积极引导社会力量参与，加快巍山文华、南涧涧河、洱源腾飞、永平龙坡、鹤庆体育、祥云龙翔、漾濞雪融玉带 7 个体育公园建设；结合"大滇西旅游环线"建设，做精以健身、休闲、娱乐为主的户外体育旅游产业，打造一批国家、省级体育旅游示范基地、精品景区、精品线路、精品赛事、体育旅游目的地，为各类人群提供体育旅游产品和服务。做精做足大理州户外运动文章，打造户外康养运动胜地，实施苍山国家步道、洱海生态廊道、漾濞飞凤山步道、弥渡滨河步道、祥云环青海湖步道、南涧月牙山步道、巍山巍宝山登山步道、云龙太极健身步道、剑川环剑湖步道等新建改造；拓展竞赛训练、户外运动、旅游、康养等项目功能，开发水上运动、定向越野、攀岩、徒步、房车营地、高原训练、运动康养等体育服务产品。加快"体育+旅游""体育+康养"产业市场化，持续提升七彩云南格兰芬多国际自行车节、大理徒步旅游节活动、大理 100 越野赛、三月街赛马大会等体育品牌赛事活动影响力，积极建设国内国际知名体育赛事品牌。

四、中国高原康养产业发展面临的问题

中国高原康养产业已经展现了其强大的发展势头和潜力，然而在其发展过程中也暴露诸多问题，如对高原康养理念认知不够，相关法规跟不上发展速度，基础设备和基建设施短缺，人才资源匮乏等。

（一）理念宣传不够，民众共识有待加强

一提到高原，人们就很自然地联想到海拔高、紫外线强、氧气稀薄、自然环境差、不适宜生存等负面信息。却很少有人知道，符合一定条件的高原低氧环境，可以激活机体潜能、提高心肺血液功能、改善人体新陈代谢。现代高原医学

研究显示，高原对人体健康正向影响体现在三个方面：一是吸入空气量与增加肌体活性的关系；二是低气压与肺气管的关系；三是高原血红蛋白增加与人体免疫力提高的关系。高原康养既是高原医学中具有创新性的一门学科领域，也是一种康养新业态新模式，是充分利用在高原的适度海拔、特定气候、良好生态环境，让平原人到高原来短期或长期的习服性锻炼，通过低氧应激和特定训练来达到增进健康和防止疾病效应的康养新业态，其通过高原低氧环境的适度运动，达到了医养结合、未病先防、提高免疫力和运动机能的目的，是一种生态、低碳、绿色的人性化康养新模式。高原康养分短期和长期两种康养模式，短期从数日到一周不等，长期为一个月左右。高原康养选择的是中度高原（海拔 1500～3000 米），并要求有健全的医疗卫生和康养设施服务条件，保障高原康养者的健康安全，对人体并无较大影响，但部分民众对高原仍存在一定程度的误解。高原康养理念需要有一个大力宣传形成共识的过程。

（二）基础设施供应不足，投入力度有待加大

康养产业对资源和基础设施的要求高、投入性大、建设周期长，基础设施配备情况决定了康养产业发展的宽度和深度。从目前来看，中国的高原康养产业发展受基础设施供应的制约影响较大。在医疗设施方面，根据国家卫生健康委数据，2021 年中国有 810 家康复医院，其中城市 525 家、农村 285 家；我国医院康复医学（包含康复专科医院、综合性医院康复医学科）床位数量为 32.7 万张，占医疗机构总床位数（944.8 万张）的比重为 3.46%。2021 年，全国各地区每万人平均拥有医院康复医学科床位数 1.9 张，而高原地区每万人平均拥有医院康复医学科床位数均低于全国平均数，其中半高原地区的云南和贵州为 1.4 张，纯高原地区的青海为 1.2 张，西藏则仅为 0.3 张。康复科的床位数存在很大缺口，这在很大程度上制约了高原地区康养医疗的发展。

在养老方面，中国养老服务产业起步较晚，养老服务体系距离发达国家还有一定差距，最主要体现在养老院床位不足和多层次养老服务体系不够完善上。根据国际通行的养老标准，5% 的老年人需要进入机构养老。如果按照这个标准计算，2023 年全国 60 岁及以上老年人口 29697 万人，养老机构的养老床位数应达 1485 万张。2023 年年末，全国各类养老机构和设施的实际养老床位合计 823 万张，全国 60 岁及以上老人每千人拥有的养老床位数为 28 张，还只有国际养老标准的 55%。同时，2023 年年末全国共有具备医疗卫生机构资质并进行养老机构备案的医养结合机构 7881 家，医疗卫生机构与养老服务机构建立签约合作关系超过

8.7万对（民政部，全国老龄办，2024），两者合计仅占养老机构数量的23.5%，也就是说，有3/4的养老机构不具备医疗服务能力亦即未能实现医养结合。无论是人均养老床位数还是医养结合占比，高原地区基本处于甚至低于这些标准。养老机构和设施供给的缺乏，使本应在养老产业中处于中枢位置的养老机构难以发挥整合行业上下游的作用，极大限制了国内养老产业的发展。为解决基础设施供应不足的问题，政府层面首先应加大康养产业公共基础设施建设的投入力度，提高康复医疗、养老院等机构的数量及质量，缓解当前的养老压力。

康养旅游基础设施存在短板。西部高原地区由于受地方财力不足限制，公共财政对旅游基础设施投入有限，一些自然景观独特、历史文化底蕴厚重、开发前景潜力大的优质资源没有得到充分挖掘。以青海省坎布拉国家森林公园为例，步道体系、供水供电、排水管道布局等还不完善，住宿、饮食、娱乐等配套设施不够齐全；交通也不够便利，路况险峻、颠簸、弯道多，道路两边欠缺安全保障措施和安全提示牌，存在较大的安全隐患；还有其他一些如手机信号覆盖不全，接待服务功能较弱等短板问题都将严重影响游客康养的体验感和满意度。

（三）产业规模偏小，产业集中度有待提高

我国高原康养产业处于发展起步期，产业整体规模偏小，产业集中度相对较低，对地区经济总量贡献率不高。健康服务业以传统医疗卫生服务为主，供给主体相对单一，专科医院、康复医院、护理院等医疗机构还比较少，难以有效满足不同群体对高原康养的诊疗康复服务需求；养老养生服务业基础不够厚实，高原康养旅游、高原康养健身、高原康养运动等融合业态发展不够，产业协作不高。高原中藏药产业、高原康养食品加工业为代表的康养产品制造仍以原料销售及资源的初级加工为主，产品附加值偏低，技术水平不高。以中药材、高原农产品种植和畜禽养殖生产为代表的高原康养农牧业虽已形成一定基础，但以农户分散种植养殖为主，各类中药材种植标准化、规范化、组织化程度较低，质量管理体系建设不完善，产地加工能力、产地贮藏能力和综合利用能力薄弱。高原康养产业链上下游企业、资源分布较为分散，产业集群、园区配套和协作关系不够紧密，缺乏高能级产业平台，未形成具有规模优势的产业集聚区。工业园区建设尚处于基础发展阶段，配套服务功能整体不足，很大程度上制约产业招商引资和项目建设的推进。医疗卫生、健康养老、体育健身、休闲旅游等可复制、可推广的运营模式不够成熟。

（四）龙头企业较少，科技创新有待提升

高原地区的医养健康企业数量虽多，但企业结构以中小型企业为主，规模企业较少且新增量不足，在重点产业领域，规模以上医药企业及高原康养食品加工企业数量不多，对带动全产业链发展，实现上下游企业集聚效应支撑力度不足；高原康养服务业领域企业小而散，缺少大型康养集团机构引领，且存在各相关产业间协同不够、融合不深、配套不足等问题。同时，高原康养产业科技创新及人才支撑能力较弱的现实情况与产业发展要求不相适应。高技术医药产品研发能力不强，企业运用新技术、新工艺，利用信息化、智能化能力不足。优质医疗卫生人才、老年护理人员、高层次科研和健康管理等复合型经营管理人才供需矛盾突出。科技创新体系层次水平有待提高，支撑力度不足，"政产学研金用"结合不紧密，创新平台建设有待加快加强，创新要素支撑体系有待健全。

（五）资源开发不足，品牌支撑有待形成

我国高原地区的康养富有资源开发利用度较低，区域品牌和产品品牌支撑体系尚未形成。青藏高原独特的自然条件、复杂的地理地貌、丰富的自然资源，孕育了众多耐寒、抗缺氧、生物活性高的药材。据统计，青藏高原共有 2000 多种植物、159 种动物和 80 多种矿物可入药，由于药材大多采自高海拔、高温差、强日光的高原地带，其有效成分和生物活性极大高于同类药物，从而使藏医药具备了世界上任何其他民族医药难以比拟的优势。目前，高原生物和医药资源的整体开发利用度仍处于较低水平，产业化程度低。例如，青海省海东市作为全国最适宜发展高原康养产业的地市之一，全市中药材种植品种达 20 多种，万亩以上品种稀少，药材品种尚无相应国内重要中药材品牌商标注册，民族医药资源及区域品牌价值无法体现。药材种植基地、中藏医康复基地、温泉疗养基地、森林康养基地、养老基地等"康养＋疗养"资源开发不足，自然景观、田园风光等自然资源和民俗、宗教等人文资源等旅游资源潜力挖掘不够，休闲度假游、生态观光游、自驾探秘游、民俗体验游、生态研学游等旅游业态比较薄弱，生态体验、度假旅居、森林养生、温泉疗养、户外运动、慢病防治等康养服务产业链尚未形成，许多地区的旅游品牌、体育健身品牌、养生养老等品牌建设滞后，知名度不高，难以高原康养基地或示范区的品牌建立。

（六）康养专业人才缺乏，引育留用机制有待健全

高原康养涉及健康保健、运动休闲和旅游服务等多方面的专业知识，尤其对"医"和"养"的专业知识要求较高，又要依托高原特色资源利用，需要集"医药、养生、文旅"等专业知识于一身的复合型人才来指导产品的设计开发及经营，但目前高原地区在这一方面专业人才比较缺乏。虽然较多健康养老政策中有关于康养专业人才培养的指导意见，但距离落到实处还有不小差距。专业人才是康养产业发展的核心驱动力，现阶段康养产业人才缺乏是制约康养产业发展的主要因素。参照国际平均水准，我国的康养从业人员和技术人员，如康复医师、治疗师、社区综合康复人员、护理人员等远不能满足现实需求。由于高原地区生活条件和工作环境相对艰苦，加之行业发展尚未成熟，难以提供与大城市相竞争的薪酬和职业发展空间，导致高原康养产业人才流失严重。许多优秀人才选择离开高原地区去大城市寻求更好的发展机会，从而进一步导致康养各行业的技术人员、服务人员和经营人才均比较缺乏。尤其是康复医疗人才数量完全无法与庞大的康复医疗服务需求人数相匹配。因此，以更加积极开放、主动有效的人才机制吸引人才集聚，已成为我国高原地区培育和发展高原康养产业的关键性变量，需要"引、育、用、留"多措并举，通过制定人才补贴、购房优惠、科研资金等有竞争力的引进政策，通过构建产学研融合机制、健全在职人员培训体系、建立区域人才交流平台等多措并举搭建全方位育人体系，通过创新收入分配机制、支持人才创新创业政策、健全人才晋升机制等用才激励制度，通过加强人才服务保障、营造尊重人才关爱人才发展氛围等留才服务体系，进一步为高原地区康养人才队伍建设注入"源头活水"。

（七）政策落实不够，制度设计有待完善

高原康养产业涵盖了健康、养老、养生、医疗、旅游、体育、文化、绿色农业等诸多业态，是现代服务业的重要组成部分，也是备受关注的新兴产业。我国青海、西藏等高原地区虽然在健康养老产业方面出台了一系列政策文件，但在土地供应、资金补助、税费减免、人才引进、科技创新等方面尚未将优惠政策措施具体化，缺少相应的配套实施机制，使政策难以真正落实到位，无法充分发挥优惠政策对企业发展高原康养产业的激励和扶持作用。比如，有的文件条款不明确、措辞比较模糊，在执行中弹性较大。顶层制度设计还有待完善，特别是还没有全部建立高原康养产业的服务标准体系，导致服务的稳定性和持续性不足。

五、中国高原康养产业的发展趋势

（一）慢性病高原治疗和亚健康高原养护将成为"蓝海"

高原医学研究证明，适度的高原气候对于支气管哮喘、慢性肺炎、心血管病、糖尿病、贫血、肥胖症等慢性病具有较好的治疗效果。数量庞大的慢性病患者群体构成了高原康养医疗的巨大潜在市场。

例如，根据最新流行病学调查结果，全球哮喘患者约有 3 亿人，我国 20 岁及以上人群哮喘患病率是 4.2%，患病人群达 4570 万人。高原的医学研究认为，中度高原对支气管哮喘及慢性喘息性支气管炎，有气候性治疗作用。高海拔地区空气清新、氧气含量充足，且空气中含有丰富的负氧离子。这些因素有助于增强肺部的气体交换功能，提高肺活量，增强人体的循环功能，预防和缓解呼吸道疾病。对于哮喘和慢性支气管炎患者来说，这样的环境能减轻呼吸道刺激，缓解咳嗽和气喘等症状。

又如，我国高血压患病率一直呈上升趋势。《中国心血管健康与疾病报告2023》显示，成人高血压患病率已达 31.6%，患病人数约为 2.45 亿。不仅如此，还有研究显示 43.1% 的人群血压处于正常高值，估计人数达 4.35 亿。在适度的高原低氧环境中，人体的血管会适度扩张，血液循环更加顺畅，有助于降低血压，对高血压患者具有一定的调节作用。

另外，随着社会的发展，社会竞争越来越激烈，人们面对来自社会、工作和健康的压力越来越大。由于心理素质差，承受力弱，有些人无法及时调整心态，缓解压力，从而出现一系列生理和心理方面的问题。这种状态被称为亚健康状态，表现为活力下降、适应能力减退等。《2023 中国亚健康数据分析报告》数据显示，处于亚健康状态的人群在我国占比高达 70% 以上。而高原地区优美的自然环境和宁静的氛围，能让人的身心得到放松，减轻精神压力，使人心情愉悦，对预防和治疗神经衰弱、抑郁症等精神疾病有一定的帮助；高海拔地区的自然环境有利于人体的新陈代谢，促进免疫细胞的生成和活性，提高人体的免疫功能，增强对疾病的抵抗力。在这样的环境中进行康养，人体的免疫系统得到强化，能够更好抵御细菌、病毒等病原体的入侵，减少感冒、流感等疾病的发生。

因此，适度海拔的高原环境对呼吸系统、心血管系统、神经系统、运动系统和免疫系统都有显著的益处，是一个理想的康养选择。

目前，慢性病的高原气候治疗和亚健康的高原养护尚未得到大规模推广，这里既有广大民众的认知局限问题，也有高原诊疗的技术开发和高原生物制药等滞后、高原康养设施和服务水平跟不上的问题。这就需要高原地区充分发挥高原医学科研基础优势，建设全国乃至全球高原康养医学研究高地，传承原有高原医学研究方向，拓展和深化高原医学康养理论与临床研究，研究制定面向特殊病种人群康复的高原环境与病理科学的诊疗标准和特殊病种康养标准；需要国家和地方政府在慢性病高原诊疗养护、高原生物制药等领域持续加大投入，加强新产品新技术开发，加强慢性病高原诊疗养护、高原生物制药等重点领域的重点实验室、技术创新中心、新型研发机构建设，开展链条式关键核心技术研发攻关，强化产学研协同攻关，实施科技成果转化应用工程，争取在慢性病高原诊疗养护等方面形成一批重大产品；以医疗服务、健康旅游、健康养老、休闲健身、中医药服务等领域为重点，完善康养服务设施，提升康养服务水准，加快建设高原康养小镇等康养基地。通过一系列规划建设和行动，加快开发慢性病的高原诊疗养护市场的辽阔蓝海。

（二）高原康养产品将日益丰富

人口老龄化对康养服务需求增加，势必带来康养产业不断变革、康养服务消费升级和新康养产品及模式的出现，康养服务产品向多元化、个性化、定制化趋势发展。目前，我国以老年人为主体的康养市场已经形成了以个性化需求为导向，提供多元化、多层次的养老服务，完善以居家养老为基础、社区养老为依托、机构养老为补充、医养康养相结合的"多元一体"康养服务体系。居家养老是以家庭为核心、以社区为依托、以专业化服务为支撑，为居住在家的老年人提供生活照料、医疗服务和精神关爱等社会化服务的养老模式。社区养老是以需求为导向，以社区为依托，以日间照料、生活护理和精神慰藉为主要内容，以上门服务、社区日托、建立老年活动中心为主要形式的养老服务模式。机构养老是以养老机构为载体，为老年人提供康复服务、娱乐文化服务、临终前关怀服务、精神慰藉服务等综合性服务的养老模式，可以划分为基本的机构养老服务和中高端的机构养老服务。

与此同时，20 世纪 60 年代出生、正步入低龄老龄阶段的"新老人"正逐年进入老年康养市场，给养老服务市场供给带来新的变化。这些"新老人"成长于改革开放时期，受教育程度相对较高，收入和消费水平也较前代大幅提升，思想观念更加开放，知识视野更加开阔，更容易接受高原康养的新理念和新模式。中国房协养老地产与大健康委员会在《康养产业发展现状及趋势》中的数据显示，"新老人"消费能力增长迅速，年平均增长率明显高于"80后"和"90后"。"新老人"的养老需要不单是活着，更讲究活好，引领安心生活，人生圆梦等。这客观上要求高原康养地区能够提供更多元化、个性化和定制化的养老服务产品。新消费主体的新康养需求，将促使我国高原地区充分利用高原生态气候及旅游文化资源，强化医疗服务保障能力建设，大力发展以"候鸟式"旅居养老、"疗养式"旅居养老、"田园式"旅居养老、休闲度假养老为代表的健康养老服务产业，打造特色的健康养老集聚区，布局一批集休闲旅游、康体养老等于一体的综合养老项目，拓展多元化健康养老服务业态，融合医疗、旅游、生态、康复、休闲等多种元素，提供养老、康复、老年产品等一体化的特色产品，开发符合"新老人"特点的文化娱乐、康体健身、休闲旅游、健康养生等服务。

（三）"跨界融合"构建高原康养产业链

目前，康养产业的发展已不再局限于医疗、养老等单一产业板块，向文化、体育、旅游、教育、金融等细分领域纵深发展，并逐渐形成一体化的服务模式。跨界融合将是高原康养产业发展的新趋势。随着产业的发展和市场的成熟，高原康养产业将与其他产业进行更加深入的跨界融合，形成多元化的产业形态。例如，与旅游产业结合，推出更加丰富多样的康养旅游产品；与体育产业结合，开展高原徒步、山地骑行等体育康养活动；与文化产业结合，挖掘和传承高原地区的民族文化、农牧文化、中（藏）医文化和民俗风情，形成"文化要素有载体、养生产品有文化"发展新格局；与医疗医药结合，把专业的医疗技术检查和先进设备与康复训练、日常学习、日常饮食、生活养老等专业相融合，以医疗为保障，以康复为支撑，边医边养、综合治疗；与研学教育结合，可以依托研学户外营地和研学旅游基地，发展打造研学康养；"高原康养＋温泉疗愈"模式则是利用高原丰富的温泉资源开展疗养服务；"高原康养＋医养结合"模式则是结合高原医学研究成果提供专业的医疗服务。实施"康养＋"产业融合发展战略，实现资源共享和优势互补，积极构建康养产业全产业链，形成"康养＋医疗医药／农业／旅游／体育／文化／教育"等特色产业和康养产业融合互动局面，不仅丰富了康养产业的内容，还提升了产业的附加值。随着政策、资本、科技等诸多要素的持续注入与完善，康养产业将走向链条化发展并与周边产业形成有效互动。

（四）高原智慧康养将迎来快速发展期

随着人工智能、物联网、互联网、大数据、云计算等新技术在国民经济和社会发展中的广泛应用，我国智慧康养产业发展进入了快车道，政策体系日趋完善，产品体系日益丰富，服务应用场景不断扩展。我国发布的《"十四五"国家老龄事业发展和养老服务体系规划》指出，推进"互联网＋医疗健康""互联网＋护理服务""互联网＋康复服务"，发展面向居家、社区和机构的智慧医养结合服务。《国务院办公厅关于发展银发经济增进老年人福祉的意见》（国办发〔2024〕1号）要求，完善智慧健康养老产品及服务推广目录，推进新一代信息技术，以及移动终端、可穿戴设备、服务机器人等智能设备在居家、社区、机构等养老场景集成应用，发展健康管理类、养老监护类、心理慰藉类智能产品，推广应用智能护理机器人、家庭服务机器人、智能防走失终端等智能设备。鼓励利用虚拟现实等技术，开展老年用品和服务展示体验。《国务院关于促进服务消费高质量发展的意见》（国发〔2024〕18号）要求，大力发展银发经济，促进智慧健康养老产业发展，推进公共空间、消费场所等无障碍建设，提高家居适老化水平。

相关智慧康养政策的落地进一步拓宽了智慧科技在康养领域的应用，上下游生态进入爆发期。在政策引导和市场需求下，越来越多的科技企业、医疗器械企业涉足智慧康养产业。2017～2023年，工业和信息化部共公示了6批智慧养老应用点示范，其中智慧养老示范企业192家（不包括央企）、智慧养老示范基地79个。从区域分布来看，我国智慧养老示范企业主要集中在东部地区和京津冀地区，其中山东18家、江苏18家、浙江14家、上海13家、北京12家、安徽11家、福建9家、河北8家。除东部地区外，位于中部地区的陕西和四川的智慧养老示范企业数量也较多，分别为10家和8家。智慧养老示范基地数量排在前三位的四川、山东和浙江，分别有14个、11个、11个。智慧康养模式是依托互联网技术为老年人群体提供的服务，因此在人口密度较高、互联网发展环境较好的地区智慧康养的发展状况也相对较好。我国两大高原地区青海和西藏，上榜的智慧养老示范企业分别只有1家，智慧养老示范基地的数量则是零。这一方面反映出高原地区发展康养产业所面临的技术环境和经济环境的短板，另一方面也说明随着国家对高原地区经济和技术发展支持力度不断加大，加之东部发达地区的技术溢出和经济溢出效应，高原智慧康养产业有巨大的发展空间和发展潜力。

高原地区需要积极创新"智慧＋"新场景，让智慧康养产品、服务与老年助餐、居家助老、社区服务、老年健康、养老照护、老年文体等消费应用场景有机融合，并向健康管理、老龄购物、教育培训、康养旅居等新时代老年人多元化消费场景延伸；积极发展"行业+"新业态。完善智慧康养产品、服务推广目录，加快新一代信息技术，以及移动终端、可穿戴设备、服务机器人等智能设备在居家、社区、机构等养老业态内的集成应用，推动智慧康养与物业、家政、医疗、文化、旅游、体育、教育等行业融合发展，不断扩展智慧康养多元消费新场景；积极推动智慧康养服务与旅游旅居、休闲娱乐、食品营养、医疗健康、老龄金融等产业有机融合，建设高水平高原康养经济产业园区，培育高精尖产品和高品质服务模式，推动智慧康养产业规模化、集群化高质量发展，为包括老年人群体在内的康养消费者提供更多性价比高、丰富多元的产品服务。

第三章

2023～2024 年中国高原康养发展指数分析

一、中国高原康养发展指标体系构建

构建高原康养发展指标体系需要考虑哪些因素是建设高原康养目的地的必备基础，哪些要素能提升目的地的康养条件，哪些因素对康养消费者有吸引力，哪些因素能够体现康养产业发展，以及哪些因素可以尽可能避免主观臆断的干扰。在制定高原康养的发展指标体系时，需要遵循康养、旅游的理论基础和评价内涵，同时以市（州）统计数据为主，并按照对相关文献的分析梳理、归纳总结，最终选取指标、构建指标体系。

（一）指标体系构建原则

中国高原康养发展指标体系是评估相关市（州）高原康养发展状况的重要工具。要制定科学合理的发展指标体系，需遵循以下原则：

1. 科学性原则
指标必须符合高原康养的概念和内涵，同时要遵循指标选择的严谨性，以避免指标的造假和滥用。

2. 全面性原则
必须从多角度分析和探索潜在的组成部分，以避免遗漏信息。

3. 代表性原则

每个指标都要有代表性和独立性，所选指标要保证内容没有过多的重叠，相互独立，能充分显示更多的信息。

4. 导向性原则

发展指标不仅要反映当前的相关水平，还要反映未来的发展目标和方向，为高原康养的未来发展提供指导和建议。

5. 可用性原则

在选择指标时，要确保数据的可及性和可用性，并考虑容易获取、可测量、来源可靠的指标，同时降低数据的计算难度。

这些原则将有助于构建科学合理、全面，具有代表性、导向性和可用性的高原康养发展指标体系。

（二）指标构建

参考康养旅游、养生养老和高原医疗等相关文献，采用频数统计法对文献中提出的各种指标进行分析，并根据指标制定的原则选择合理的指标；通过理论分析，从不同角度对所选指标进行适当的选择、补充和调整。最后整合所选指标，确定其特征并进行解释，以便更好地指导高原康养产品的开发。

由于高原康养的内涵丰富，其研究内容涉及水域康养、森林康养、医疗康养、田园乡村、体育康养、文化康养及养老养生等诸多康养领域，同时考虑到其发展又受社会经济、旅游资源、环境条件及设施条件的制约，不同的高原市（州）的气候不同，资源多样，其高原康养的发展必然要受这些条件的制约与影响，因此本章在遵循科学性、全面性、代表性、导向性、可用性原则的基础上，经过多方专家商议，结合健康产业和康养旅游的相关文献资料，分析 2023 年 1 月至 2024 年 12 月全国康养事业及产业相关数据、大数据测算综述，构建了中国高原康养发展指标体系。该体系由 5 个子系统层构成，分别为生态环境子系统、康养资源子系统、康养经济子系统、服务能力子系统、政策环境子系统。以康养和旅游领域、大数据与计算领域、产业融合领域及经济学领域相关文献为研究基础，经过常态化、周期化的专家咨询和建议采纳，确定每个子系统下的具体指标，最终构建并确定指标 34 项，如表 3-1 所示。

表 3-1　高原康养发展指数评价指标体系

高原康养发展指标体系	指标名称	单位	指标解释说明	指标属性
生态环境子系统	X_1 海拔高度适宜性测算得分	分	政府驻地海拔高度适宜性测算得分	正向指标
	X_2 空气洁净度	μg/m³	每立方米 PM2.5 含量	负向指标
	X_3 全年空气优良率	%	AQI 达标天数 /AQI 检测总天数	正向指标
	X_4 平均气温	℃	4～10 月平均气温	正向指标 *
	X_5 日照时数	h	年总日照时数	正向指标
康养资源子系统	X_6 森林覆盖率	%	（市（州）森林总面积/市（州）总面积）×100%	正向指标
	X_7 A 级旅游景区数量	个	A 级旅游景区的总数	正向指标
	X_8 森林地质旅游资源	个	国家森林公园 + 省级森林公园 + 国家地质公园的数量	正向指标
	X_9 水域旅游资源	个	湿地公园 + 水利风景区数量	正向指标
	X_{10} 红色旅游资源	个	红色旅游景点 + 爱国主义教育基地数量	正向指标
	X_{11} 文化场所	个	博物馆 + 图书馆 + 文化馆数量	正向指标
	X_{12} 文物保护单位	个	市（州）的省级及以上文物保护单位数量	正向指标
	X_{13} 非物质文化遗产	个	市（州）的省级及以上非物质文化遗产数量	正向指标
	X_{14} 星级滑雪场数量	个	星级滑雪场总数	正向指标
	X_{15} 森林康养基地数量	个	省级及以上森林康养基地数量	正向指标
	X_{16} 乡村旅游村	个	省级以上乡村旅游重点村（特色村）数量	正向指标
康养经济子系统	X_{17} 人均 GDP	元/人	GDP/市（州）总人口	正向指标
	X_{18} 旅游接待人数	万人	旅游接待人次	正向指标
	X_{19} 旅游经济水平	%	（市（州）旅游收入/全省（区、市）旅游总收入）×100%	正向指标
	X_{20} 人均旅游消费	元/人	市（州）旅游收入/市（州）旅游接待人次	正向指标
	X_{21} 旅游经济贡献度	%	（市（州）旅游收入/市（州）GDP）×100%	正向指标
	X_{22} 人均公园绿地面积	m²	公园绿地总面积/市（州）总人口	正向指标
	X_{23} 绿化覆盖率	%	（市（州）绿化面积/市（州）总面积）×100%	正向指标

续表

高原康养发展指标体系	指标名称	单位	指标解释说明	指标属性
服务能力子系统	X_{24} 每万人医疗机构数	个	市（州）医疗卫生机构数/市（州）总人口（万人）	正向指标
	X_{25} 每万人卫生技术人员数	人	市（州）卫生技术人员总数/市（州）总人口（万人）	正向指标
	X_{26} 每万人医疗机构床位数	张	市（州）医疗机构床位数/市（州）总人口（万人）	正向指标
	X_{27} 每万人养老床位数	张	市（州）养老床位数/市（州）60岁及以上人口（万人）	正向指标
	X_{28} 星级旅游饭店数目	家	市（州）星级旅游饭店数量	正向指标
	X_{29} 人均体育场地面积	m^2	市（州）体育运动场地面积/市（州）总人口（万人）	正向指标
	X_{30} 每万人拥有旅行社数量	个	市（州）旅行社总数/市（州）总人口（万人）	正向指标
政策环境子系统	X_{31} 康养和旅游支持力度	次	2022～2024政府工作报告中"旅游＋康养＋文旅"次数	正向指标
	X_{32} 旅游和康养新闻热度	条	百度新闻搜索"城市＋旅游""城市＋康养"结果数量	正向指标
	X_{33} 文化广电和旅游局微信公众号指数	—	新邦指数	正向指标
	X_{34} 文化广电和旅游局微信视频号指数	—	新邦指数	正向指标

注：* 在日常生活中，人体感觉比较舒适的温度在18～24℃。在这个温度范围内，人体会感到轻松和舒适，有利于机体的生长发育及代谢。高原市（州）由于受海拔高度的影响，温度一般比较低，比如在本章遴选的21个市（州）中，在气温最高的7月，平均气温最高的3个市昆明、兰州和毕节，其平均气温均在22.5℃，均在人体适宜温度范围内。故本指标按照正向指标而不是适宜指标进行处理。

（三）指标体系解释说明

1. 生态环境子系统

居住的舒适度和当地的可持续发展对生态环境有重度依赖。生态环境可分为两个层面，即自然条件和通过建设优化后的环境。自然条件包括温度、日照时长、海拔高度等，受地理位置影响难以改变；通过建设和优化，可以不断提升居住环境的生态水平。这些方面包括空气洁净度、全年空气优良率、平均气温和日照时数等。其中，空气洁净度为负向指标，即数值越小越有利于生活舒适感。

2. 康养资源子系统

康养资源子系统反映了目的地城市发展康养的资源基底和未来潜力。森林覆盖率、A 级旅游景区数量、国家森林公园数量、省级森林公园数量、湿地公园数量、国家地质公园数量、水利风景区数量、森林康养基地数量、省级及以上乡村旅游重点村（特色村）数量、星级滑雪场的数量等指标能够体现目的地城市建设康养旅游环境的数量及体量，反映多元康养旅游资源建设的内涵与开展康养活动的资源背景。该子系统中的文化要素反映了能够吸引游客前往目的地城市进行健康养老养生和旅游活动的文化资源的厚度、广度和丰度，描述目的地城市文化核心吸引力表征指标包括国家级和省级重点文物保护单位数量、国家级和省级非物质文化遗产数量、国家级和省级红色旅游景点数量、爱国主义教育基地数量及博物馆图书馆文化馆数量等。

3. 康养经济子系统

社会经济条件是经济增长和生活水平提升的前提，是城市康养产业发展的基底保障。康养经济子系统反映了目的地城市当前经济的基本规模和旅游经济发展形势，具体包含三个方面：总体经济发展、旅游经济发展和便民状况。本章分别从人均 GDP、旅游经济水平、旅游经济贡献度、人均旅游消费、旅游接待人数等方面进行了评价；以人均公园绿地面积和绿化覆盖率来衡量发展度和便民度，与生活配套相关。

4. 服务能力子系统

发展高原康养的基本要素是充足的医疗条件和养老条件，这是一个地区成为康养目的地的关键因素。本章的评价体系主要通过基础设施配套、人力资源储备、医疗卫生、养老养生、酒店接待条件等多方面着手，利用每万人拥有医疗机构数、每万人拥有卫生技术人员数、每万人拥有医疗机构床位数 3 个指标来评价地区的医疗保健环境。用每万人拥有的养老床位数衡量地区养老条件，从星级旅游饭店数目、每万人拥有旅行社数量、人均体育场地面积来衡量康养和旅游设施发展的程度。

5. 政策环境子系统

政策环境子系统反映了目的地城市当前关乎康养产业建设的上层政策力度和保障能力。包括文旅局微信公众号指数、政府旅游和康养新闻热度，以及体现政府对康养和旅游支持力度的政府工作报告中出现的"旅游＋康养＋文旅"关键词数量，这些指标反映了目的地城市康养建设的上层政策保障和对外宣传强度。

二、高原康养目标城市的选取

（一）海拔与适宜性测算

高原低氧气候环境，能强化心肺功能、造血功能，还有助于减肥等。研究表明，平原地区的人群，每年定期到高原生活一段时期，对身体将大有益处。受高原训练的启发，国外已经有很多地方，利用高山气候开展"高山疗养"和"高原健康旅游"。

依据高原习服理论，不同的海拔高度对人体免疫力提升不同。人体生理卫生实验发现，"500～2000米"的海拔高度是最适宜人类生存的。从医学上讲，男性在海拔1500米时有助于促进其进一步活跃甲状腺、肾上腺等的功能；而这个海拔高度，经由医学与健美专家总结，海拔1500米对女性塑身大有好处，对女性的容颜也有极佳的提升效果。空气中密密麻麻的负氧离子对促进新陈代谢、强化神经系统、提高免疫力等人体生理活动具有强化和活化作用。海拔1500米，对大脑健康有益，对机体长寿有益，适合大量珍贵野生动物生存，如熊猫、金丝猴等。经过对生理变化的科学研究，从海拔1500米开始，心跳频率会随着高度的增加而增加，每增加100米高度，就会增加15%～20%的心跳频率。

海拔2000～2500米是运动员高原训练的最佳高度。海拔高度对人体有很大影响，因此根据人体对海拔高度的适宜性设定区间。依据高原习服理论，根据高原市（州）海拔高度赋予分值，划分高原康养适宜性区域，其中次优区：500～1500米，赋值8分；最优区：1501～2000米，赋值10分；短期习服区：2001～2500米，赋值8分；长期习服区：2501～3000米，赋值6分；较不适宜区：3000米以上，赋值2分。

（二）目标市（州）的选取

我国有青藏高原、云贵高原、黄土高原、内蒙古高原四大高原。前文所述的多项研究显示，适宜进行高原康养活动的海拔高度一般在1500～3000米。参照这个标准，本章遴选了7个省（区、市）的21个市（州）作为目标研究对象，并按照市（州）政府所在地的海拔高度进行了适宜性赋分，如表3-2所示。

表 3-2　海拔 1500～3000 米适宜高原康养的市（州）名单

省（区、市）	市（州）	政府所在地	海拔高度（米）	赋值
甘肃省	兰州市	城关区	1520	10
	甘南州	合作市	2788	6
	白银市	会宁县	1946	10
宁夏回族自治区	固原市	原州区	1753	10
青海省	西宁市	西宁市	2250	8
	海东市	乐都区	2000	10
	海北州	海晏县	3000	6
	黄南州	同仁市	2480	8
	海南州	共和县	2880	6
	海西州	德令哈市	2980	6
云南省	昆明市	呈贡区	1891	10
	昭通市	昭阳区	1949	10
	丽江市	古城区	2393	8
	曲靖市	沾益区	1898	10
	保山市	隆阳区	1600	10
	大理州	大理市	1976	10
四川省	阿坝州	马尔康市	2650	6
	甘孜州	康定市	2560	6
贵州省	毕节市	七星关区	1510	10
	六盘水市	钟山区	1700	10
西藏自治区	林芝市	巴宜区	2900	6

三、高原康养发展指标数据处理

（一）数据来源与预处理

本章所用指标数据的来源包括：各市（州）政府的统计公报，历年政府工作报告，省（区、市）和市（州）各部门的工作报告，省（区、市）和各市（州）年鉴，省（区、市）和各市（州）政府官网，12301 国家智慧旅游公共服务平台，省（区、市）和市（州）的日报和微信公众平台等政府官方单位和事业单位。主要数据选择的时间和为 2023 年，由于缺乏少部分数据，遴选时间为 2021～2024 年。具体指标数据如表 3-3、表 3-4、表 3-5、表 3-6 和表 3-7 所示。

表 3-3 生态环境子系统指标数据

市（州）	X_1 海拔高度适宜性测算得分（分）	X_2 空气洁净度（μg/m³）	X_3 全年空气优良率（%）	X_4 平均气温（℃）	X_5 日照时数（h）
海东市	10	28	94.9	13.9	2700
西宁市	8	30	94.8	12.7	2510
海西州	6	15	96.6	12.5	2643
海南州	6	18	98.7	9.4	2719
海北州	6	16	97.6	6.4	2521
黄南州	8	19	97.5	12.6	2455
兰州市	10	37	77.3	16.8	2190.7
甘南州	6	29	96.2	9.1	2425
白银市	10	25	96.6	16.5	2457
固原市	10	22	91.2	14.3	2527
昆明市	10	21.8	97.53	20.2	2026
昭通市	10	21	96.6	18.4	2297.4
丽江市	8	21.8	100	17.4	2357
曲靖市	10	22	97.3	19.9	2500
保山市	10	18	97.5	20	2517
大理州	10	15	98.5	18.5	2346
阿坝州	6	12.7	100	10.3	1921
甘孜州	6	33	85.8	12.1	2600
毕节市	10	24.5	98	19.3	1966.6
六盘水市	10	23.1	96.8	19.2	1521
林芝市	6	10.5	99.5	14.3	2022.2

表 3-4 康养资源子系统指标数据

市（州）	X_6 森林覆盖率（%）	X_7 A级旅游景区数量（个）	X_8 森林地质旅游资源（个）	X_9 水域旅游资源（个）	X_{10} 红色旅游资源（个）	X_{11} 文化场所（个）	X_{12} 文物保护单位（个）	X_{13} 非物质文化遗产（个）	X_{14} 星级滑雪场数量（个）	X_{15} 森林康养基地数量（个）	X_{16} 乡村旅游村（个）
海东市	36	39	10	6	3	20	150	96	2	2	57
西宁市	37.4	43	6	4	5	39	85	43	5	2	39
海西州	4.1	20	3	8	5	18	45	37	1	1	15
海南州	9.29	11	3.5	2	1	14	86	24	2	0	39

续表

市（州）	X₆森林覆盖率（%）	X₇ A级旅游景区数量（个）	X₈森林地质旅游资源（个）	X₉水域旅游资源（个）	X₁₀红色旅游资源（个）	X₁₁文化场所（个）	X₁₂文物保护单位（个）	X₁₃非物质文化遗产（个）	X₁₄星级滑雪场数量（个）	X₁₅森林康养基地数量（个）	X₁₆乡村旅游村（个）
海北州	17.75	24	2.5	3	1	13	33	40	3	1	29
黄南州	24.3	17	3	3	2	13	46	52	1	1	17
兰州市	8.52	41	10	2	8	47	54	50	7	2	22
甘南州	17.81	36	20	4	4	36	38	62	2	1	36
白银市	4.66	16	6	1	4	21	35	47	2	0	14
固原市	16.07	20	4	6	5	18	23	51	2	2	22
昆明市	45.27	36	7	5	9	70	99	82	5	15	19
昭通市	47.8	21	2	5	9	27	28	51	4	2	14
丽江市	61.2	37	2	9	9	19	25	64	1	8	12
曲靖市	40.65	19	5	5	20	33	33	56	1	2	14
保山市	61.66	109	2	3	9	36	31	46	0	11	28
大理州	57.41	28	6	7	7	39	92	70	2	7	15
阿坝州	26.48	112	16	9	8	56	93	124	6	4	11
甘孜州	35.26	94	14	20	7	48	99	165	2	4	12
毕节市	54.33	39	12	11	9	42	33	124	2	6	25
六盘水市	54.25	27	8	7	4	15	37	51	3	6	31
林芝市	47.66	25	3	4	6	18	11	50	1	3	7

表 3-5 康养经济子系统指标数据

市（州）	X₁₇人均GDP（元/人）	X₁₈旅游接待人数（万人）	X₁₉旅游经济水平（%）	X₂₀人均旅游消费（元/人）	X₂₁旅游经济贡献度（%）	X₂₂人均公园绿地面积（m²）	X₂₃绿化覆盖率（%）
海东市	43358	1826	12.22	287.9	9.06	13.7	34.93
西宁市	72597	2489.6	62.84	1087	15.02	13	40.5
海西州	175837	1700	19.7	498	10.23	15.67	36.32
海南州	47220	1257.7	8.98	307.5	18.2	12.82	23.67
海北州	39987	1356	6.97	221	28.5	13.24	36.53
黄南州	40309	756.34	5.78	329	21.9	4.26	26
兰州市	78894	8699.8	23.65	746	18.62	14.8	42.09
甘南州	38569	2200	4.01	500	42.18	12	35

续表

市（州）	X_{17} 人均GDP（元/人）	X_{18} 旅游接待人数（万人）	X_{19} 旅游经济水平（%）	X_{20} 人均旅游消费（元/人）	X_{21} 旅游经济贡献度（%）	X_{22} 人均公园绿地面积（m²）	X_{23} 绿化覆盖率（%）
白银市	44967	2417.24	4.58	521	18.72	11.38	40.89
固原市	38017	1453.36	10.99	454	15.08	35.08	42.21
昆明市	91027	27073.51	30	1596	54.93	12.32	43.6
昭通市	33871	5221.36	3.87	1085	33.86	12.71	40
丽江市	53738	6808.27	9.03	1912	193.91	16.4	43.66
曲靖市	70760	7106.26	5.47	1108	19.44	13.38	43.91
保山市	52215	4666.09	4.22	1302	48.46	14.03	43.93
大理州	52085	9530.3	11.13	1682	92.6	12.39	41.67
阿坝州	61067	1586	1.04	840	26.47	14.5	34.56
甘孜州	46355	4137.82	3.53	1092	88.05	16.61	22.41
毕节市	34196	8003.56	10.9	1007	35	15.33	39.07
六盘水市	51533	563.19	0.4	1041	3.76	11.3	62
林芝市	98644	1317	17.87	884	49.4	19.03	40.88

表 3-6 服务能力子系统指标数据

市（州）	X_{24} 每万人医疗机构数（个）	X_{25} 每万人卫生技术人员数（人）	X_{26} 每万人医疗机构床位数（张）	X_{27} 每万人养老床位数（张）	X_{28} 星级旅游饭店数目（家）	X_{29} 人均体育场地面积（m²）	X_{30} 每万人拥有旅行社数量（个）
海东市	15.1	63.6	59.2	497	41	2.48	0.16
西宁市	8.1	118.34	92.7	350	52	2.23	2.76
海西州	9.32	99	67.4	193	75	3.57	0.71
海南州	10.6	88	90.4	98	64	3.83	0.11
海北州	14.7	103	65.6	227	32	4.29	0.5
黄南州	12.4	73.5	72.9	873	6	4	0.04
兰州市	5.15	108	81.6	260	284	2.61	0.06
甘南州	13.16	75.11	59.82	382	39	2.12	0.22
白银市	4.33	83.03	63.69	1501	12	2.57	0.07
固原市	2.81	95.19	65.44	364	109	2.5	0.04
昆明市	5.56	120.16	78.1	238	105	2.69	0.07
昭通市	4.9	50.63	83.3	165	8	2.56	0.06
丽江市	6.94	72.28	57.07	108	187	2.79	0.12
曲靖市	5.47	72.61	77.71	188	35	2.64	0.07

续表

市（州）	X_{24} 每万人医疗机构数（个）	X_{25} 每万人卫生技术人员数（人）	X_{26} 每万人医疗机构床位数（张）	X_{27} 每万人养老床位数（张）	X_{28} 星级旅游饭店数目（家）	X_{29} 人均体育场地面积（m²）	X_{30} 每万人拥有旅行社数量（个）
保山市	6.26	86.68	73.59	231	41	2.67	0.09
大理州	6.28	86.92	76.04	95	111	2.53	0.08
阿坝州	4.05	86.7	65.04	451	10	2.89	0.06
甘孜州	4.43	72.1	65.1	290	13	1.81	0.07
毕节市	9.1	78.9	78	114	14	2.16	0.12
六盘水市	6.84	91.35	83.7	496	15	2.47	0.08
林芝市	3.68	64.5	55.7	528	40	3.59	0.07

表 3-7　政策环境子系统指标数据

市（州）	X_{31} 康养和旅游支持力度（次）	X_{32} 旅游和康养新闻热度（条）	X_{33} 文化广电和旅游局微信公众号指数	X_{34} 文化广电和旅游局微信视频号指数
海东市	63	122	496.3	85.1
西宁市	46	220	448.5	118
海西州	38	172	441.3	395.9
海南州	57	115	487.4	440.9
海北州	120	128	436.1	152.3
黄南州	98	108	498.7	307.1
兰州市	30	227	473.2	120
甘南州	118	146	479.5	270.8
白银市	62	157	509.2	241.5
固原市	55	444	508.4	164.4
昆明市	42	357	569	307
昭通市	26	186	396.6	521.1
丽江市	222	256	499.9	270.6
曲靖市	49	210	472.3	73.7
保山市	54	188	489.1	152.3
大理州	121	81	581.3	441.5
阿坝州	85	237	637.8	239.4
甘孜州	86	135	540.8	344
毕节市	91	176	434.4	415.5
六盘水市	54	140	429	243.9
林芝市	61	139	564.4	198.7

（二）数据标准化

由于在研究选取的指标中存在正向和负向两种，本章采用了熵权 TOPSIS 法的原则。为消除因各指标量纲不同产生的影响，对其进行标准化处理，正负指标标准化处理公式如下：

$$X'_{ij} = (X_{ij} - X_{jmin}) / (X_{jmax} - X_{jmin}) \quad (i = 1, 2, \cdots, m; \ j = 1, 2, \cdots, n) \qquad （3-1）$$

$$X'_{ij} = (X_{jmax} - X_{ij}) / (X_{jmax} - X_{jmin}) \quad (i = 1, 2, \cdots, m; \ j = 1, 2, \cdots, n) \qquad （3-2）$$

式中：X'_{ij} 为标准化指数值，X_{ij} 为观测值，X_{jmax}、X_{jmin} 分别为同一指标的最大值和最小值，i 为市（州）的编号，j 为指标编号。

当指标为正向指标时，采用公式（3-1）进行处理；当指标数据为负向指标时，采用公式（3-2）进行处理。

（三）权重的确定

当前，研究康养方面指标的赋权方法主要分为主观赋权和客观赋权两大类。前者包括专家打分法、调查问卷法、层次分析法、德尔菲法等，注重打分者或被调查者的主观感受；后者通过分析指标之间的关系并根据其具体数值计算权重，包括熵权法、主成分分析法和因子分析法等。本章选取主观赋权法和客观赋权法相结合的方法。主观赋权法邀请了在康养与旅游研究领域有较高造诣的专家对指标与子系统进行打分，以平均值为主观权重；客观赋权法采用熵值法以数据本身的离散性确定权重，两者相结合确定最终权重。

1. 专家打分法

本章研究邀请了在康养与旅游研究领域有较高造诣的专家分别对各级各项指标进行评分。专家基于一定的原则，在对不同指标相互对比的过程中对指标进行打分。最后计算某一指标的所有专家打分的平均值作为该项指标的最终专家权重值。

2. 熵值法

熵值法是根据熵值大小，即各项指数值的变异程度进行权重计算。其主要步骤如下：

第一步，经过式（3-3）和式（3-4）的数据标准化处理后，计算第 i 个市

（州）在第 j 个指标上的值所占的比重 Z_{ij}：

$$Z_{ij} = \frac{X'_{ij}}{\sum_{i=1}^{m} X_{ij}} (i=1,2,\cdots,m; \ j=1,2,\cdots,n) \qquad （3-3）$$

第二步，计算指标信息熵 P_j：

$$P_j = -\frac{1}{\ln m} \sum_{i=1}^{m} Z_{ij} \ln Z_{ij} (i=1,2,\cdots,m; \ j=1,2,\cdots,n) \qquad （3-4）$$

第三步，计算信息熵冗杂度 D_j：

$$D_j = 1 - P_j (j=1,2,\cdots,n) \qquad （3-5）$$

第四步，计算指标权重 W_j：

$$W_j = D_j \div \sum_{j=1}^{n} D_j (j=1,2,\cdots,n) \qquad （3-6）$$

3. 各指标的权重

通过计算，本章所需数据指标体系权重分数如表 3-8 所示。权重值越大，代表该指标的市（州）间差距越大，该指标的重要程度越高。在 5 个子系统中，康养经济子系统的权重占比最大，权重值为 0.3798；康养资源子系统，权重值为 0.2935；服务能力子系统，权重值为 0.2378；政策环境子系统，权重值为 0.0881；生态环境子系统，权重值为 0.0727。

通过对各指标权重进行观察，可以看出，权重值较大的 5 个指标分别是 X_{30} 每万人拥有旅行社数量、X_{18} 旅游接待人数、X_{28} 星级旅游饭店数目、X_{27} 每万人养老床位数、X_8 森林地质旅游资源。说明各评价对象间差距较为明显，指标的信息熵较大，含有比较丰富的信息量。比如，在旅游接待人数方面，2023 年旅游接待人数最多的城市是昆明，接待量为 27073.51 万人次，旅游接待人数最少的城市是六盘水市，接待量为 563.19 万人次，前者是后者的 48 倍。需要指出的是，指标 X_1 海拔高度适宜性测算得分的权重值排在第 8 位，这说明发展高原康养，选择适宜的海拔高度是一个非常重要的因素。权重值较小的 5 个指标分别是 X_3 全年空气优良率、X_5 日照时数、X_2 空气洁净度、X_{22} 人均公园绿地面积和 X_4 平均气温，这充分说明我国高原地区的生态环境均极为优良，差异性并没有想象中那么大，发展康养的自然生态环境大体上是均等的，关键在于地方的康养资源、经济水平和服务能力。

表 3-8　高原康养发展指标体系权重

高原康养发展指标体系	权重值	指标名称	权重值
生态环境子系统	0.0727	X_1 海拔高度适宜性测算得分	0.037295063
		X_2 空气洁净度	0.010496773
		X_3 全年空气优良率	0.005501892
		X_4 平均气温	0.011760885
		X_5 日照时数	0.007692347
康养资源子系统	0.2935	X_6 森林覆盖率	0.021692808
		X_7 A 级旅游景区数量	0.036804986
		X_8 森林地质旅游资源	0.042946199
		X_9 水域旅游资源	0.026577975
		X_{10} 红色旅游资源	0.022079781
		X_{11} 文化场所	0.035632979
		X_{12} 文物保护单位	0.024569926
		X_{13} 非物质文化遗产	0.023971205
		X_{14} 星级滑雪场数量	0.020130788
		X_{15} 森林康养基地数量	0.036875877
		X_{16} 乡村旅游村	0.023904991
康养经济子系统	0.3798	X_{17} 人均 GDP	0.031183000
		X_{18} 旅游接待人数	0.053748881
		X_{19} 旅游经济水平	0.040619584
		X_{20} 人均旅游消费	0.024355565
		X_{21} 旅游经济贡献度	0.040205764
		X_{22} 人均公园绿地面积	0.010975316
		X_{23} 绿化覆盖率	0.013300957
服务能力子系统	0.2378	X_{24} 每万人医疗机构数	0.024579559
		X_{25} 每万人卫生技术人员数	0.012326523
		X_{26} 每万人医疗机构床位数	0.020411484
		X_{27} 每万人养老床位数	0.044871525
		X_{28} 星级旅游饭店数目	0.045470331
		X_{29} 人均体育场地面积	0.017767844
		X_{30} 每万人拥有旅行社数量	0.072403839
政策环境子系统	0.0881	X_{31} 康养和旅游支持力度	0.028694186
		X_{32} 旅游和康养新闻热度	0.022375172
		X_{33} 文化广电和旅游局微信公众号指数	0.015443584
		X_{34} 文化广电和旅游局微信视频号指数	0.021561516

四、高原康养发展指数分析

（一）高原康养发展总指数分析

受益于经济水平提高、人口老龄化和健康意识的增强，大健康产业已经迎来了前所未有的发展机遇，市场规模不断扩大，产业链不断完善，涌现出许多创新产品和服务，满足了人们对健康生活的多样化需求。大健康产业已成为一个具有广阔市场前景和巨大发展潜力的综合性产业，成为国民经济新的增长点。在这个大背景下，我国高原地区依托高原独特的自然环境和丰富的资源优势，通过科学规划和合理开发，大力发展高原康养产业，为人们提供健康养生、休闲度假等服务，不仅有助于提升人们的健康水平，还能带动当地经济发展，实现生态效益与经济效益的双赢。通过对高原市（州）发展康养产业的生态环境子系统、康养资源子系统、康养经济子系统、服务能力子系统和政策环境子系统进行分析，综合评估中国各高原市（州）目前的康养发展状况和发展潜力，具有重要价值。

对目标各市（州）的高原康养发展指数进行综合评价，常见的评价方法包括TOPSIS 法、灰色关联法、模糊综合评价法和数据包络分析法等。TOPSIS 法是利用评价对象与理想化目标的接近程度进行排序的方法，具有充分利用原始数据信息的优势，能够高质量地反映研究对象间的差距。本章运用 TOPSIS 法作为评价方法，结合研究方向和指标特点，较为合理和科学。在对评价指标数据进行标准化处理后，结合各指标的主客观的加权权重，确定正、负理想解，计算评价对象与正、负理想解的距离，得出相对接近度，如表 3-9 所示。

表 3-9 我国高原市（州）康养发展总指数值

市（州）	正理想解距离 D+	负理想解距离 D-	相对接近度 C 值
海东市	0.126971566	0.081704496	0.391537463
西宁市	0.117362007	0.101089684	0.462755328
海西州	0.140150614	0.079249839	0.361210919
海南州	0.157012589	0.046927983	0.230106166
海北州	0.145730680	0.062546343	0.300303617
黄南州	0.155798651	0.048203091	0.236287645
兰州市	0.131164486	0.081570231	0.383436385
甘南州	0.139923875	0.062762713	0.309654001
白银市	0.151468566	0.064502344	0.298662184
固原市	0.150128486	0.058972708	0.282029512

续表

市（州）	正理想解距离 D+	负理想解距离 D–	相对接近度 C 值
昆明市	0.112999236	0.107444565	0.487401162
昭通市	0.153389513	0.057816386	0.273744180
丽江市	0.130330197	0.087559982	0.401853732
曲靖市	0.144592377	0.061394778	0.298051486
保山市	0.138441067	0.074511348	0.349896703
大理州	0.127276980	0.077844412	0.379504115
阿坝州	0.139680069	0.074429538	0.347623532
甘孜州	0.138258061	0.071892121	0.342098780
毕节市	0.132830972	0.071331090	0.349384646
六盘水市	0.146750874	0.061399265	0.294975854
林芝市	0.151366024	0.051254184	0.252956921

　　根据相对接近度 C 值，昆明市、西宁市、丽江市、海东市、兰州市 5 个市的指数值较高，其中有 3 个是省会城市。这说明，省会城市由于经济发展水平高、健康养老养生和旅游的设施设备比较完善，康养服务能力强，其在高原康养产业发展中能够起到领军作用。就 7 个高原省（区、市）而言，在指数值比较高的 10 个市（州）中，青海省有西宁市、海东市、海西州 3 个市（州），云南省有昆明市、丽江市、大理州、保山市 4 个市（州），说明这两个省总体发展状况较好。而同一省（区、市）中，各市（州）的指数值差异比较大，比如，青海省西宁市的指数值为 0.4628，而海南州的指数值为 0.2301；云南省昆明市的指数值为 0.4874，而昭通市的指数值为 0.2737。这说明同一省（区、市）中，不同市（州）发展高原康养的动力差异。

（二）高原康养发展子系统指数分析

　　从影响高原康养发展子系统指数来看，生态环境子系统、康养资源子系统、康养经济子系统、服务能力子系统和政策环境子系统在不同程度上影响各个市（州）的发展。例如，在生态环境子系统中，云南省保山市、大理州、曲靖市、昭通市、昆明市的指数值都比较高，说明云南省发展高原康养的生态气候条件是最优的。

　　康养资源子系统的指数值都比较高的市（州）有阿坝州、甘孜州、昆明市、毕节市、保山市，其中四川省的阿坝州和甘孜州虽然属于经济相对欠发达地区，但高原康养的资源禀赋非常丰富，具备了进一步发展的巨大潜力。

康养经济子系统指数值比较高的市（州）有昆明市、丽江市、海西州、西宁市和大理州，其中云南省的昆明市、丽江市和大理州是全国知名的旅游城市，其旅游经济在地方经济发展中占据重要地位乃至核心地位。例如，丽江市 2023 年的旅游收入达 1301 亿元，而当地的 GDP 仅有 671.73 亿元，旅游收入远超 GDP，旅游业成为当地名副其实的支柱产业。旅游业发展不仅带动了当地餐饮、住宿、交通等相关产业的发展，还促进了就业和居民收入的增加。除传统的景区门票收入外，丽江还通过发展旅居产业、提升城市宜居宜业环境等方式，推动游客从"旅"到"居"，进一步延伸了旅游产业链，提高了旅游经济的附加值。

服务能力子系统指数值较高市（州）有西宁市、海西州、海北州、海东市和兰州市，其中有 4 个市（州）属于青海省。从高原康养发展服务能力子系统指数值可得出相应结论，"十四五"以来，青海省在提升高原康养服务能力方面采取了多项措施。比如，青海省通过强化康养产业发展政策保障，明确将高原康养产业作为绿色发展的重要方向。《青海省国民经济和社会发展第十四个五年规划和二〇三五年远景目标纲要》中提出，加强青藏高原运动与健康研究，推进高原运动、高原医学、高原健康等融合发展。《青海省"十四五"公共服务规划》中提出，推进高原医学研究中心建设、发展高原生态养老产业。这为扩大高原优质康养资源供给提供了坚实的政策支撑。青海省不断完善高原医疗卫生服务体系，提高医疗卫生供给质量和服务水平。通过落实中央预算内投资，支持国家区域医疗中心、中医特色重点医院等项目建设，以及加强高原医学研究中心的建设，青海省在提升高原康养服务能力方面实现了重大且突出的发展。此外，青海省还积极推动文体康养产业融合发展，充分发挥高原地理气候的特殊作用，以打造国际生态旅游目的地、构建高水平全民健身服务体系为目标，不断丰富文旅产品体系、优化体育设施布局。在人才培养方面，青海省也加大了对高原康养人才的政策支持和鼓励。通过引导高等院校增设相关专业课程、加强校企合作、提供实习机会等方式，青海省致力于培养出更加符合产业需求的专业人才，为高原康养产业的发展提供有力的人才支撑。总的来说，青海省在提升高原康养服务能力方面采取了多项有力措施，包括强化政策保障、完善医疗卫生服务体系、推动文体康养产业融合发展及加强人才培养等，这些措施为青海省高原康养产业的蓬勃发展奠定了坚实基础。

政策环境子系统指数值较高的市（州）有丽江市、大理州、昆明市、阿坝州和固原市。作为全国知名旅游城市的昆明市、丽江市、大理州和阿坝州（拥有九寨沟、黄龙、四姑娘山等世界级旅游资源），其对康养和旅游的高度重视与大力支持不难理解，但是宁夏的固原市，对康养和旅游的重视与支持程度，确实超乎人们想象。近年来，固原市充分利用其优质的生态休闲旅游度假资源，致力于打造康养"新名片"。通过结合社区创建，固原市在城市打造了以养老综合服务中心、社区日间照料中心、社区食堂为主的"一刻钟养老服务圈"，在乡村建立了康养民宿、农家乐，让老年人能够零距离感受康养魅力。固原市还积极引进智慧健康养老服务平台，通过"智能终端＋信息平台＋线下服务"的模式，推动固原数字赋能智慧康养产业发展。这些举措不仅提升了康养服务的智能化水平，也为老年人提供了更加便捷、高效的康养体验。在旅游方面，固原市依托其丰富的自然风光和历史文化资源，大力发展旅居康养游。通过打造"六盘山"避暑胜地和康养小镇，固原市吸引了大量老年人前来旅居度假。这些康养小镇和民宿不仅环境优美、气候凉爽，还提供优质的住宿、餐饮等生活服务，让老年人在享受自然美景的同时，也能体验到中医药文化的独特魅力。值得一提的是，固原市还积极探索"养老＋旅居"服务新模式，通过整合社会资源，为老年人提供更加全面、便捷、高效的养老服务。这种创新的服务模式不仅提高了老年人的生活质量，还为固原市的康养和旅游产业注入了新活力。通过一系列创新举措和优质服务，固原市已经成功打造出了具有特色的康养和旅游品牌，我国高原康养发展子系统指数如表 3-10 所示。

表 3-10 我国高原康养发展子系统指数

市（州）	生态环境子系统指数	康养资源子系统指数	康养经济子系统指数	服务能力子系统指数	政策环境子系统指数
海东市	0.8149	0.4077	0.1049	0.4527	0.3375
西宁市	0.4975	0.3476	0.3829	0.5918	0.2101
海西州	0.2596	0.1437	0.3925	0.5332	0.3271
海南州	0.2407	0.1939	0.0875	0.2810	0.3674
海北州	0.2284	0.1578	0.0940	0.4694	0.3098
黄南州	0.5231	0.1300	0.0615	0.2911	0.3538
兰州市	0.7529	0.3672	0.2952	0.3680	0.2160
甘南州	0.1758	0.4256	0.1147	0.2791	0.3833
白银市	0.8523	0.1423	0.1065	0.3440	0.2794
固原市	0.8440	0.1637	0.1485	0.2479	0.4390
昆明市	0.8632	0.5287	0.5800	0.2710	0.4444
昭通市	0.8832	0.2336	0.1802	0.1477	0.3830

续表

市（州）	生态环境子系统指数	康养资源子系统指数	康养经济子系统指数	服务能力子系统指数	政策环境子系统指数
丽江市	0.5421	0.3146	0.4269	0.3638	0.6339
曲靖市	0.8931	0.2916	0.2383	0.1563	0.2077
保山市	0.9248	0.4436	0.2222	0.1694	0.2278
大理州	0.9236	0.3719	0.3447	0.2617	0.4821
阿坝州	0.2350	0.5874	0.1461	0.1482	0.4418
甘孜州	0.1845	0.5734	0.2317	0.0945	0.3857
毕节市	0.8424	0.4537	0.2213	0.1789	0.4095
六盘水市	0.8105	0.3196	0.1742	0.2095	0.2176
林芝市	0.2692	0.1987	0.2789	0.1880	0.2874

（三）主要结论

通过多源大数据的分析，能够从多个角度和维度较为清晰地把握我国高原地区康养发展的总体情况及地区差异。由总体的概述和区域间的差异可知，在生态环境子系统、康养资源子系统、康养经济子系统、服务能力子系统和政策环境子系统 5 个子系统中，云南省的高原康养产业发展处于"排头兵"位置，展现出强劲的发展实力。云南省凭借其独特的自然风光、丰富的民族文化、宜人的气候条件及优质的生态资源，使云南康养对于消费者而言具有强大吸引力和影响力。云南省多地被评选为"中国候鸟式养老夏季栖息地"，如昆明、保山、曲靖、丽江、大理等市（州），这些地区以其优美的风景、宜人的气候和优良的空气质量，成为"银发一族"理想的康养旅居圣地。云南省拥有丰富的天然康养资源，如温泉资源，为旅居者提供了放松身心、享受生活的绝佳环境。云南省注重康养产品的多元化和个性化发展。通过结合度假、乡村、养老、康养、文化艺术与户外运动等多种生活方式，云南省编织出一幅令人心驰神往的旅居生活画卷。这种多元融合的旅居模式，不仅满足了不同游客的需求，还进一步提升了云南康养产业的竞争力。青海省凭借其得天独厚的世界黄金海拔（1500～2500 米）、丰富的自然资源、多民族文化及专业的领军人物和团队，具备发展高原康养产业的先天优势。自"十四五"以来，青海省大力推动高原康养产业的发展，一些地区如西宁市、海东市，正在积极打造高原康养示范城市和基地，并取得了阶段性成果。青海省在高原康养发展方面已经紧随其后赶了上来，展现出强劲的发展潜力和强大的发展动力。

从各市（州）差异的角度来看，无论是高原康养发展的总指数，还是高原康养发展的 5 个子系统指数，从总体来看，经济较为发达的市（州）指数值相对较高，经济相对欠发达的市（州）指数值相对较低。其原因一方面是地理位置及交通通达度的影响，另一方面是改造自然环境的困难度和建设能力等社会性建设能力的差距影响。

在今后的高原康养发展过程中，应当更加注重高原地区中符合高原康养海拔要求的各相关市（州）自身的康养设施设备完善和康养服务能力的提升，以及相互之间的均衡协同发展，充分发挥省会城市的带动作用，调动省内不同地区的康养资源的可利用、可开发、可持续、可协调的科学统筹发展，进一步减小地区在康养基础建设及公共服务能力等方面的发展差距。确保自然生态、康养资源、经济实力、基础设施、服务能力和政策环境五个方面的综合发力，以高原康养旅游为率先突破口，实现中国高原康养事业全面发展。

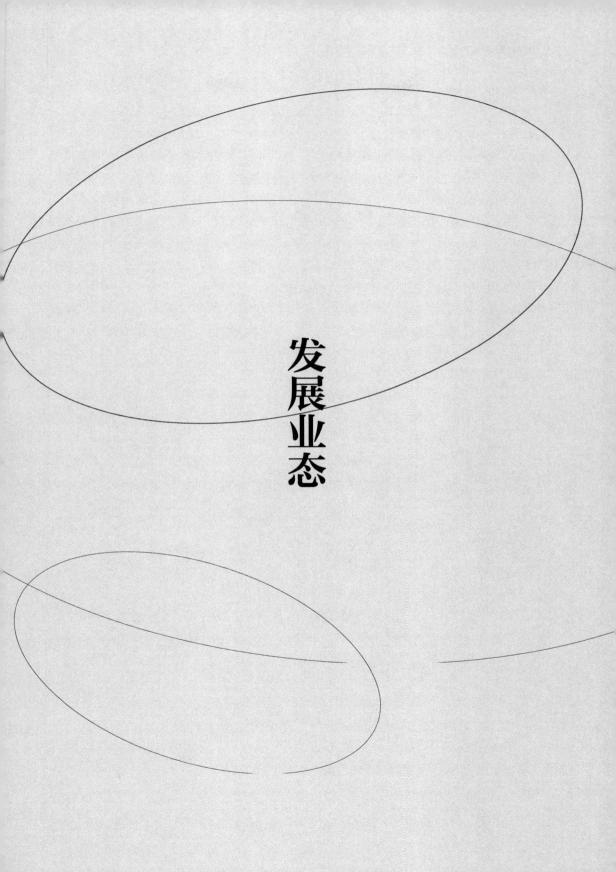

发展业态

第四章

老年人高原康养的发展现状与趋势

在当今的中国社会，随着老龄化的加速发展，老年康养的需求日益增长。老年人康养的核心在于为老年人提供包括养老、养生、保健、运动、休闲、旅游等多方面综合性的产品和服务，旨在保持或恢复老年人的身体健康和心理平衡。也就是说，老年人对康养服务内容的要求越来越高，不仅需要基础的医疗和护理服务，还需要心理、文化、娱乐等多方面的服务。这一方面为高原康养产业提供了巨大的市场发展空间，另一方面也给高原康养发展提出了更高的要求和挑战。如何深度挖掘高原地区的自然生态资源和宗教、民俗、历史文化资源，如何深刻洞悉老年人对康养服务的需求特点，尽快完善具有高原特色的康养设备设施，提升当地康养服务水平，开发和提供符合老年人康养需求的、有利于养身养心养老的个性化和多元化的服务方案和康养产品，这是高原地区发展高原康养产业亟待解决的一个重大问题。

一、中国已经进入"深度老龄化"

当前中国老龄化程度在全球属于中上水平，长寿趋势使老龄化持续加深。2000 年中国 65 岁及以上人口占比超 7%，开始进入老龄化社会；2021 年 65 岁及以上人口占比超 14%，2022 年 65 岁及以上老年人口占比为 14.9%，开始进入深度老龄化社会；2024 年 10 月，民政部和全国老龄办发布的《2023 年度国家老龄事业发展公报》显示，截至 2023 年底，全国 60 岁及以上老年人口 29697 万人，占总人口的 21.1%；65 岁及以上老年人口 21676 万人，占总人口的 15.4%。根据育娲人口《中国人口预测报告 2023 版》"中方案"，预计中国在 2030 年左右进入占比超 20% 的超级老龄化社会，之后持续快速上升至 2060 年的约 37.4%，企稳一段后将再度上升至 2080 年及之后的 46% 左右，届时中国 8 亿总人口中近一半是老年人。

（一）中国老龄化速度加快

1949 年以后，中国出现了三轮婴儿潮，分别是 1950～1958 年、1962～1975 年、1981～1991 年。2015 年，第一批婴儿潮人口陆续进入 65 岁。未来第二轮和第三轮婴儿潮人口将在 2027 年、2046 年陆续进入 65 岁，老年人口数量将呈阶梯式上行趋势，并且由于第四轮婴儿潮未出现，少子化会加速老龄化趋势。预计到 2030 年进入占比超 20% 的超级老龄化社会，之后持续快速上升至 2060 年的约 37.4%。1950～2022 年，中国平均预期寿命从约 44 岁提升至约 78.3 岁，过去 20 年平均每 10 年提升 2～3 岁。

目前，中国平均预期寿命已明显高于全球平均水平的 72.8 岁和中高收入经济体的 75.9 岁，但低于高收入经济体的 80.9 岁，随着卫生健康体系的逐渐完善，未来仍有上升空间。

我国老龄化速度不断加快，未来 30 多年处于老龄化快速深化期。2001～2010 年，中国 65 岁及以上老年人口占比年均增加 0.2 个百分点，2011～2023 年年均增加 0.5 个百分点，人口老龄化速度明显加快。随着 1962～1975 年第二轮婴儿潮出生人口逐渐衰老并进入生命终点，未来 30 多年中国人口老龄化程度将快速深化。

与国际对比来看，从 7% 的老龄化到 14% 的深度老龄化，法国用了 126 年、英国用了 46 年、德国用了 40 年、日本用了 24 年、中国仅用了 21 年；从 7% 的老龄化到 20% 的超级老龄化，法国用了 28 年、德国用了 36 年、日本用了 11 年，预计中国仅用 10 年。

（二）中国老龄化规模巨大

2023 年 65 岁及以上人口为 21676 万人，约占世界老年人口的 1/4，相当于全球每 4 个老年人就有 1 个中国人。根据育娲人口《中国人口预测报告 2023 版》"中方案"，到 2030 年、2040 年，中国 65 岁及以上老年人口将分别达 2.6 亿人、3.5 亿人，约占全球老年人口比重分别为 25.6%、26.5%（见图 4-1）。

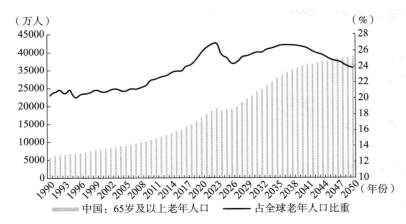

图 4-1　1990～2050 年中国 65 岁及以上老年人口数量与占全球老年人口比重

资料来源：育娲人口研究智库，《中国人口预测报告 2023 版》，2023 年 2 月。

（三）中国高龄化趋势明显

根据任泽平团队的《中国老龄化报告 2024 版》研究，预计 2050 年高龄老人占比超 10%。老年人口分为 80 岁以下的低龄老人和 80 岁及以上的高龄老人，前者健康水平较高且大部分可以生活自理，后者健康水平较低且更需要生活照顾。2023 年中国 80 岁及以上高龄老人近 4000 万人，占总人口的比重约 2.8%。根据育娲人口《中国人口预测报告 2023 版》"中方案"，预计 2030 年、2050 年、2070 年、2100 年 80 岁及以上人口占比将分别为 3.7%、11.0%、18.6%、30.4%。

（四）未富先老问题突出

任泽平团队研究认为，2000 年中国 65 岁及以上老年人口占比超过 7%，当时人均 GDP 约 959 美元，日本、韩国在老龄化水平达 7% 的时候，人均 GDP 分别为 1685 美元、12257 美元；2021 年中国 65 岁及以上老年人口占比超过 14%，当时人均 GDP 约 12618 美元，美国、日本、韩国在进入深度老龄化时人均 GDP 分别为 5.5 万美元、4.0 万美元、3.3 万美元。2023 年，中国人均 GDP 约 1.3 万美元，接近高收入国家下限，但中国 65 岁及以上老年人口占比为 15.4%，高于中高收入经济体 12.2% 的水平。

二、老年人康养服务的基本需求

由于生理变化和社会因素的特点，使老年人对生活和健康的需求有别于其他人群。老年人的康养需求是多元化的，包括健康保健、心理疏导、生活照料及文化娱乐等多方面。无论是哪种康养模式，目的都是满足老年人的需求，以提高健康状况和生活质量。具体来说，老年人的康养需求主要体现在以下几个方面：

（一）医疗保健服务需求

随着年龄的增长，老年人的身体机能和免疫力逐渐下降，容易患上各种慢性病，如慢性支气管炎、风湿性关节炎、骨关节炎、高血压、糖尿病等，因此对医疗保健服务的需求也越来越高。《2024 年居民养老现状消费调查报告》显示，老年人的需求排在第 1 位的是"慢性病诊疗及康复护理等医疗服务"，占比为 38.87%；《2022 年国民抑郁症蓝皮书》调研数据显示，"引发老年抑郁的因素"中，对慢性病治疗的焦虑占比为 65%，排在了第一位。可以说，医疗保健服务是老年人健康养老的第一需求。医疗保健服务需求主要包括以下四个方面。

1. 专业医疗护理服务

老年人由于身体状况的变化，对医疗护理服务的需求较高。老年康养服务提供者需配备专业的医护人员，为老年人提供日常健康监测、疾病预防、康复护理等服务。同时，还需要与医疗机构建立合作关系，确保老年人在需要时能够得到及时、专业的医疗救治。

2. 医养结合服务

医养结合是养老服务与医疗护理融合的重要模式。通过将养老机构和医疗机构相结合，为老年人提供一体化的健康养老服务。老年人可以在养老机构中享受专业的医疗护理服务，同时还可以在医疗机构中接受全面的健康检查和治疗。这种服务模式既满足了老年人的医疗需求，又提高了养老服务的专业水平。2024 年 12 月，国家卫生健康委、民政部、国家医保局、国家中医药局、国家疾控局五部门联合发布了《关于促进医养结合服务高质量发展的指导意见》（国卫老龄发〔2024〕40 号）明确提出，围绕老年人健康养老服务需求，建立由执业（助理）医师、注册护士、康复治疗人员、医疗护理员、养老护理员、健康照护师（长期照护师）、健康管理师、社会工作者及志愿者等组成的服务团队，为老年人提供健康教育、预防保健、疾病诊治、康复护理、长期照护及安宁疗护等综合连续的健康服务。

3. 康复设备和器材的配备

随着老年人健康问题的增多，康复设备和器材在养老服务中的需求也日益凸显，主要包括以下设备：

（1）行动辅助设备。帮助老年人行走、上下楼梯等，提高其行动能力。常见的设备包括手动轮椅、电动轮椅、助行器等。

（2）康复训练设备。提供针对性的康复训练，促进肌肉力量和关节灵活性的恢复。例如，上下肢主被动运动康复机、体外冲击波治疗仪等。

（3）安全保障设备。确保老年人在使用设备时的安全，防止摔倒等意外事故的发生。设备应具有防滑、防摔等功能，并配备紧急制动装置。

（4）便捷易用设备。设计应考虑老年人的生理和心理特点，操作界面简洁明了，便于理解和操作。例如，智能轮椅可通过手机 App 辅助控制，实现遥控操作，便于陪护人员照料。

（5）生活辅助设备。包括防压疮坐垫、防压疮床垫、穿脱衣棍、坐便椅等，帮助老年人完成日常生活中的各种活动。

（6）智能化设备。随着科技的发展，智能化设计成为趋势。通过传感器、物联网等技术，实现设备的智能化控制和监测，如智能轮椅可智能跟踪用户轮椅的电量信息，报修信息一键定位。这些康复设备和器材，不仅可以帮助老年人进行康复训练、日常活动和生活自理，促进他们的康复进程，提高老年人的生活质量，还有助于预防和改善一些慢性疾病，同时减轻家庭和护理人员的负担。

4. 健康管理和预防保健服务

老年病症如高血压、心脏病、中风等心脑血管疾病，糖尿病及其并发症，阿尔茨海默病、视听觉障碍、骨质疏松等，不仅降低了老年人的生活质量，还会引发生理功能失调与持久病痛，严重影响了老年人的生活品质和幸福感。因此健康管理和预防保健是健康养老服务中的重要内容。健康养老服务提供者需要为老年人提供定期体检、健康咨询、药物管理等服务，帮助老年人建立健康的生活方式，预防疾病的发生。同时，还需要开展健康教育活动，增强老年人的健康意识和自我保健能力。

（二）生活照料服务需求

2024 年 10 月，由民政部、全国老龄办、国家卫生健康委、财政部、中国老龄协会、中国计划生育协会共同发布的《第五次中国城乡老年人生活状况抽样调查基本数据公报》显示，2021 年，我国 13.2% 的老年人自报日常生活需要别人照料。分城乡看，11.9% 的城镇老年人、14.7% 的农村老年人自报日常生活需要别人照料。分性别看，11.7% 的男性老年人、14.7% 的女性老年人自报日常生活需要别人照料。具体来看，老年人需求比例最高的五类社区（村）养老服务依次是上门看病服务（29.1%）、助餐服务（22.1%）、文化娱乐服务（22.1%）、健康教育服务（17.2%）、上门做家务服务（15.8%）。

2024 年 10 月，四川省保护消费者权益委员会、青海省消费者协会和重庆市消费者权益保护委员会三方联合发布的《2024 年居民养老现状消费调查报告》显示（见图 4-2），老人首先最需要的是"慢性病诊疗及康复护理等医疗服务"和"餐饮服务、老年饭桌等餐食服务"，占比分别为 38.87%（7303 人）和 36.05%（6774 人）；其次是"日间照护服务或者托管服务"和"家政清洁等日常照料服务"，占比分别为 30.20%（5674 人）和 24.43%（4590 人）；此外，"法律咨询或援助等法律服务"的需求相对较少，仅占 2.52%（474 人）。

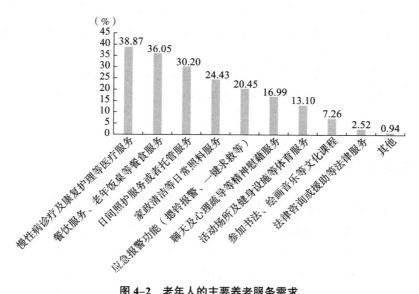

图 4-2 老年人的主要养老服务需求

资料来源：四川省保护消费者权益委员会、青海省消费者协会、重庆市消费者权益保护委员会，《2024 年居民养老现状消费调查报告》，2024 年 10 月。

由此可以看出，在生活照料服务需求中，老年人对饮食照料、居住环境改善和日常事务帮助的需求显得尤为迫切。首先，针对饮食照料，老年人随着年龄增长，消化功能逐步衰退，营养需求与年轻时有所不同。因此提供符合老年人营养需求的饮食照料至关重要。老年人的饮食应注重营养均衡，包括富含蛋白质的肉类、鱼类、蛋类、豆类，以及富含维生素和矿物质的新鲜蔬菜和水果，同时保证适量的碳水化合物，食物应以清淡、易消化为主，避免过于油腻和辛辣的食物，以适应老年人逐渐减弱的消化系统和新陈代谢，满足他们的健康需求。其次，居住环境的改善对于老年人来说也至关重要。随着年龄的增长，老年人的身体机能逐渐下降，对居住环境的安全、舒适和便利要求更高。为老年人创造一个安静、舒适、整洁的居住环境，保持室内温度和湿度适宜，确保充足的睡眠。同时，在居住环境方面，需要提供无障碍设施，如抓杆、坡道等，以确保老年人的居住安全。此外，对于日常事务的帮助也是老年人生活照料服务的重要组成部分。由于身体，老年人可能无法独立完成购物、洗衣、清洁等日常任务。因此提供相关的帮助服务，可以极大减轻他们的负担，提高他们的生活质量。对一些失能或部分失能老人，协助老年人进行日常活动，如穿衣、上厕所等，定期帮他们更换衣物，保持他们的整洁和舒适，同时关注他们的个人卫生，如口腔清洁、身体清洁等，这些照料尤为重要。老年人生活照料是一个全面而细致的工作，需要涵盖饮食、起居、健康、安全，以及精神与心理等多个方面，这些都对老年康养服务提供者提出了更高、更专业的要求。

（三）心理健康服务需求

老龄化不仅给社会经济发展带来压力，还给老年人自身带来困境。在进入晚年阶段时，人们往往会遇到身体的衰老、人际关系的变化和社会角色的转变等多重困难，这些困难都可能引发或加剧老年人的心理健康问题。例如，老年人可能会出现抑郁、焦虑、孤独、自卑、无助、无望等负面情绪，甚至产生自杀的念头。《2022年中国老年心理健康白皮书》显示，高达63%的中国老年人经常感到孤独，即便身处人群中，也有54%的人感到孤独和遗憾。还有调查显示，城市老年人的心理健康率为30.3%，而农村老年人仅为26.8%。整体来看，我国老年人的心理健康率不足1/3。《2022年国民抑郁症蓝皮书》调研数据显示，在"引发老年抑郁的因素"中，主要因素包括对慢性病治疗的焦虑（占比65%）、无用感（占比33.33%）、孤独（占比33.33%）、生活困难（占比21%）、对死亡的恐惧（占比15%）。2024年12月中国老龄科学研究中心发布的《中国老龄发展报告（2024）——中国老年人心理健康状况》显示，我国 23.76% 的老年人有不同程度的孤独感受，其中 4.75% 的老年人"经常感到孤独"。我国 26.4% 的老年人存在不同程度的抑郁症状，其中 6.2% 的老年人有中重度抑郁症状。孤独感是老年人常见的心理困扰，长期陷入孤独会引起认知功能障碍、抑郁、睡眠障碍、心血管疾病等精神和躯体疾病。在影响老年人孤独感的因素中，除婚姻家庭、经济状况和健康状况外，社会参与、文化生活、主观年龄等因素同样对老年人的孤独感影响较大。

这些研究数据充分说明，老年人的心理健康是一个需要高度关注的问题。心理健康有助于老年人保持积极的生活态度，更好地享受晚年生活，有助于增强免疫力，降低患病风险。因此心理健康服务是老年人群体的一种不可或缺的健康养生需求。通过科学的心理健康服务，能够帮助老年人调整心态，缓解压力，从而保持积极乐观的生活态度，还能为老年人提供心理疏导，帮助他们排解内心的不满和困惑，预防心理疾病的发生，从而帮助他们更好地适应晚年生活，提高生活质量。老年康养服务中需要提供的心理健康服务内容主要包括以下几个方面：①情感支持和陪伴：通过定期与老年人交流，倾听他们的需求和感受，给予情感上的支持和安慰，帮助他们缓解孤独感和心理压力。②社交活动：鼓励老年人参与各种社交活动，如手势舞、手工绘画、康复训练等，增强他们的社交互动和社会归属感。③认知刺激：通过学习班、阅读书籍、解谜游戏等方式保持大脑活跃度，帮助老年人保持思维敏捷、记忆力和注意力。④身体活动：鼓励老年人进行适度的运动，如散步、太极拳、瑜伽等，促进身心健康。⑤营养和睡眠管理：确保老年人获得均衡的营养和充足的睡眠，提高他们的精神状态和心理幸福感。⑥安全保障：提供安全和舒适的居住环境，减少老年人的担忧和焦虑。⑦专业心理咨询：为老年人提供专业的心理咨询和心理治疗服务，帮助他们解决心理问题。⑧心理疏导：通过沙盘游戏、音乐疗愈等方式帮助老年人释放心理压力。⑨心理健康教育：提高老年人对心理障碍的认识和应对能力，帮助他们保持乐观的心态。⑩家庭参与：鼓励家属经常探望老年人，加强亲情联系，让老年人感受到家庭的关爱和支持。这些服务内容旨在全面提升老年人的心理健康状况，帮助他们享受幸福的晚年生活。

（四）休闲娱乐服务需求

如今，健康状况良好的老年人群体在不断壮大。国家统计局数据显示，截至 2023 年年末，全国 60 岁及以上老年人口接近 3 亿人，占总人口的 21.1%，其中

60～69岁的低龄老年人口占比超50%。他们有时间和精力，有一定的经济基础和提高生活品质的愿望，是推动消费升级的重要力量。他们受教育水平、消费实力、接受新事物的能力普遍较强，在消费观念、消费支出上与年轻人越来越相似，这些变化衍生出一个名词——"新老人"。与"老老人"相比，"新老人"不满足基本的生活需求，具有更强大的消费能力、更强烈的出游意愿、更高质量的休闲需求，他们期望老年生活有更丰富的娱乐活动、更亲密的邻里关系、更便捷智能的生活体验、更自由的养老选择，更多地表现出兴趣爱好更丰富、意愿更强烈等休闲文化娱乐的精神需求。他们不再局限于传统的看书、下棋、听音乐等静态活动，而是开始尝试更多新兴的文化娱乐形式。2024年1月，国务院办公厅发布了《关于发展银发经济增进老年人福祉的意见》，明确提出"丰富老年文体服务""拓展旅游服务业态"的要求。2024年10月，北京市统计局对本市803位60岁及以上的常住老年人开展问卷调研，调研结果显示：除生活必需的基础消费外，老年人青睐保健、出游和休闲等消费。在调研涉及的16个非基础消费领域中（见图4-3），分别有53.7%、42.1%和41.7%的被访者在近一年内进行过"保健养生"、"外出旅游"和"休闲活动"消费，占比排在前三位。"保健养生"、"康养理疗"和"户外活动"消费人数占比较2023年分别提高12.3个、8.7个和6.0个百分点，增幅排在前三位。

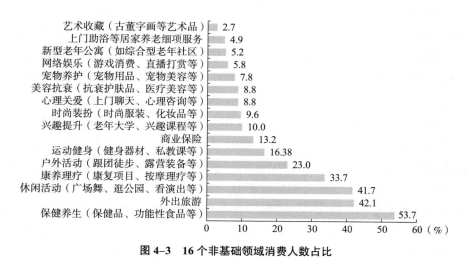

图4-3　16个非基础领域消费人数占比

资料来源：北京市统计局，《老年消费潜能渐增 银发经济焕发生机——2024年北京市老年人消费调研报告》，2024年11月。

　　在养老生活方面，品质养老社区备受青睐，这些社区不仅提供舒适的居住环境、便捷的医疗服务，还配备了丰富的休闲娱乐设施，如健身房、书法室、舞蹈室等，满足老年人在精神文化层面的需求；在文化方面，他们热衷参加各类艺术展览、音乐会和文学讲座等活动，不断提升自己的审美素养和文化内涵；在体育健身方面，老年人同样表现出极高的热情，他们积极参与适合自身身体状况的体育活动，健身房里也时常能看到他们的身影，他们积极地进行力量训练、瑜伽或游泳等运动，保持身体的活力与健康。广场舞作为一项深受老年人喜爱的大众健身活动，不仅带动了舞蹈服装、道具、音响设备等相关产品的销售，还催生了广场舞培训、比赛等服务市场，为老年人提供了展示自我、交流互动的平台。老年大学作为老年人学习新知识、新技能的重要场所，报名人数持续爆满，课程涵盖书法、绘画、音乐、舞蹈、摄影等多个领域，满足了老年人兴趣爱好的不同需求。

旅游是老年人重要的休闲娱乐方式。随着经济发展、老年人口规模扩大及消费观念的转变，老年人外出旅游观光的数量逐年增长，老年人已成为旅游市场的重要力量，在全国旅游总人数中的占比超20%，已经从小众市场向主流市场转变，老年旅游需求持续提档升级。2024年中国旅游研究院发布的《中国老年旅居康养发展报告》显示，新一代老年人展现出了更好的健康条件、更充裕的休闲时间、更新的消费理念、更频繁的出游意愿和更强大的消费能力，老年旅游市场逐渐被看作最重要的旅游市场之一，老年旅游成了旅游业的重要增长引擎。据中国旅游研究院测算，"十四五"末我国出游率较高、旅游消费较多的低龄健康老年人将逾1亿人，老年旅游收入有望超万亿元，正在成为旅游市场发展的新蓝海。旅游成为退休生活的重要内容，受访老年人平均每年进行8次国内旅游、1次出境旅游，每次旅行花费在数千元。老年人旅游消费能力提升，有75%的受访者表示近年来养老金有所增加，有54%的受访者表示近年来房产升值了。老年人旅游消费档次提升，有84%的受访者表示希望获得更好的产品和服务，有71%的受访者希望获得专为老年人设计的产品和服务，消费标准从追求性价比转向追求品质和服务，老年人旅游中选择四星级及以上酒店的比例达45%。近年来，专为老年人设计的旅游产品层出不穷，如"夕阳红专列""爸妈放心游"等，深受老年消费者喜爱。该报告还分析了老年旅游者消费特点，更重视旅游核心价值，选择观光游览和养生保健疗养的老年旅游者居多；更重视旅游文化内涵，更看重旅游过程中的情感互动、文化和研学体验，对历史型、怀旧型旅游产品情有独钟；更青睐专业旅行服务；更依赖社会公共服务，完善的社会公共服务体系是老年旅游发展的重要前提；更重视旅游经验交流，老年旅游者的旅游信息来源，更多的是亲朋好友和街坊邻居的亲口推荐，社会网络营销是老年旅游市场营销的重要方式。

三、医养结合成为高原养老的新模式

（一）医养结合养老的内涵

无论是机构养老还是社区居家养老，日常生活照料只是满足老年人养老需求最基本的养老服务，更重要的是要满足老年人疾病医疗、健康保健、精神生活的需求，推动养老与医疗相结合、养老与健康相融合、养老与心理服务相促进，实现医养康养心养融合发展。有限的医疗服务资源和养老服务资源，以及彼此相对独立的服务体系，是无法满足老年人对更加幸福美好的老年生活需求的。只有把两者有机结合起来，实现两种资源的有机整合、服务功能的有效衔接，才能实现有限资源的效用最大化，在为老年人提供基本生活照料的同时，提供方便可及的医疗服务。医养结合是近年来逐渐兴起于各地的一种适合我国国情的新型养老模式，将现代医疗服务技术与养老保障模式有效结合，实现了"有病治病、无病疗养"的养老保障模式创新。"医养结合"超越传统养老理念中只强调单一性的养老服务，更加注重养老服务与医疗服务的兼得性，注重老年生活保障需求中"养"与"医"的结合，其优势在于整合医疗和养老两个方面的资源，提供持续性的老年照顾服务，能够满足未来高龄、失能、失智、空巢、患病老人的多重生活料理需求，实现社会资源利用的最大化。"医"包括身体健康检查、疾病医疗、护理康复、健康保健服务及临终关怀等；"养"包括日常生活照料、精神心理关怀、文化活动服务等。利用"医养结合"的发展模式，集医疗康复、养老服务等为一体化，其终极目的是保障老年人的身心健康，提高生活生存质量，将养老机构和医院的一些功能相结合，把生活照料和医疗康复融为一体的新型养老模式。医养结合的养老模式不仅可以缓解我国的老龄化的社会家庭压力和老龄化带来的各种社会问题，还可以做到随时的健康护理和持续稳定对老年人进行照料。

（二）医养结合养老的特点

从内涵上来讲，医养结合具有以下基本特点：一是从保障目的来看，与传统养老模式不同，医养结合旨在为老年人提供老年生活健康服务，提高带病失能生存能力，以使老年人健康安度晚年。二是从参与主体来看，它联合传统养老机构与医疗机构，旨在通过多元化的参与主体融合，为老年人提供一种新型的养老健康服务。三是从服务内容来看，由于引入了现代医疗技术服务，能够提供更加专业、便捷的医疗养老服务，有效提高老年人的晚年健康质量。四是从保障对象来看，尤其适宜处于大病康复期、慢性病、易复发病患者等无法在传统养老模式中得到良好照料的失能、半失能老人。五是从人性角度来看，养老离不开医疗支撑，同时考虑了老年人的养老需求与医疗需求，更加符合现代老年人"医养共需"的基本生活需求。六是从广义范畴来界定，医养结合不仅是将传统养老保障与现代医疗有机结合的一种新型养老方式探索，还意味着一种跨越式的养老新理念、新思维、新模式。

（三）医养结合的政策体系

为更好地推动医养结合事业的发展，自 2013 年以来，党中央、国务院及中央有关部委相继出台了很多医养结合的政策，指出了我国养老事业的发展方向，对发展医养结合的养老模式给出了具体的要求。2013 年《国务院关于加快发展养老服务业的若干意见》首次提出，要推动医养融合发展。同年出台的《国务院关于促进健康服务业发展的若干意见》提出，推进医疗机构与养老机构等加强合作。2014 年，国家发展改革委、民政部等部门发布《关于加快推进健康与养老服务工程建设的通知》，提出养老服务体系主要任务及建设目标。2015 年，民政部、国家发展改革委、教育部等十部委发布《关于鼓励民间资本参与养老服务业发展的实施意见》，提出鼓励民间资本参与养老服务业发展，在相关机构的政策扶持、医保支付、人员待遇、人才培养等方面提出要求并指出，促进医疗卫生资源进入社区和居民家庭；同年，国务院办公厅发布《全国医疗卫生服务体系规划纲要（2015—2020 年）》，正式明确了"医养结合"的概念，并以专门的篇幅对推进医疗机构与养老机构的合作、发展社区健康养老服务方面提出了具体要求；同年，国务院办公厅印发《中医药健康服务发展规划（2015—2020 年）》，提出发展中医药特色养老机构，鼓励新建以中医药健康养老为主的护理院、疗养院。同年，中华人民共和国国家卫生和计划生育委员会（以下简称国家卫生计生委）、中华人民共和国民政部（以下简称民政部）等九部委发布了《关于推进医疗卫生与养老服务相结合的指导意见》，明确了五个方面重点任务，要求统筹医疗卫生与养老服务资源布局，提高综合医院为老年患者服务的能力，提高基层医疗卫生机构康复、护理床位占比，全面落实老年医疗服务优待政策。2016 年，民政部、国家卫生计生委发布《关于做好医养结合服务机构许可工作的通知》提出，支持医疗机构设立养老机构，支持养老机构设立医疗机构，要求各地民政、卫生计生部门高度重视做好医养结合服务机构许可工作，加强沟通、密切配合，打造"无障碍"审批环境。同年，国家卫生计生委办公厅和民政部办公厅发布《关于确定第一批国家级医养结合试点单位的通知》，人力资源社会保障部办公厅发布《关于开展长期护理保险制度试点的指导意见》，民政部和国家发展改革委发布《民政事业发展第十三个五年规划》，医养结合试点逐步在全国推广。2019年，国家卫生健康委办公厅、民政部办公厅和国家中医药管理办公室出台了《医养结合机构服务指南（试行）》，对医养结合机构应当提供的服务内容和服务要求作出了规范。要求服务内容根据目前我国大部分医养结合机构的服务能力和老年人需求确定，医养结合机构可以根据机构资质与服务能力拓展服务内容。2022年，国家卫生健康委、国家发展改革委等11部委印发了《关于进一步推进医养结合发展的指导意见》，要求建立完善多部门协同推进机制，动员社会力量广泛参与，以养老服务为基础，以医疗卫生服务为支撑，加强政策培训和宣传引导，组织实施医养结合示范项目，及时总结推广典型经验，推动医养结合高质量发展。2023年，印发的《民政部办公厅 财政部办公厅关于开展2023年居家和社区基本养老服务提升行动项目申报和组织实施工作的通知》中提出，中央财政安排中央专项彩票公益金，支持一批地区实施2023年居家和社区基本养老服务提升行动项目，并发挥项目示范带动作用，引导更多专业优质资源投入居家和社区基本养老服务，鼓励在设施建设、机构培育、人才培养、服务创新等方面积极探索，形成可复制、可推广的居家和社区养老服务有效模式，建立健全居家和社区基本养老服务高质量发展制度机制。2024年，发布的《中共中央 国务院关于深化养老服务改革发展的意见》中指出，强化医疗卫生服务与养老服务在政策体系、服务制度、业务流程等方面的有机结合，加强疾病防控。加强养老服务机构和医疗卫生服务机构协同，强化整合照护，健全稳定顺畅的双向转接绿色通道，简化转诊就医程序。根据养老机构内设医疗机构需要，依法依规赋予相应处方权。鼓励具备相应医疗条件的养老机构依法依规开展安宁疗护服务。加强失能高危人群早期识别和失能预防，开展健康指导和综合干预。

（四）医养结合养老的主要模式

随着中央层面的各类医养结合政策的不断推出，各地区结合自己实际，也纷纷出台了各种支持医养结合的政策和具体办法，并在实践中形成了医养结合的五种主要模式：一是养老机构内设医疗机构。这种模式可为入住养老院的老人提供集养老和医疗于一体的服务。就高原地区而言，如青海省海东高原康养中心，专门设置了老年病治疗区、康复医学区和中医康复区，针对老年人常见的慢性病与多发病、不同的康复需求，采用先进的康复技术与设备、结合个性化康复方案，融合传统中医智慧，通过针灸、推拿、按摩等多种特色疗法，为老年人提供安全有效的康复医疗服务，中心形成了以护理员、医生、康复师为核心的服务体系，提供一站式、全方位、个性化定制的医康养服务，真正将"医养结合、康养并重"做实落实。二是医院内设养老机构。这种模式可以解决大型公立医院的压床现象，充分利用有限的资源，为老年人提供全方位持续性医护服务。如青海省西宁市中医院是一家集预防、医疗、养老、康复、护理等多功能于一体的新型"医养结合"机构，依托医院资源优势，实现了医疗、护理、养老、康复无缝对接，老年人一旦生病即可第一时间转到医疗区接受专业的医治。三是养老机构与医疗机构携手建立医养协作联盟。这种模式可以有效实现养老机构与医疗资源的整合和共享，既提高医院床位的周转率，又提高养老床位的利用率，形成医院—介护—养老的环状辐射。医院依托老年医学专业技术与服务优势，为医养协作联盟的养老机构提供包括心理辅导、义诊巡诊和健康教育等方面的专业技术帮扶。医养协作联盟的养老机构则可以通过转诊绿色通道，随时将患病老年人转入医院住院治疗，经医院治疗好转或痊愈的老年人再送回养老院，形成了完善的双向接转机制。四是医疗机构向养老服务和医疗服务结合转型。即充分利用现有的医疗卫生资源，整合过剩的公立医疗资源，将部分医疗机构通过结构和功能调整，直接转型为老年康复院、老年护理院等医养结合服务机构，为老年患者提供长期医疗护理等服务。五是社区居家养老服务机构与医疗机构建立合作机制。这种模式能够充分利用社区医疗条件和资源，由社区医生为老年人提供医疗服务，专业护理人员照顾。同时，在居家养老为主的前提下，社区以平台方式切入，将各种养老服务项目导入社区家庭，包括日间照料、陪伴看护、康复护理、家政服务等，解决子女无暇照顾老年人的问题，社区养老方便快捷、安全可靠，将成为未来医养结合的主流模式。

（五）高原地区医养结合养老的实践

在中央和地方多个医养结合政策的加持下，高原地区积极推动医疗卫生机构、养老机构以多种形式开展合作，提供多样化、多层次的医养结合服务，逐步形成以居家为基础、社区为依托、机构为补充的医养康养相结合的养老服务体系。

例如，青海省聚力打造高原特色养老服务青海样板，鼓励养老机构与周边医疗卫生机构合作，支持养老机构通过开办老年病医院、康复医院、护理院、临终关怀机构等开展医疗服务，引导基层医疗卫生机构与社区养老、居家养老的老年人家庭建立签约服务关系；鼓励执业医师到养老机构内设的医疗机构多点执业，增强基层医疗卫生机构居家上门服务能力，做实做细家庭医生签约服务，进一步健全签约服务收付费机制，支持有条件的医疗卫生机构提供家庭病床、上门巡诊等居家医疗服务；鼓励社会力量兴办医养结合机构，开展中藏医健康养老服务，完善健康养老政策，探索建立长期护理保险制度等多层次的健康养老保障体系；推动社区卫生服务机构与社区养老服务设施，乡镇卫生院与敬老院，村卫生室与互助幸福院统筹规划、毗邻建设，实现资源整合、服务衔接，系统性提升医养结合服务水平，更好满足老年人就近便利就医需求。截至 2024 年年底全省各类养老服务机构达 225 个，养老床位数 23470 张，实现了县级特困人员供养服务设施全覆盖；全省累计建成 20 个医养结合机构，175 家医疗机构与养老机构签订服务协议，基层医疗卫生机构将老年人纳入重点人群进行健康管理并提供免费健康体检。青海省海东市的互助土族自治县注重医养融合，做强民营医养结合机构，青海恒生长者照护中心建成以老年医疗护理为重点、康复理疗为特色、临终关怀为一体的恒生康复护理院，与县内三家养老机构签订服务合作协议、与县人民医院建立医疗合作关系，建立医疗康复—护理双向转诊绿色通道，被确定为国家安宁疗护试点机构。2023 年 4 月，县中医院建成并投用康养护理中心，依托医院中医药特色和医疗资源的优势，以中医治未病思想为核心，为老年人提供"生活照料＋医疗护理＋健康管理＋老年康复＋老年活动"五大模块服务，充分发挥中医药在治未病、慢性病管理、疾病治疗和康复中的独特优势，与互助土族自治县家政公司合作成立护理员培训基地，积极为健康养老服务人才增量提质。2024 年，互助土族自治县入选全国医养结合示范县。

近年来，西藏积极探索推进"医养结合"养老模式，打造集养老护理、医疗康复于一体的医养综合体，增强养老机构医疗保障能力，满足老人养老和医疗护理双重需求，在积极构建居家社区机构相协调、医养康养相结合的多层次养老服务体系方面取得显著成效。西藏先后出台了《关于推进养老服务高质量发展的若干措施》《西藏自治区养老服务机构星级评定办法（试行）》《居家和社区养老服务实施方案》《西藏自治区关于推进基本养老服务体系建设的实施方案》等政策措施，使养老服务有章可循，基本养老服务不断优化，普惠性养老服务资源持续扩大。拉萨市以第五批中央财政支持开展居家和社区养老服务改革试点为契机，实施居家养老"五助"服务和"公建民营"社会化养老服务模式，推动养老服务供给结构不断优化，健全失能老年人照护服务保障体系，倾力打造富有拉萨特色的"9073"（90% 老年人居家养老，7% 老年人通过社区获得养老服务，3% 左右老年人到养老机构享受专业养老服务）基本养老服务新格局，初步构建城乡一体的居家社区机构相协调、医养康养相结合的养老服务体系，努力提升老年人的获得感、幸福感和安全感。那曲市打造了西藏首家高海拔老年人"医养结合"中心，该中心充分利用藏医药资源，提供藏医药浴、涂擦、针灸、足浴、熏蒸、盐熨、艾灸、情志疗法等藏医特色医疗服务，结合现代综合医疗，提供健康体检、急性医疗、专业护理、康复训练等，通过为城乡特困老年人提供 1～2 个月的"候鸟式"医疗康复服务，打造集医养、疗养、康复、照料等多功能为一体的"医养结合"养老服务。

四、食养结合成为高原康养发展的新动力

（一）老年人对保健食品需求旺盛

营养作为健康的根基，对于老年人的健康状况、身体机能的维系，以及疾病的防控与衰老进程的延缓，均有关键价值。在银发经济蓬勃兴起的大背景下，随着消费结构的持续升级优化，营养保健食品愈加成为大众瞩目的焦点，而老年营养保健食品成为老年康养产业发展一个新的驱动力。2024 年，国务院办公厅发布的《关于发展银发经济增进老年人福祉的意见》明确指出，鼓励研发适合老年人咀嚼吞咽和营养要求的保健食品、特殊医用配方食品。保健食品指具有特定保健功能或以补充维生素、矿物质等营养物质为目的的食品，即适宜于特定人群食用，具有调节机体功能，不以治疗疾病为目的，并且对人体不产生任何急性、亚急性或慢性危害的食品。随着我国人口老龄化不断上升以及健康意识逐渐增强，保健食品的需求日益旺盛，消费规模持续攀升。华经产业研究院发布的数据显示，近年来中国养生保健食品市场规模保持稳步增长态势，从 2019 年的 1740 亿元增长至 2023 年的 2159.2 亿元。相比年轻一代，"银发一族"对健康的渴望更迫切、需求更复杂多样。对于他们而言，如何改善睡眠、补气血，都是日常生活中划重点的内容，从而他们成为保健食品市场里不可忽视的消费力量。《2022 全家营养第四餐消费趋势洞察》显示，近年来线上中老年保健营养品消费规模持续攀升，2022 年消费规模相较 2020 年近乎翻了一番。其中，眼部健康及骨关节保养相关品类保持近 30% 的消费占比，体重管理、功能零食类保健食品的消费增长速度超过了 1200%，保护呼吸道和心脑血管的健康类食品细分品类增速也在 400% 以上。《营养保健食品的消费需求千万种》显示，"银发养生族"受老年常见三高、记忆力、牙齿、骨骼关节、视力问题困扰，改善健康问题需求迫切，其追求专业品质养生。

（二）高原拥有丰富的特色健康养生食物

青藏高原被誉为"世界屋脊""地球第三极""亚洲水塔"，是珍稀野生动物的天然栖息地和高原物种基因库。青藏高原是全球受污染最少的地区之一，土壤环境总体处于自然本底状态。西藏大部分耕地土壤重金属元素含量优于国家一级土壤标准。高原湖泊沉积物中铜、镍、铅等重金属元素含量低于人类活动频繁区湖泊沉积物。青藏高原人类活动强度较低，空气质量受人类活动影响较小，污染物种类较少，浓度较低，各类污染物含量与北极地区相当。青藏高原是全球生物多样性最丰富的地区之一，高原特有种子植物3760余种，特有脊椎动物280余种，珍稀濒危高等植物300余种，珍稀濒危动物120余种。洁净的自然环境和特有的高原气候，孕育了高原地区富集的特色健康养生食物。比较典型的特色健康养生食物有以下几种：

青稞是青藏高原最普遍种植的裸大麦，有独特的顽强生命力。在人类难以生存的高寒缺氧、阳光辐射最强烈的地区，都可以自然生长。作为藏族人民的主要粮食，青稞在青藏高原上种植约有3500年的历史。青稞有特殊的营养价值，蛋白质含量可达14.8%，高于水稻、小麦、玉米，其人体必需的8种氨基酸含量也均高于上述的三种谷物。此外，青稞的脂肪含量较低，其可溶性纤维和总纤维含量则很高。当前的一系列研究证实青稞所具有的特殊生理代谢功能，表现为改善肠道环境、降血糖、降血脂、降胆固醇，预防心血管疾病等功效。我国高原医学事业的开拓者、中国工程院院士吴天一教授认为（2024），"青稞是糌粑的主要原料，还是天然的植物药，藏族用于治疗多种疾病。在青藏高原，藏族中糖尿病、心脑血管疾病发病率都较低，这与他们终生食用青稞不无关系。在高寒缺氧的青藏高原，藏族百岁老人居全国前列，青稞突出的保健功能是牧区人长寿的重要原因之一"。吴天一提出，从高原与糖尿病的相关关系来看，高原低氧应激、高原习服—适应、高原特有的饮食营养，可以改变和调整代谢结构，像青藏高原世居藏族那样，使血糖和血脂处于生理稳态水平，成为糖尿病的"低危人群"。吴天一认为（2024），"这可能也是防治糖尿病的一个重要突破口"。吴天一建议，应该在青稞的多元利用中突出它的营养健康价值，打造出更多的系列健康产品，塑造青稞的保健形象，让更多家庭在餐桌上添加青稞，让糖尿病人食用青稞，让青藏高原的食中之宝造福人民。

藜麦也是糖尿病患者的健康营养功能食品。藜麦的营养和功能成分突出。据测定，藜麦籽粒中蛋白质包含白蛋白和球蛋白，平均蛋白质含量为12%～23%，远高于大麦、水稻和玉米，与小麦相当。人体对蛋白质的吸收实际上是通过氨基酸完成的，其中有9种必需氨基酸是人体自身不能合成或合成速度不能满足人体需要，必须从食物中摄取氨基酸，而藜麦的营养极为丰富，含有9种人体必需的氨基酸，易于吸收，特别是富含其他谷物中缺乏的赖氨酸。藜麦的特殊营养和药用价值很早已被科学界关注。研究表明，每天食用50克藜麦，持续6周，就能显著提高患者对谷蛋白的耐受力，显著降低过敏症状。因此藜麦有望成为胃肠道疾病患者的首选食品。吴天一认为（2024），"藜麦因含有特殊的次生代谢物对人体的健康有非常积极的保健作用。它的种子和叶子中的生物活性成分有降低胆固醇、抗氧化、抗炎、抗癌等作用"。

藏血麦是青海特有的稀缺农作物，生长雪域高原，大气环境与土地纯净无污染，以唐古拉雪水及温泉水汇流溪水灌溉。在青藏高原地区种植，藏血麦选择基地土壤必须达到富硒要求，必须是弱碱性的，且不能有重金属。空气和水质洁净度达到国家一级，土壤必须是遵从有机方式种植，历史上没有施用化肥农药。藏血麦有整颗麦胚芽、麦麸、维生素B族、膳食纤维、铁元素、硒元素等营养素。

柴达木枸杞，是青海省海西蒙古族藏族自治州的特产，是中国国家地理标志产品，具有颗粒大、色红、肉厚、含糖量高、味甜的特点，是纯天然、无污染、非人工栽培的高级补品。含有丰富的胡萝卜素、硫胺素、核黄素、抗坏血酸、烟酸、钙、磷、铁等人体所必需的营养成分，性平、味甘，有滋补肝肾、益精明目的功效，属补血药类。

牦牛以其强健的体魄和高寒环境适应能力而闻名。它们所产的奶，被誉为"天然浓缩乳"，是青藏高原特有的珍贵产品。牦牛奶富含18种氨基酸，种类齐全且含量较高，相比其他牛奶更为优质。它还含有丰富的矿物元素，如锌、铁和钙，以及高于普通牛乳的维生素A和微量元素。牦牛奶中含有大量的共轭亚油酸、蛋白质、乳糖、乳钙、乳铁蛋白、免疫球蛋白、不饱和脂肪酸、氨基酸和维生素等营养物质，被英国《观察家报》誉为"超级食品"。它特别适合哺乳期婴幼儿、孕产妇、中老年人、高强度劳动者和抵抗力较弱的人群饮用。

（三）高原地区对高原功能性食品开发

开展高原农畜产品特有价值功能研发与应用研究，对推动高原运动健康食品、高原康养等产业创新发展具有积极意义。目前，市场上研发生产的高原特有生态产品的种类众多，肉类、谷物类、浆果类，以及乳制品类四大类70余种。高原地区重视高原功能性食品开发，充分挖掘当地独有的特色食材的营养成分和富集元素，深入研究其特有和富集成分对人体健康的作用机理，并积极开发符合市场消费习惯和人们口感需求的健康养生产品。

例如，西藏加强高原特色农产品精深加工研发。实施"特色农产品加工技术与产品开发"重大科技专项，开展农牧业特色资源功能成分提取、质量安全控制、工艺研发、储藏保鲜、新产品开发等研究，研发出青稞复合酵素、青稞啤酒、牦牛骨胶原蛋白多肽螯合钙胶囊等食品饮品 100 余个，青稞米加工、青稞酵素等 5 个成果实现产业转化。在青稞深加工方面，开展青稞产品品质提升关键技术研究，开发新型主食、佐餐、休闲、预制、发酵和功能系列产品 60 余种，丰富了青稞产品种类，提升了青稞附加值。

又如，西宁（国家级）经济技术开发区持续发挥青藏高原特色生物资源和中藏药产业集群，加快打造极具西宁特色和优势的现代化产业体系，截至 2024 年9 月，集群拥有特色生物资源精深加工企业 118 家，生物技术、中藏药加工、高原绿色食品加工等产业链条不断完善。产业集群已形成年处理沙棘 5 万吨、枸杞8 万吨、菊粉 5 万吨、青稞 3 万吨、虫草菌粉 250 吨的生产能力，是青海规模最大的中藏药生产基地之一、以高原特色动植物资源为依托的保健品生产基地和绿色食品生产基地，是青海生物产业的中心聚集区。

（四）高原地区食养结合的老年康养实践

药膳融汇美食养生，是云南省作为老年人旅居康养目的地的主要特色之一。

得益于独特的地理环境和气候条件，云南孕育了丰富的本土中药资源，拥有众多珍稀中药。云南中药材产业种植面积、产量、农业产值等主要经济指标连续 6 年位居全国第一，成为全国品种最多、产业规模最大的道地药材主产区，享有"药材之乡"的盛名。目前，全省中药资源达 8875 种，其中药用植物特有种类 1562种，占全国的 49.59%。道地药材名录涵盖三七、滇重楼、灯盏花、铁皮石斛、砂仁、天麻、云茯苓、云当归、云木香、滇龙胆等十大云药，以及 146 种特产药材。

云南多民族文化特色显著，各族先民在长期的生产生活实践中，不断探索尝试总结云南本土各类中药的食用药用价值，将中药材与美食相结合，进而发明食养食疗、药食同补的地方特色药膳，形成了独具特色的药食同源传统，让云南药膳既具有中药疗养功效也具备食物美味，达到食借药力，药助食威的效果。云南地方特色药膳品类丰富极具代表性。"天麻之乡"昭通是全国天麻种植核心区和乌天麻的主产区，天麻与美食的结合有了云南地方特色药膳"天麻炖鸡、天麻火腿鸡、天麻鱼头汤、天麻豆花爆肚尖"等，天麻与食物的结合具有丰富的营养价值；在"中国三七之乡"、全国最大的三七种植加工基地文山州，衍生出"三七炖鸡、三七根炖排骨、三七花扣肉、三七花炒田鸡"等口感丰富、营养均衡、补益健体的疗养药膳；保山围绕"九大仙草之首"石斛挖掘其养生功效和食用特点，将石斛同传统食材深度融合、科学搭配，创造出了独具特色的龙陵"石斛美食文化"，衍生出了"石斛炖鸡汤、石斛菊花豆腐、斛蹄汤、石斛枸杞排骨汤、石斛羊肉"等益味生津、食补一体的营养美食；丽江玛咖质量上乘，在炖煮鸡、鸭、排骨各类肉汤等时，加入玛咖切片，不仅滋味醇美，还能增强体质。

云南各地依托独特中药资源优势和深厚药膳文化底蕴，举办各类药膳活动，逐步将"药食同源"带到大众面前，吸引广大游客切身体验云南药膳的独特魅力。普洱市每年举办"端午百草根美食文化旅游节"，建设"药香康养街"展出百余种野生百草根供游客观看认识。中医专家现场把脉、推拿为市民定制专属的养生方案，体验哈尼族传统医药诊疗。打造饮食文化品牌"百草根长街宴"，提供多道色香味俱全的原生态美食，让游客共享百草盛宴，切身感受药食同源传统氛围。同时，普洱中医院举办"中医味道"药膳展，展出经过科学搭配的药膳 150 余种，引领群众感知中医药文化魅力。除此之外，大理州、宁洱县、墨江县、巧家县等云南各地均在举办各类药膳相关活动，探索色香味俱全的药膳佳肴，弘扬养生文化。

五、药养结合的中医药高原康养迎来新机遇

随着人们对中医药的重新认识和国家对中医药传承和创新发展的高度重视，"中医药＋康养"正在催生一系列新模式、新业态、新经济，高原中医药康养迎来了春天。中医药康养以康复疗养为目的，搭建中医药康复疗养服务体系，提供中医药康复疗养、中医健康体检、中医健康管理等特色服务，开展药浴、美容，以及药膳食疗科普等活动，公众可体验传统膏方、药膳、药酒、养生茶制作等，培养树立健康科学的中医药生活方式和理念。

（一）支持中医药康养发展的政策体系密集推出

为推动我国中医药的传承和创新发展，国务院先后发布了一系列支持政策文件，在文件中均提到了要充分发挥中医药在健康养生方面独特作用的相关内容。

2013 年 10 月，《国务院关于促进健康服务业发展的若干意见》（国发〔2013〕40 号）中提出，整合当地优势医疗资源、中医药等特色养生保健资源、绿色生态旅游资源，发展养生、体育和医疗健康旅游。

2014年8月,《国务院关于促进旅游业改革发展的若干意见》(国发〔2014〕31号)中提出,大力发展老年旅游,结合养老服务业、健康服务业发展,积极开发多层次、多样化的老年人休闲养生度假产品。规划引导各类景区加强老年旅游服务设施建设,严格执行无障碍环境建设标准,适当配备老年人、残疾人出行辅助器具。鼓励地方和企业针对老年旅游推出经济实惠的旅游产品和优惠措施。抓紧制定老年旅游服务规范,推动形成专业化的老年旅游服务品牌。旅游景区门票针对老年人的优惠措施要打破户籍限制。规范服务流程和服务标准,发展特色医疗、疗养康复、美容保健等医疗旅游。发挥中医药优势,形成一批中医药健康旅游服务产品。

2016年2月,国务院发布的《中医药发展战略规划纲要(2016—2030年)》(国发〔2016〕15号)中提出,发展中医药健康旅游服务,推动中医药健康服务与旅游产业有机融合,发展以中医药文化传播和体验为主题,融中医疗养、康复、养生、文化传播、商务会展、中药材科考与旅游于一体的中医药健康旅游。

2018年3月,《国务院办公厅关于促进全域旅游发展的指导意见》(国办发〔2018〕15号)中提出,推进旅游与卫生融合发展,加快开发高端医疗、中医药特色、康复疗养、休闲养生等健康旅游。

2021年12月,国务院印发的《"十四五"旅游业发展规划》(国发〔2021〕32号)提出,加快推进旅游与卫生健康、中医药等领域相加相融、协同发展,延伸产业链、创造新价值、催生新业态,打造一批国家中医药健康旅游示范区和示范基地。

2022年3月,国务院办公厅印发的《"十四五"中医药发展规划》(国办发〔2022〕5号),对于我国中医药产业未来五年发展,进行明确部署。规划明确了高质量中医药服务体系建设任务,其中包括国家中医医学中心、国家区域医疗中心、中医特色重点医院、县级中医医院、名医堂、基层中医馆等多个层级。不同康养企业与机构,有机会参与到不同层级中医药服务体系中,特别是基层中医药服务机构,对于目前的养老服务体系建设,有巨大推动作用。规划提出要推广一批中医治未病干预方案,制定中西医结合的基层糖尿病、高血压防治指南,持续开展65岁以上老年人等重点人群的中医药健康管理,逐步提高覆盖率。强化特色康复能力。实施中医药康复服务能力提升工程。依托现有资源布局一批中医康复中心,二级以上中医医院加强康复(医学)科建设,康复医院全部设置传统康复治疗室,其他提供康复服务的医疗机构普遍能够提供中医药服务。探索有利于发挥中医药优势的康复服务模式。促进中医药、中华传统体育与现代康复技术融合,发展中国特色康复医学。提出发展中医药老年健康服务,强化中医药与养老服务衔接,推进中医药老年健康服务向农村、社区、家庭下沉。拓展中医药健康旅游市场，鼓励地方结合本地区中医药资源特色，开发更多体验性强、参与度高的中医药健康旅游线路和旅游产品，吸引境内外消费者。完善中医药健康旅游相关标准体系，推动中医药健康旅游高质量发展。丰富中医药健康产品供给。以保健食品、特殊医学用途配方食品、功能性化妆品、日化产品为重点，研发中医药健康产品。

2023 年 2 月，国务院办公厅印发《中医药振兴发展重大工程实施方案》（国办发〔2023〕3 号）中提出，积极应对人口老龄化，发展中医药老年健康服务，发挥中医药在老年人慢性病、重大疑难疾病治疗和疾病康复中的重要作用和优势，增加中医药老年健康服务供给，创新服务模式，建成老年医学中医药高地。

为推动中医药健康养生和健康旅游项目的落地实施，国家各部委也相继出台了一些政策和意见。2015 年 11 月，国家旅游局和国家中医药管理局联合印发了《关于促进中医药健康旅游发展的指导意见》（旅发〔2015〕244 号），提出了开发中医药健康旅游产品、打造中医药健康旅游品牌、壮大中医药健康旅游产业、开拓中医药健康旅游市场、创新中医药健康旅游发展模式、培养中医药健康旅游人才队伍、完善中医药健康旅游公共服务、促进中医药健康旅游可持续发展等八项重点任务。2016 年 7 月，国家旅游局和国家中医药管理局联合印发了《关于开展国家中医药健康旅游示范区（基地、项目）创建工作的通知》（旅发〔2016〕87 号），提出用 3 年左右，在全国建成 10 个国家中医药健康旅游示范区，100 个国家中医药健康旅游示范基地，1000 个国家中医药健康旅游示范项目的目标。2017 年 5 月，国家卫生计生委、国家发展改革委、财政部、国家旅游局、国家中医药局联合印发《关于促进健康旅游发展的指导意见》（国卫规划发〔2017〕30 号）提出，发展中医药特色服务，发挥中医药特色优势，使旅游资源与中医药资源有效结合，形成体验性强、参与度广的中医药健康旅游产品体系。大力开发中医药观光旅游、中医药文化体验旅游、中医药特色医疗旅游、中医药疗养康复旅游等旅游产品，推进中医药健康旅游产品和项目的特色化、品牌化。鼓励开发以提供中医医疗服务为主要内容的中医药健康旅游主题线路和特色产品。2024 年 12 月，国家卫生健康委、民政部、国家医保局、国家中医药局和国家疾控局联合印发了《关于促进医养结合服务高质量发展的指导意见》（国卫老龄发〔2024〕40 号）提出，发挥中医药治未病优势，开展中医养生保健、营养指导、药膳食疗等活动，推广太极拳、八段锦等传统体育运动，培养健康生活方式。

在国家的推动下，中国高原地区立足自身丰富的中医药资源，也纷纷出台相关政策，为中医药与养老养生健康产业和旅游业融合发展注入了源源不断的新动力。

2019 年 1 月，青海省人民政府办公厅出台了《青海省扶持和促进中藏医药发展若干措施》（青政办〔2019〕2号），明确提出了推动中藏医药与健康养老服务融合发展。把中藏医诊疗、中藏医治未病、中藏医药养生保健、中藏医药康复医疗融入健康养老全过程。发挥中藏医药特色，支持养老机构开展融合中藏医药健康管理理念的护理、养生、康复服务。探索中藏医医疗机构与养老机构合作，提供健康养老服务模式，建立一批具有中藏医药特色的医养结合机构。推动中藏医药健康服务与旅游产业有机融合，发展以中藏医药文化传播和体验为主题，融中藏医药文化、康复、养生、中藏药药用植物科学考察及旅游于一体的中藏医药健康旅游。加强中藏医药文化旅游和保健品、药浴产品、食疗产品和功能性化妆品等中藏医药健康养生产品研发，促进中藏医药健康产业发展。依托西宁周边中藏医药旅游资源建成高原康养旅游区，积极开展国家中医药健康旅游示范基地（项目）创建工作，将青海打造成独具特色的高原健康养生旅游目的地。2022年11月，青海省人民政府办公厅印发了《青海省"十四五"中藏医药发展规划》（青政办〔2022〕91号），提出，拓展中藏医药康复和健康养老服务，支持各类医疗机构开展中藏医药特色康复服务。加快推进中藏医药与养老服务融合发展，把中藏医药健康理念、康复医疗、养生保健融入健康养老全过程。发展中藏医药健康旅游，充分发挥青海中藏医药和旅游资源的特色优势，推动中藏医药健康服务与文化旅游产业有机融合，积极发展以中藏医药文化传播、健康体验为主题，融中藏医药养生、保健和旅游、休闲、商务等为一体的中藏医药健康旅游综合服务，积极申报国家中医药健康旅游示范区。

2022年6月，贵州省中医药管理局印发的《贵州省"十四五"中医药发展规划》（黔中医药联〔2022〕1号）中明确提出，培育中医药健康服务融合新业态：发展"中医药＋农业现代化"，在规模化、标准化中药材基地核心区，建设康养、餐饮、医药文化深度体验区。发展"中医药＋新型工业化"，加快药食同源产品研发、中药保健产品和衍生产品的研发，重点发展黄精、山银花、薏苡仁、天麻等药食同源产品，不断丰富以中药为基源的系列延伸产品，研制一批保健食品、保健用品和保健器械器材。发展"中医药＋新型城镇化"，规范中医养生保健服务行为，逐步建立完善中医养生保健服务标准化体系。鼓励中医养生保健机构研发、改进、推广中医健康状态辨识评估及干预技术与产品。支持社会力量举办中医养生保健机构，促进中医医疗资源进入养老机构、社区和居民家庭，支持有条件的中医医院开展医养结合服务，发展中医药健康养老联合体。发展"中医药＋林下经济"，规范有序发展与中医药相关的康复疗养、健康养生养老、医疗保健等森林康养产业。发展"中医药＋乡村振兴"，引导乡村新型经营主体发展生态康养、森林康养、中医药养生、药用植物观赏、中医药文化旅游，打造中医药旅游商品品牌。发展"中医药＋旅游产业化"，发展以中医药文化传播和体验为主题，融中医疗养、康复、养生、文化传播、商务会展、中药材研学与旅游于一体的中医药健康旅游。立足贵州省丰富的自然资源、民族文化资源和中医药民族医药资源，开发具有贵州特色的中医药、民族医药健康旅游产品和路线，建设一批国家级和省级中医药（民族医药）健康贵州养生旅游示范基地和健康旅游综合体，打造具有贵州特色、优势突出的中医药康体文化养生品牌。

2022年9月，云南省人民政府办公厅印发的《云南省"十四五"中医药发展规划》（云政办发〔2022〕78号）提出了创新发展中医药健康服务业：一是发展中医养生保健服务，丰富中医养生保健服务内涵，推广中医养生保健方法和太极拳、八段锦、五禽戏等中医传统保健运动，推动形成体医结合健康服务模式。二是发展中医药健康养老服务，支持有条件的中医医院开展社区和居家中医药健康养老服务。推动二级以上中医医院加强老年病科建设，开展老年病、慢性病中医药防治和康复护理。鼓励支持社会资本参与中医药健康养老服务，为老年人提供连续、个性化、一体化的中医药养老服务。推动建设中医药特色医养结合示范基地。三是发展中医药健康旅游，充分发挥云南中医药、民族医药、民间医药的独特优势和文化旅游的资源优势，推动中医药健康服务与文化旅游产业深度融合，引进龙头企业，推出一批健康产品，促进发展以中医药文化传播、健康体验为主题，融中医药医疗、养生、保健、药膳和旅游、休闲为一体的中医药健康旅游综合服务，推动建设中医药特色突出的健康旅游基地，形成一批体验性强、参与度广的中医药健康旅游精品路线。

（二）老龄化带来对中医药康养需求的提升

随着年龄的增长，中老年人的各组织器官生理代谢功能和免疫机能逐渐衰减，且常同时存在心脑血管疾病、呼吸系统疾病、糖尿病、肾脏疾病等慢性疾病，罹患感染性疾病的风险显著增加。根据国家卫生健康委的数据，由于人口基数庞大、老龄化程度日益加深，中国的慢性病患者数量在10年间增长了10倍，超过1.8亿老年人患有慢性病，约75%的60岁及以上老年人至少患有1种慢性病，43%有多病共存。慢性病已成为严重危害我国居民健康、影响国家社会经济发展的重大公共卫生问题，慢性病防控已成为健康我国建设的一项重要使命和任务。

中医药作为我国独特的卫生资源、潜力巨大的经济资源、具有原创优势的科技资源、优秀的文化资源和重要的生态资源，凭借其在治疗慢性病领域的独特优势，在经济社会发展中发挥着更加重要的作用。特别是在人口老龄化社会背景下，中医药在老年人的养生保健、疾病预防和健康管理方面，发挥着不可替代的作用。首先，中医药强调"治未病"的理念，即注重预防和调养，这与健康养老的目标高度契合。通过中医药方法，如针灸、推拿、拔罐等，可以有效缓解老年人的各种慢性疼痛和不适，提高生活舒适度。同时，中医药还可以根据老年人的体质特点，制定个性化的养生方案，帮助他们增强体质，提高免疫力，从而预防疾病的发生。其次，中医药在治疗老年性疾病方面具有独特的优势。许多老年性疾病，如心脑血管疾病、糖尿病、骨质疏松等，都与机体的衰老和脏腑功能的衰退有关。中医药可以通过调整人体的阴阳平衡、气血运行等机制，从根本上改善这些疾病的病理状态，达到治疗的目的。此外，中医药还注重整体调理，能够综合考虑患者的身体状况、心理状态和社会环境等因素，为患者提供全面的治疗方案。再次，传统的养老服务模式往往侧重物质生活的照顾和医疗服务的提供，忽视了老年人精神层面的需求。而中医药的融入可以丰富养老服务的内容，增加文化娱乐、心理疏导等方面的服务项目，使老年人在享受物质生活的同时也能得到精神上的满足和愉悦。2021年12月，国务院印发的《"十四五"国家老龄事业发展和养老服务体系规划》（国发〔2021〕35号）就明确提出，要发挥中医药在老年病、慢性病防治等方面的优势和作用。因此积极推进中医药与老年人医养康养深度融合，为老年人提供全方位、多层次的中医药医养康养服务很有必要。

中医药在保健养生领域的价值也越发得到社会的认可，尤其是老年人的中医药的采用占比较高。王苗等（2024）通过对3371名老年人口进行研究，探究我国老年人群中医药健康服务利用的发展轨迹以及预测因素对老年人群中医药健康服务利用的影响。他们认为：一是我国老年人群的中医药健康服务利用不断增加，且具有一定的黏性。我国老年人群中医药健康服务利用的总体上升趋势可能与老龄化的加剧，以及老年人群健康水平的降低有关。老年慢性病、情绪障碍、认知障碍等健康问题增加了老年人群对健康服务的利用。老年人群的中医药健康服务利用初始水平和发展速度的个体差异反映出老年人群存在健康服务利用的惯性和黏性，即对中医药接受度较高，习惯使用中医药服务的老年人群，随着年龄的增长，对中医药健康服务的利用会不断增加。二是老年群体偏向于利用中医药健康服务。我国城镇地区的中医药健康服务资源更集中，中医药资源配置效率更高，这给老年人群充分利用中医药健康服务资源提供了条件，使城镇中医药健康服务利用一直维持在较高的水平。老年女性中医药健康服务利用的发展趋势明显较老年男性更快，提示老年女性对中医药健康服务的需求更多，这可能与不同性别老年群体的中医药健康素养有关。补充医疗在一定程度上扩大了中医药健康服务的覆盖面，提高了老年患者的中医药健康服务需求，使老年人能够充分利用中医药服务资源进行康复治疗以改善其健康状况。三是多重共病是老年中医药健康服务利用增加的主要健康因素。多重共病正逐渐成为老年人群的疾病特点，老年人群的健康状况在四期调查中对中医药健康服务利用有显著的正向预测作用，表明老年人在生理、心理、社会适应能力等健康维度上的疾病种类越多，不同维度的疾病叠加越多，越可能增加中医药健康服务的利用，这可能与患者疾病严重程度以及中医药的治疗特征有关。对于多重疾病的患者，多重药物的联合使用在一定程度上会降低患者的用药依从性，增加患者的用药负担。而中医药治疗强调辨证论治、整体观念，将患者作为一个整体，通过调整患者健康状况，恢复阴阳平衡，降低了多重用药的负担，对调治老年共病具有一定的优势。

靳玉婷（2022）的研究显示，在老年人群对健康服务需求的调查数据中，对中医药医疗和定期健康讲座的服务需求并列排在首位，分别占比为23%；选择建立健康档案的占比为17.7%。由此可以看出，老年人对健康知识需求较大，政府或社区应该给予重视并定期组织专家开展健康讲座，满足基本养老需求。同时，中医药治疗方式在老年人群中比较受欢迎，这将有利于实行中医药健康养老服务模式。研究表明，有将近六成老年人相信中医药，其中很相信的老年人占23.7%，比较相信的占33.5%。从老年人对中医药的了解程度来看，比较了解的老年人占28.8%，听说过但不是很了解的老年人占40.9%，不了解的占30.3%。从以上数据来看，中医药源远流长的特点和优势获得一些老年人的信任，但由于宣传教育不到位、缺乏政策支持，导致对中医理论知识和医疗技术缺乏足够的了解。在老年人接受中医药服务次数最多的机构中，选择乡镇卫生院/社区卫生服务中心的人数最多，占比为29.2%；选择诊所/社区卫生服务站的占比为18.9%；选择私人中医馆的占比为21.2%；选择中医医院的占比为13.6%；选择家里的占比为7.2%；通过其他途径接受中医药服务占比为10%。在中医药医疗机构提供的服务种类中，老年人觉得服务一般的占比为42.8%，老年人觉得服务齐全的占比为28.8%，老年人觉得服务太少的占比为28.4%。由此可见，为提高老年人满意度，中医药服务机构提供的服务种类还有待提高。调查数据显示，老年人中有七成多是认可中医药服务水平的：其中认为水平高的占22.5%；认为水平较高的占29.9%；认为水平较一般的占22.9%。

中医药健康养老服务提供的内容丰富，覆盖全面，对老年人的健康问题起到针对性的改善作用，尤其中医推拿、拔罐、刮痧、针灸和"治未病"等中医药服务类别是最为普遍的、接受最为广泛的服务，分别占比为19.3%、21.0%、17%、11.6%、13.8%。中医药健康服务有明显优势，主要表现为服务好，占比为22.3%；安全性高，副作用少，占比为22.2%；对慢性病的治疗效果好，占比为20.2%。这都是满足老年人健康养老需求的优势。如果定期举办中医院健康养老培训，有一半多老年人愿意参加：表示非常愿意的占 25.2%，表示愿意的占 32.2%。

（三）高原地区具有发展中医药康养的独特优势

高原地区由于高海拔、强紫外线、昼夜温差大等独特的自然条件，为中药材的生长提供了得天独厚的环境。我国几大高原地区的中医药资源丰富，具备了发展中医药康养的独特优势。

青海独特的高原冷凉性气候孕育了种类丰富、独具特色的药用植物资源，是国家道地中药材重要的产地之一。冬虫夏草、枸杞、唐古特大黄、青贝母、秦艽、羌活、麝香、锁阳、沙棘、獐牙菜（藏茵陈）、黄芪、红景天、甘松、当归、水母雪莲、铁棒锤、川赤芍、西南手参 18 种中藏药材被认定为青海省主要道地中藏药材——"十八青药"。青海药用动物养殖目前以麝类为主，白唇鹿、梅花鹿、藏雪鸡等养殖共同发展，全省养殖基地 28 个。

云南素以"植物王国"著称，更有药材宝库的美誉，中药材资源得天独厚。特有的地理优势和气候优势让全品类中药材都能在云南种植，且扎根云南后品质不亚于甚至优于原产地。全省中药资源达 8875 种，其中药用植物特有种类 1562 种，占全国的 49.59%（王丹等，2024）。2023 年，云南省中药材种植面积达 1030.48 万亩（王廷尧，2024）。三七、滇重楼、灯盏花、铁皮石斛、砂仁、天麻、云茯苓、云当归、云木香、滇龙胆入选"十大云药"，滇黄精、红花、草果、紫皮石斛、石斛等 146 种中药材入选云南省道地药材名录（2024 版）的"特产药材"。截至 2023 年底，云南省中药材产业种植面积、产量、农业产值等主要经济指标连续 6 年位居全国第一，成为全国品种最多、产业规模最大的道地药材主产区。

依托得天独厚的自然条件，贵州省蕴藏丰富的中药材资源，是我国四大药材主产区之一，素有"夜郎无闲草、黔地多灵药""中国苗医药之乡""天然药物宝库"的美誉。贵州省内地貌和气候环境适宜草药生长与中药材种植，药用资源品种达 7837 种（包括植物药、动物药及矿物药等），56 个中药材获国家地理标志产品，95 种黔产道地药材、91 种少数民族习用药材，遍布黔中大地。截至 2022 年底，全省中药材种植面积 796.2 万亩，产量 297.8 万吨，产值 280.6 亿元；培育 10 万亩以上种植大县 33 个，建设 1000 亩以上基地 330 个，种植面积超万亩单品 46 个，天麻、石斛、薏苡仁、钩藤种植面积均为全国第一。

藏医药是雪域高原上的宝藏，是与西方传统医学、中医学、印度吠陀医学并称的四大传统医学。西藏地处高寒缺氧的青藏高原，环境纯净、空气清新、水汽量少，有利于光的通过，使药用植物在强烈的紫外线和蓝紫光照射下光合作用充分，药用有效物质积累高，生物活性强。此外，藏药材生长在海拔高、寒冷、干旱的地区，含氧量高，这使藏药在治疗各种疾病时药效显著。藏药的主要原料包括动物、植物和矿物，这些原料都生长在无污染的环境中，保证了药物的天然性和纯净性。藏药材的采集遵循适时、适地的原则，以确保在药材有效成分含量最高时采集，且通常采用阴干的方法保存，最大限度保留了药物的有效成分。独特的炮制方法和工艺：藏药的炮制方法非常独特且严格，包括煅、烫、炒、灸、熬、泡、淬、煮、蒸等多种方法。这些方法不仅能解毒和降低药物的毒性和副作用，还能提高药物的渗透性和通透性。随着人们对自然疗法和传统医学的兴趣增加，藏药的市场需求也在不断增长。西藏已形成了医疗、保健、科研、教育、产业、文化全面发展的新格局，藏药生产企业也从手工作坊向工业化生产转变，逐步走向标准化、规范化、规模化。藏医药学迄今已有2000多年的历史，早在吐蕃时期已形成体系。不但出现了藏民族自己的医学家，而且有了藏医药学理论著作《四部医典》。藏医学十分重视自然与人体的关系，藏药主要是采用自然疗法，其原料及产品皆出自高原本土，利用天地间的动物、植物、矿物来治病，对多种疾病具有神奇功效。在人类日益强调回归自然、追求生态平衡的今天，藏医药也重新焕发光彩。

高原地区的纯净生态自然环境、丰富的独特中藏药材、博大精深的中医文化和现代康养理念相结合，对中老年人进行个性化的中医诊疗、康复和保健服务，不仅拓展了中医药的应用场景，还提升了康养产业的文化内涵，满足了中老年人对健康、养生、休闲的多元化需求。

（四）高原地区中医药康养的实践

1. 青海省的中藏药康养发展

青海省充分发挥中（藏）医药资源特色优势，实施一系列改革创新举措，大力发展中藏药康养。

（1）深挖中藏医药资源优势。青海省以中藏医医院为主体、综合医院中藏医科室为骨干、基层医疗卫生机构为基础、中藏医诊所为补充、覆盖城乡的中藏医医疗服务网络基本建成，中藏药新药和名方名药研发应用，为高原康养产业可持续发展创造有利条件。一是中藏医药事业加速发展。印发《青海省中医药条例》《青海省扶持和促进中藏医药发展若干措施》，有序建设全国基层名老中医药专家传承工作室、中藏医药流派传承工作室，稳步实施基层中藏医药服务能力提升工程，藏药阿如拉炮制技艺、藏医放血疗法等 10 个项目先后纳入国家级、省级非物质文化遗产代表性项目名录。二是藏药浴法传承创新。2018 年，藏医药浴法被正式列入联合国教科文组织人类非物质文化遗产代表作名录，编撰《藏医药浴》专著，搭建临床风湿病文献库、汉藏双语信息化服务平台和样本库，开发风湿病等药浴优势病种诊疗方案 11 项，发布藏药浴特色疗法规范 23 种。三是中藏医药服务能力全面加强。开展中医药高原病防治、高原健康相关研究，建立多学科、跨部门共同参与的中藏医药协同创新体制机制，推进中藏医药健康理念、康复医疗、养生保健相互融合。截至 2022 年 9 月，全省共建成 42 所中藏医医院（28 所设立康复科），推动实现中藏医诊疗技术与现代康复医疗技术的有机结合。全省基层医疗卫生机构中（藏）医馆建设覆盖率达 100%，100% 的社区卫生服务中心和乡镇卫生院能够提供 6 类 10 项中（藏）医药服务。中（藏）医药综合改革成效显著。在全国率先制定首部藏（蒙）医医疗机构制剂医保目录，694 种中（藏）药制剂和 156 种民族药纳入医保支付范围，并可在全省医联体内调剂使用。截至 2024 年 11 月，已有 1784 个制剂在 235 家医疗机构调剂使用并实现医保支付。四是人才队伍不断壮大。改革完善中藏医医师培训模式，加强中藏医住院医师规范化培训结业临床技能考核、中藏医医师资格实践技能考核，实施国家级中医药继续教育项目，组织开展全省基层中藏医馆骨干人才培训，全面推广中藏医药大讲堂活动，为中藏医药传承创新发展夯实人才根基。

（2）稳步推进中藏药康养工作试点。充分利用海东市和海北州环境宜人、生态宜居、交通便利等优势，深入挖掘文旅、医疗、养老、中藏医药等资源，扎实开展逆向康养试点工作，积极探索产业发展路径，为着力打造青藏高原养生之都、康养休闲之城积累宝贵经验。一是海北州中藏医发展成效显著。全面加强医疗机构康复、理疗、外治等专科建设，深化藏药浴、火灸、熏蒸、热敷等特色疗法研究，推进药物、外治、饮食等养生项目开发，出版《常见藏药方剂大全》等著作，康复医疗服务水平不断提升。以海北州中藏医康复中心为支撑，整合环湖地区旅游资源，打造集藏医展示与体验、游客健康管理、藏民俗文化展示与体验为一体的藏医养生保健文化体验中心，塑造健康海北旅游品牌。统筹当地动植物资源，加快中藏药、保健品、特色高原生物资源精深加工等产业发展，研发的六味藏红花丸、甘露足浴粉等藏药制剂在青海省内享有较高知名度。二是海东市康养产业体系逐步成型。青海省规模最大的养老示范基地建成投用，海东市第二人民医院与省内外多所医疗机构组建专科联盟，统筹省级区域医疗中心项目，打造高原医学康养中心，形成医疗卫生和养老服务资源共享、协同发展新格局。充分发挥 37

家国家 A 级旅游景区示范带动作用，释放乡村旅游活力潜力，打造平安驿·河湟民俗文化体验地、祁家川文旅康养小镇等网红打卡新地标，推荐互助北山林场入选国家森林康养基地第一批建设名单，举办河湟文化艺术节、沿黄河马拉松赛等文化旅游赛事节庆活动，实现文化、旅游、康养等领域多方位、全链条深度融合。

2. 贵州省激发"中医药 + 健康旅游"的消费潜力

贵州省大力推进中药材生产基地建设。聚焦薏苡仁、天麻、山银花等道地药材发展产业集群，建立天麻、淫羊藿、黄精原生境保护区 4 个、种质资源圃 3 个；建设省级良种繁育基地 15 个、标准化生产示范基地 9 个。兴仁薏苡仁、大方天麻、德江天麻、赤水金钗石斛、施秉太子参、江口淫羊藿、从江淫羊藿等"一县一业、多县一群"产业新格局初步形成。此外，经过民间多年探索、积累、总结、传承，具有贵州地方特色的苗族医药、布依族医药、土家族医药、彝族医药、瑶族医药等民族民间医药在我国医药宝库中占据一席之地。苗族"药王节"、布依族"六月六"、水族"端节"、瑶族"盘古节"等少数民族传统文化中，皆蕴含着丰富的健康养生文化。

贵州省持续推进中医药和健康旅游融合发展，培育以中医药健康为重点的康养旅游产业，针对"中医药 + 健康旅游"进行创新，深挖少数民族医药文化，构建起"中医药 +"融合发展新业态、新模式、新格局，加快把贵州生态、气候和民族医药等资源优势转换为产业发展优势，全力打造国内一流度假康养目的地，进一步推动全省中医药健康旅游产业高质量发展，唱响"康养到贵州"品牌。一是加快发展中医药和民族医药特色康养产业。依托现有医疗和药物研发机构推动中医药和民族医药振兴发展，推进益佰医药产业园区、乌当医药产业园等园区建设，促进苗医药、生物医药、医疗设备、新型保健食品及用品等加快向产业园集聚，建设"贵阳新医药产业圈"。鼓励开发中医养生保健器械产品、中药保健食品和日化用品。加快建设中医特色重点医院、中医药传承创新中心、中医疫病防治基地、中西医协同"旗舰"医院。加快建设中医康复中心和中医康复科。支持和鼓励有资质的中医师，特别是有一定知名度、有口碑的老中医开办中医诊所，在民族医疗机构提供医疗保健咨询和调理服务，在旅游聚集区、星级酒店等开展坐堂诊疗服务。深挖苗、侗医药等民族医药瑰宝，培育一批地域特色突出、产品特性鲜明的"黔药"民族医药品牌。二是结合贵州建设世界级旅游目的地的目标，积极推动建立融中医疗养、康复、养生、商务会展、研学、度假、调理于一体的中医药健康旅游服务新模式；整合避暑、温泉、医疗、森林、运动等资源，培育中医药康养旅游集聚区 9 个和一批温泉度假地；发布康养贵州中医养生、民药浴养、温泉养身、文化养心、避暑爽身、休闲康体 6 条中医药康养旅游精品线路。确定全省中医药健康旅游示范区（基地、项目）9 家、培育单位 9 家。2025 年 1 月，贵州省中医药管理局发布了《2025 年贵州省中医药民族医药康养产业融合发展项目名单》，公布了全省 9 个市（州）共 18 个"中医药＋康养"相关项目。项目内容包含中医药康养、森林康养、少数民族水苗医药康养等多方面。三是加快医养结合基地建设。鼓励社会资本兴办"医康养"结合的康养机构，引导和支持医疗机构、康复护理机构、医药制造企业、中药材种植基地开展"医护养"等服务。加强国家医养结合试点城市同省级试点单位共联共建。鼓励中医医疗机构、康复机构与第三方合作，在星级酒店、景区、旅居度假区等场所提供"医护养"服务。四是打造"贵药膳""贵药饮"区域公用品牌。贵州省高度重视中医药和药膳产业发展，制定出台了《贵州省推动中医药产业高质量发展攻坚行动计划（2023—2030 年）》，致力于打造一批"养生药膳街区""中医养生保健街"，推动药膳养生进家庭、进社区、进医疗康养机构、进景区饭店，全面推动贵州中医药产业发展。组织办好药膳大赛，打造"贵药膳""贵药饮"区域公用品牌，在药膳食疗理论研究、人才培养、团队建设、产品开发、宣传普及等方面作出更多探索，讲述好药膳背后的中医药文化故事，让更多人了解中药、认识中药、爱上中药，发挥中医药在促进人民群众健康事业的作用，将贵州中医药资源优势转化为经济优势和产业发展优势。

六、旅养结合的高原康养旅居成为新风尚

在数量庞大的老年群体中，具有一定的经济基础，以及健康有活力的诸多老年人，选择像候鸟一样前往气候宜人的异地开展避寒或者避暑的"旅居生活"，逐渐成为健康养老的新风尚，助推了海南避寒旅游目的地和云南、贵州、青海等避暑旅游目的地的发展，催生了第二居所、养老酒店、养老度假村等兼具养老和度假功能复合型旅游项目的快速涌现。据中研普华产业院研究报告《2023—2028 年中国旅居养老行业深度分析及发展前景预测报告》分析，2024 年我国旅居养老市场规模将达 6700 亿元，2050 年老年人口旅游消费总额将达 2.4 万亿元以上。庞大的市场需求，为旅居康养产业带来了巨大的发展机遇。

（一）老年人旅居康养特征

老年人旅居生活与观光旅游、休闲度假与一般游客旅游活动不同：一是他

们不是选择经济酒店、民宿、度假村等短期租赁性质的住宿形式过夜，一般也不与社区居民有长期的日常接触，而是往往选择第二居所、共享住宅、长租公寓、养老社区、养老酒店、养老度假村等可以长期居留或配套健康养老功能的住宿形式居住。直接购买第二居所享受本地生活是旅居人群与一般游客相比最为显著的特征。旅居人群与本地居民也存在较多的交往和接触。二是老年人的旅居生活比观光旅游和休闲度假的停留时间更长，一般超过 15 天，甚至长达半年，体验更为深入。三是宜人的气候条件是旅居康养的首要考量，冬天和煦、夏天凉爽、空气清新，以及生态环境优异的地区成为老年人最为青睐的旅居康养首选目的地。以往是北方严寒地区的人们去往海南避寒旅游，近年来南方及炎热城市的老年人选择前往北方或者高海拔地区避暑，也迅速变得流行起来。四是缓解慢性病困扰是旅居康养的主要动因。老年人普遍为腰腿疼痛等骨关节病，支气管炎等呼吸系统疾病，焦虑症、抑郁症、睡眠障碍等精神系统疾病，高血压、糖尿病、冠心病等心脑血管疾病所长期困扰，而宜人的气候条件和优异的生态环境对缓解老年人的诸多慢性病具有良好的疗效。老年人通过开展旅居康养，缓解或治疗病痛并期望实现延年益寿的目的。老年人的身体机能和心理诉求决定了旅居康养异地停留时间长，优先考虑气候条件，以及直接购买第二居所等方面的突出特征。

（二）自理老人或介助老人将成为旅居康养的主体

世界卫生组织根据老年人的自理能力，把老年人划分为自理老人、介助老人、介护老人、失能老人等类型。其中，自理老人是生活行为完全自理，不依赖他人帮助的老年人；介助老人是生活行为依赖扶手、拐杖、轮椅和升降设备等帮助的老年人；介护老人是生活行为依赖他人护理的老年人；而失能老人是至少有一项日常生活自理活动（一般包括吃饭、穿衣、洗澡、上厕所、上下床和室内走动这六项）不能自己独立完成的老年人。其中，60～74 岁的老年人一般属于自理老人或者介助老人，75～89 岁的老年人一般属于介助老人、介护老人或者失能老人，90 岁及以上的老年人一般属于介护老人或失能老人。从实际情况来看，当前开展康养旅居生活的老年人大多为 60～74 岁的自理老人或介助老人，即使自理老人前往异地旅居康养，也经常在子女的护送或陪同下前往。如果暂不考虑开展旅居康养的经济能力因素，60～70 岁的老年人数量可以看作当前旅居康养市场的最大潜在市场规模。

（三）老年人旅居康养类型的多样化

关于旅居康养项目的类型，有多种划分方法，如有的将其划分为资源突出型（"暖冬"／"避暑"旅居度假产品）、功能突出型（养生养老旅居度假产品）、主题突出型（田园式、文艺式旅居度假产品）；有的将其划分为文化养生型、长寿资源型、中医药膳型、生态养生型、养老综合型、度假产业型、体育休闲型、医学结合型等类型。无论如何划分，相关旅居康养产品间经常存在一定的交集，这是由于旅居康养项目经常存在一定的功能复合。按照国内比较通用的方式，老年人旅居康养的类型划分有以下几种模式：

1. 候鸟式旅居康养模式

候鸟式旅居康养是我国最早发展的旅居养老模式，以其独特的魅力逐渐占据了主流地位。这种模式的特点在于其低廉的成本，只需支付交通和房租费用，便可享受到舒适的环境和贴心的服务。候鸟式旅居康养可细分为三类：一是暖冬旅居康养，冬季南方城市的宜人气候吸引了众多北方老年人，海南岛等冬季疗养胜地因此崛起；二是夏季避暑旅居康养，北方滨海城市或高海拔地区的清新空气和适宜温度成为老年人的避暑胜地；三是景区旅居康养，依托自然生态资源，如山林、湖泊、滨海和温泉等，形成了多样化的旅居养老基地。

2. 疗养式旅居康养模式

随着老年群体身体机能的逐渐下降，他们对医疗护理的需求也日益增强。疗养式旅居康养模式主要分为三大类别。一是中医养生旅居康养，这一模式以中医为基石，充分利用我国传统的养生哲学，提供包括中医诊疗、理疗、药膳及中草药体验在内的多样化服务。二是西医护理旅居康养侧重利用大型医院的医疗资源和专业服务，为老年人打造一个全方位的养老服务体系。三是美食养生旅居康养则着重于食疗养生，通过丰富的饮食文化，提供包括养生药膳、绿色饮食及地方特色膳食在内的美食养老服务。疗养式旅居康养模式也存在一定的不足，主要表现在成本相对较高。尽管如此，它仍然深受老年群体的喜爱，因为它能够很好地满足老年群体对疗养和护理的需求。

3. 田园式旅居康养模式

田园式旅居康养以乡村民宿、乡村绿色景观及农事体验为特色，旨在为老年人提供一个休闲度假的理想场所。近十多年，中国城镇化快速发展，2011 ～

2023 年，城镇化率由 51.3% 迅速提高到 66.16%。在广袤的乡村地区，开始出现宅基地大量空置的情况。粗略估算，当前全国农村宅基地的平均空置率已经在 10% 以上。在大城市周边的农村，宅基地空置率往往更高。在此情况下，一些投资者开始前往乡村开办民宿，首旅寒舍等投资运营乡村民宿的专业机构开始出现，一些 OTA 也纷纷租用农村宅基地开展乡村民宿的连锁化经营。乡村民宿租住价格便宜，以及凭借静谧、清新的田园环境开始吸引大量旅居康养老年群体进驻。同时，随着乡村振兴和城乡一体化的发展，制约城镇居民向农村迁徙的体制机制障碍的不断削减，推动城镇居民向乡村的自由迁徙流动的趋势越发明显。当前，中国城镇的中高收入、老年人等群体渴望回归乡土田园的倾向已经表现得非常明显，将有利于释放城镇老年人前往乡村旅居康养的庞大需求，乡村旅居有望成为旅居康养的主流模式。

4. 社区式旅居康养模式

社区式旅居康养是一种将养老产业与地产相结合的创新模式。近年来，随着房地产市场的不断发展，这种模式逐渐成为一种新的趋势。它不仅为老年人提供了一个舒适的居住环境，还融入了各种养老服务设施，从而满足了老年人多样化的生活需求。完善的社区式旅居康养，应当构建包括老年住宅区、购物中心、医院、文体场所等多种业态，引入便捷的交通，形成功能齐全的产业链，从而为老年人提供多样化的养老服务。

5. 文化式旅居康养模式

文化式旅居康养模式旨在通过文化活动，满足老年人对文化学习的需求，使他们能够在轻松的氛围中放松身心。这种模式主要包括古城古镇旅居康养、民俗民风旅居康养等。古城古镇旅居康养依托丰富的文化资源和历史遗址，将旅游与康养服务相结合，为老年人提供具有历史文化特色的旅居体验。而民俗民风旅居康养则以地方独特的民族风情、节庆、习俗和食俗为基础，打造具有浓郁地方特色的旅居康养服务项目。

（四）老年人高原康养旅居发展中面临的问题

1. 对高原反应的恐惧问题

高原反应是很多人在高海拔地区旅行或居住时会遇到的问题。当在海拔 3000 米以上的高地中活动时，身体会受气压降低和氧气稀薄的影响，从而导致高原反应和高原病。在人们普遍的认知中，青藏高原的高寒缺氧令人心存惧怕特别是身体机能减弱的老年人往往产生对高原反应的恐惧而不敢去旅居。但人体具有深度的柔韧性，具有强大的适应潜力。高原低氧对人体的作用，通过习服—适应，使人体调动了体内的生理机能活动，低氧"激活"了生理机能，改善了代谢过程。低氧是作用的关键因子，这是高原环境独具的。根据以上高原生理原理，可以让平原人群到高原来短期疗养锻炼。但是海拔不能过高、运动不能过强、登高不能过快。此外，由于对低氧反应有极大的个体差异，因此对多数人可能获益，对少数低氧易感者则不一定适合，因此来高原前应做必要体检，到高原疗养要有医师的指导。目前，青藏高原的一些地方如西宁、互助、林芝、山南等地，非常适合高山疗养和气候疗法。高原旅居康养对海拔有严苛要求，海拔在 1500 ~ 2500 米被视为理想之选。

2. 旅居养老市场发展的基础平台尚未稳固

我国旅居养老行业起步晚、开发时间较短，导致现有旅居养老政策不够完善，具体表现在国家对旅居养老市场的开发程度不够，以及现有政策针对性不强两个方面。究其原因在于国家对旅居养老市场缺乏有效经验，一直将养老重点放在居家养老和社区养老上，对旅居养老仅限于倡导其市场发展，而缺乏一些具体的落实政策。此外，某些地方政府将旅居养老和旅游养老两个概念混为一谈，因此不能对旅居养老市场制定针对性政策。在旅居养老行业有限的发展过程中，未完善相关的行业制度，导致行业内秩序混乱，给政府的市场监管工作增加了一些难度。政府在基础配套设施规划方面还存在一些问题，这就导致对养老的住所、餐厅、活动场所、交通设施、医疗设施等一系列的基础设施的安排缺乏系统性总体部署，且现有活动场所具备的功能不足以支持旅居养老行业的发展。目前，旅居康养产业以民政系统为主进行推动，接收方主要是地方养老机构。这种养老机构虽然能够解决住宿和膳食问题，但大多老年人不愿意住。他们不愿住的原因：一是囿于传统观念；二是设施设备落后，不能满足健康活力老年人需求；三是养老机构没有设置"游"和"养"的消费产品，导致市场认可度低。

3. 医疗不便利和保险跨省异地报销问题

正如前文所述，异地旅居的"候鸟"老人大多属于自理老人或介助老人，但由于特殊的年龄阶段，老年人重视医疗健康，因此对异地就医和费用报销格外关注。赵莹莹（2024）研究表明，老年人异地旅居养老生活最大的问题是看病难、医疗水平不够、医保卡异地使用受限制太多等。"候鸟"老人就医难，不仅关乎旅居地的医疗机构水平，还有如何去医院、怎么从医院回来等就医前后的"最后一公里"问题。大多旅居老人选择的旅居地不在省会城市，而是在一些县城、乡镇。这就需要旅居地补齐医疗短板，构建"半小时医疗服务圈"，首先解决医疗服务可及性，再进一步解决质量和水平高低的问题。这些甚至在一定程度上阻碍了身体状况不佳的老年人选择"候鸟养老"模式。

4. 旅居地的人际交往和社会融入问题

日常交往是人的基本需要和生存方式之一，而身处异地的"候鸟"老年人更需要建立起人际交往，以满足社交需要，也期望能融入当地社会。在旅居地，大量的来自全国各地的旅居老年人与当地人在价值观念、生活方式、兴趣爱好等各方面可能存在较大差异。尽管他们与当地居民共享公共空间与生活空间，其日常生活也存在诸多交集，但这些"候鸟"老年人大多有自己的人际交往圈，多与来旅居的老乡、朋友交往，有自己的"熟人社会"。由于地域文化的差异，他们与旅居地的人交往不深，仅有少数老年人与当地居民建立起好朋友般的交往关系，很少有人认为自己已经深度融入当地社会。大多"候鸟"老年人的生活圈子基本固定在较小的区域内，主要是居住地所在社区，很难真正融入当地社会。

5. 专业化服务不足问题

目前，高原地区的一些城市如云南大理、丽江，青海西宁、海东，西藏林芝，都形成了一批旅居养老基地与养老机构。从整体来看，"旅而不养"现象在行业内仍然普遍存在，这也是全国普遍存在的现象之一。从实际情况来看，许多旅居社区缺乏适老化设计，设施与一般社区几乎一致，没有更好地考虑到老年人的实际需求。尤其是老年人最急需的医疗、康复、养生等配套设施和供应短缺问题十分突出。在地区位置相对较偏的小型旅居社区，出现过仅有几栋楼房建筑，聚集了为数不多的旅居老年人。由于市场太小，商业服务跟不上，甚至连基本的交通出行都成了问题。

6. 缺乏综合服务商

旅居康养需提供住、餐、游、养一揽子服务，因整合难度大，基本没有综合服务商。大多数旅居老年人租赁普通民房实现住宿，自己解决餐食，自行去游玩，但他们更希望能有本地企业专门提供集中住宿公寓，提供当地特色、价格适中、营养丰富、少糖少油的日常饭食，提供深度文化体验和其他养生服务。

7. 缺少对接交易平台

目前在线交易平台主要针对传统旅游业，没有规模化的旅居康养平台。携程等 OTA 平台的成本较高，难以适应旅居康养市场需求。2024 年 10 月 31 日，民政部等 24 部门联合印发了《关于进一步促进养老服务消费 提升老年人生活品质的若干措施》，根据该文件要求，全国养老服务信息平台正式上线运行，老年人可以直观了解全国养老服务机构和设施的整体情况。平台坚持适老化设计理念，政策资讯一目了然、养老地图一键查找、场景呈现一网统揽、服务事项一站办理，目前已汇集全国超过 40 万家养老机构、社区养老服务机构和设施、助餐点的点位信息，清晰展示了每个养老服务站点的概况、空余床位、服务项目、入住价格和要求、特色服务、咨询电话等，让养老服务资源供需双方能够更加高效地对接。

（五）高原地区老年人旅居康养的实践

自 2023 年以来，云南省紧紧围绕"有一种叫云南的生活"开展宣传推广和产品开发，"有一种叫云南的生活"日益深入人心，成为云南的亮丽名片和宣传品牌，截至 2024 年 12 月 9 日，"有一种叫云南的生活"全网阅读量已突破 500 亿（罗春明、柴静，2024）。旅居云南，要把乡村旅居作为重中之重，用好丰富的乡村资源，植入先进理念模式，兼顾群众、集体、企业利益，不断推广复制更多旅居村，使旅居成为全省文旅产业新业态、乡村振兴新途径；在工作实践中，要总结推广成千上万个"六郎城""土瓜冲""曼海村"，推动乡村旅居市场化、专业化、标准化、规模化、品牌化发展，打造"旅居云南升级版"。

1. 天时、地利、人和的完美叠加

（1）旅居云南，得天时。云南拥有得天独厚的气候条件和生态环境优势。优良空气天数占比 99% 以上，空气质量优良率达 98% 以上，部分地区的负氧离子含量可达每立方厘米上万个，每口呼吸都能身心舒畅。全省 960 千米的南北跨度内海拔直降超过 6600 米，拥有寒、温、热三带气候，年平均气温 15℃左右，无霜期 240 天以上，夏可避暑、冬可避寒，每一阵风吹来，都有温暖舒适的气息。

（2）旅居云南，占地利。云南拥有丰富的物产、多样的生态资源，云南旅居是身心的疗愈。景迈山古茶林文化景观申遗成功，让云南及云南普洱茶更加享誉世界；入口香醇的云南小粒咖啡，种植和产量占全国的 98%；全省 16 个市（州）美食各有特色、不可胜尝，吃花、吃虫、吃野菌，都是纯有机、纯绿色、纯生

态；还有分布广泛的富含多种矿物质的温泉，让大旅行家徐霞客留下"不慕天池鸟，甘做温泉人"的感慨。此外，在云南旅居，可近享 6 项世界遗产、8 座历史文化名城、777 个中国传统村落、624 个国家 A 级旅游景区，数不胜数的网红打卡景点，还有康养、生态、研学等层出不穷的文旅业态体验。

（3）旅居云南，聚人和。云南是民族团结进步示范区，26 个民族亲如一家，各美其美、美美与共，不管你旅居到哪里，都能交上新朋友。云南还是一个可以让人慢下来、静下来、留下来的地方，越来越多的游客喜欢云南、爱上云南、留在云南。2024 年 1～9 月，全省旅游经济指标实现量质齐升，再创历史新高。接待游客、旅游总花费同比分别增长 14.8%、23.9%，游客人均停留时间从 2.8 天增长至 3.1 天，到云南的省外游客占 51%，游客"回头客"占 78.6%、四次以上的"省外回头客"占 34.3%（付欣鑫，2024），这是建设旅居云南最有利的条件、最厚实的本底。

2. 推进旅居云南八大业态建设

2024 年 11 月，云南省文化和旅游厅会同省直有关部门，出台了《加快推进旅居云南建设三年行动》及实施方案，提出"到 2027 年，全省培育 3000 个以上乡村旅居重点村；引培一批旅居龙头企业、打造一批全国知名的旅居云南样板房"的目标。云南省围绕目标抓落实，坚持突出重点与统筹兼顾相结合，加快培育一批旅居业态。近年来，云南省以乡村旅居为重点，梳理总结一批立得住、叫得响、能复制、可持续的典型示范，编印《旅居云南典型案例》在全省推广学习，引导更多的乡村因地制宜发展旅居产业，充分激活乡村发展新动能，发挥乡村资源新优势，盘活农民闲置资产，促进农民就地就近就业。

云南省一体推进乡村旅居、温泉旅居等旅居云南八大业态。依托文化和旅游资源价值高，资源完整性、丰富度、组合度、融合度好的区域，围绕满足游客的文化体验、主题娱乐、运动健身、休闲游憩、研学教育、医养康养等需求，发展度假旅居。力争到 2027 年，培育打造腾冲、龙陵、洱源、弥勒、安宁 5 个以上国际一流品质的温泉旅居度假区，大理苍山洱海、昆明环滇池等世界级旅游度假区培育建设有重大突破，国家级旅游度假区数量位全国前列。在作为文艺旅居样板的大理市中和村，整合 56 个闲置院落向艺术家开放，吸引"新大理人"1000多人，其中国内知名艺术家 100 余人，带动 35 家客栈、5 家餐饮企业、5 家旅拍企业、1 家培训学校、1 家动漫创意企业入驻，让曾经的"失地村"成为远近闻名的"文艺村"（付欣鑫，2024）。云南省还聚焦摄影、影视、绘画、手工艺、文学、音乐等领域，打造面向全球艺术家和数字游民的成长沃土、创业乐园、旅居家园，培育建设建水紫陶小镇、弥勒东风韵小镇、西山大墨雨村、华宁碗窑村、丽江雪山艺术小镇等一批"艺术家第二居所"。同时，因地制宜发展城镇旅居、医养旅居、养老旅居、体育旅居、边境幸福旅居。

3. 优化旅居云南空间布局

为把旅居云南美好蓝图变为发展实景，云南省按照"主动想""扎实干""看效果"的抓工作"三部曲"要求，打造旅居云南新品牌。重点推动以下工作：坚持规划引领，以云南乡村发展布局、城镇化空间布局为基础，结合"两线一带一区"旅游格局，加快编制旅居云南发展规划，分类型、分区域、分市场优化旅居云南空间布局；完善联农带农机制，兼顾好农民、企业、村集体各方利益，结合实际落实好"三权分置"政策措施，探索相关配套机制，不断完善稳定合理的利益分配和保障机制；激活经营主体，坚持招大引强与培优扶强相结合，积极引进实力强、有情怀的旅居企业，开展规模化品牌化连锁化经营，支持鼓励各类经营主体整合优质资源、参与投资运营；加强公共服务，完善公共配套服务，补齐旅居短板，加强旅居社会治理，建设和谐幸福旅居社区。推进医疗资源扩容下沉和均衡布局，提升旅居地区基本公共教育服务均等化水平，鼓励支持旅居村探索开办"邻里小食堂"，拓展完善文化礼堂、村镇戏台、文化广场、非遗传习场所等功能，打造村镇居民与旅居客群共建共享的公共文化服务新空间，逐步建设旅居社区"15分钟生活圈"；创优服务质量，统筹整合"吃住行游购娱"，充分运用信息化、数字化、网络化、人工智能等现代科技手段，在居家服务、医疗健康、运动娱乐及交通出行等方面，提供便捷、安全、高效的"一站式、智能化"服务；加大品牌宣传，以"有一种叫云南的生活"——旅居云南为主题，坚持将传统媒体与新媒体相融合，构建旅居云南宣传矩阵，拍摄制作旅居云南系列宣推作品并在各类主流媒体、社交平台集中投放，选聘"旅居云南推荐官"，支持各类社交平台和自媒体分享推广旅居云南体验，让更多旅居游客成为旅居云南的宣传员和带动者，提高旅居云南的知名度和美誉度。

七、开发高品位老年高原康养核心产品

高原地区应立足本土自然文化资源，依靠现代科学理论与技术，加快开发老年高原康养健康服务系列产品，构建老年高原康养产品系列，建设老年高原康养品牌产品，形成康养产业核心竞争力，驱动高原康养产业发展。

（一）加大医养服务产品开发

鼓励公立医院开展医养结合服务综合试点，支持二级及以上医院开办集医疗护理、康复保健、生活照料、娱乐、心理辅导、临终关怀功能于一体的医院护理院，加快老年病治疗康复中心建设，提高基层医疗卫生机构的护理、康复床位占比，鼓励有条件的机构设置老年养护、临终关怀病床。积极培育养护型及医护型养老机构，鼓励具备条件的养老机构自建医务室、护理站、护理院（中心），或与周边医院及医疗机构签约合作，提升养老医疗服务供给能力。建立健全医疗卫生机构和养老机构合作机制，打通养老机构与合作医院间双向转诊绿色通道，为老年人提供治疗期住院、康复期护理、稳定期生活照料，以及临终关怀等功能互补、相互衔接的医养服务。鼓励社会力量兴办医养结合机构，以及老年康复、老年护理等专业医疗机构。构建医疗机构—社区—居家医养结合服务网，鼓励通过家庭医生等模式为社区、农村居家老年人提供定期体检、上门巡诊、家庭病床、社区护理等基本医疗、健康服务。

（二）完善旅养服务系统

充分利用高原地区生态气候及旅游文化资源，强化医疗服务保障能力建设，面向国内外旅居康养市场，统筹谋划本区域旅居康养服务网点布局，分类发展旅居康养服务机构，大力发展以"候鸟式"旅居养老、"疗养式"旅居养老、"田园式"旅居养老、休闲度假养老为代表的旅居康养服务体系，构建多层次、多样化旅居康养服务系统，高起点建设旅居康养服务标杆性基地，打造康养服务亮点。

充分发挥医疗资源集中优势，积极引进国内外知名健康养老服务机构，打造健康养老示范区；全面释放各地的阳光资源、湖泊资源、森林资源、高山资源、温泉资源、水域资源、田园资源等康养资源优势，打造特色健康养老集聚区，布局一批集休闲旅游、康体养老等于一体的综合养老项目，打造各具特色的旅居健康养老品牌。拓展多元化旅居健康养老服务业态，融合医疗、旅游、生态、康复、休闲等多种元素，提供养老、康复、老年产品等一体化的特色产品，开发符合老年人特点的文化娱乐、康体健身、休闲旅游、健康养生等服务。

实施乡村康养服务建设计划。依托农村自然环境、生态食品、房屋、人力等优势资源，发展乡村旅居康养服务项目。推动民宿或民居环境美化与适老化改造，开发乡村旅居康养床位。坚持专业化、精品化、特色化发展方向，打造一批较高品质的乡村旅居康养民宿。积极探索乡村长期寄托康养服务模式，遴选有条件的农村农户，开发家庭长期寄托康养服务床位。创建旅居康养，建立市县医疗机构、乡镇（社区）医疗机构与康养民宿三方康养服务技术合作共同体，构建业务协作与利益共享的协同机制，引导医疗机构以长期设点、定期巡回、按需响应、线上指导等方式提供技术指导与支撑；在康养服务技术合作共同体的基础上，组建"专科医生＋全科医生＋旅居管家"团队，以专科医疗为支撑、全科管理为主体、旅居照护为核心，开展"医、管、护"三位一体的康养服务；建立乡村旅居管家和长期照护员培训制度；培养一批具备一定医学基础知识、掌握适宜照护技能的服务工作者；构建乡村旅居康养服务质量控制体系，制定乡村旅居康养的服务标准，完善旅居康养的评价、监管机制。

实施旅居康养基地建设计划。积极引进国内外高水平康养资源，创办具有国际化水准的标志性康养机构。支持社会资本创办高品质旅居康养庄园或公寓，提供健康膳食、娱乐健身、学习培训、保健康复等一体化服务。引导有条件的星级宾馆、酒店和星级民宿，开展适老化改造，开发膳食养生、运动健身、中医药保健、文化休闲等康养服务产品，提供旅居康养特色服务。整合旅居康养服务机构资源，打造涵盖养老、旅游、医疗、农业、地产、教育等领域的康养综合体。推动康养主题酒店（民宿）、康养机构加入全国（区域）康养协作平台，深度融入全国（区域）康养产业链，打造具有地方辨识度的特色节点。

（三）推进食养产品开发

立足高原特色生态有机农业，充分挖掘传统养生文化，注入乡土情结和地标特色元素，大力发展食疗康养服务。强化食品保健养生功能的基础理论和精深加工技术研究，开展农牧业特色资源功能成分提取、质量安全控制、工艺研发、储藏保鲜、新产品开发等研究，制定完善特色农产品精深加工技术规程；加大主食、佐餐、休闲、预制、发酵和功能等高原特色食品饮品品类的开发力度和产业转化程度；加快康养食品、饮品等产品开发与认证。深度挖掘当地特色农畜产品的食用保健功能，围绕免疫调节、营养补充、缓解疲劳、降脂降压等延伸产品链，打造生态康养食品、山野康养菜肴等品牌。完善特色生态农业、有机农业等产业基地建设，推广家庭农场、绿色农庄等项目，打造农耕、种植、采摘、文创、艺术等节庆活动品牌。开发系列保健食品、饮品和文创产品，打响地方特色食养品牌。以当地等特色食品为依托，强化食材的原生态特色，结合养生饮食文化，开发具有高原特色的养生美食。

（四）推进文养产品开发

立足本土文化底蕴，以高原良好的生态环境等为主要载体，打造文化康养品牌，以文化深化康养内涵，以康养升级文化消费。深入挖掘地方民俗风情、历史传统和文化艺术资源，充分展示养生文化的深度与丰度，构建健康养生文化服务体系。以"养身、养心、养性"整体健康为价值主张，开发药膳药浴、四季养生、五行养生等康养产品。依托地方"原汁原味、乡土气息"的古村或古镇资源，挖掘农耕文化、民俗文化等康养资源，利用乡村文化礼堂、乡村春晚、民间节庆等乡愁文化载体，打造修身齐家、耕读传家等体验项目，满足康养人群心灵的需求，打响地方康养新名片。

（五）推进药养产品开发

立足高原地区的中医药资源优势，努力培育具有高原特色的药食两用中药材产业，加快康养中药、保健品、化妆品等康养结合产品的研发、加工和销售。充分发挥中医药健康养生及丰富的民族医药文化元素，联动医疗、养生、养老、旅游等业态，大力发展融合中医医疗服务、民族医药养生保健服务、旅游度假为一体的健康旅游业态。加快民族医药旅游示范基地建设，在主要中药材种植区布局一批融合中药科技农业、中药材种植、休闲旅游、康复疗养等多元业态的示范基地，建设一批中医药特色旅游度假区、主题小镇、主题酒店、文化街，打造一批民族医药旅游商品。开发一批中医药健康旅游线路，瞄准国内外休闲度假及康养旅游等重点市场老年客群，以民族中医药文化传播和体验为主题，串联森林、湖泊、温泉、日光等特色康养资源，依托中医医疗机构、中医药健康养老为主的护理院、养老院、疗养院、养生馆、药膳馆，通过气功、针灸、推拿、按摩、理疗、水疗、矿泉浴、日光浴、森林浴、药浴等多种服务形式，提供健康养生、慢性病疗养、老年病疗养、适度高原减肥、骨伤康复和职业病疗养等特色服务，建设以"中医治未病、康复理疗、养生保健、药膳食疗"为核心的中医药养生服务基地。

第五章

高原体育康养的发展模式与对策

　　生命在于运动，健康需要运动，养老更需要运动。体育运动作为"积极的生活方式"的代表超越了年龄和性别界限。人们越早重视健康，越早参与体育运动，越早养成运动养生习惯，越早习得运动技能，健康就会伴随终生，个人、家庭、单位和国家就会越获益。因此，体育运动和健康养生具有融合发展的先天基础和条件，将体育、旅游、休闲、康养、养生、养老有机融合，发展体育康养适应了人们追求健康的刚性需求。体育康养是指，通过科学的体育锻炼和运动干预，促进个体身心健康、预防疾病、延缓衰老的一种康养方式。其核心在于，将体育运动与健康管理相结合，通过有计划的运动方案，改善身体机能、增强免疫力、调节心理状态，从而达到提升生活质量的目的。我国高原康养尚处于刚刚起步阶段，其发展需要更多载体和更丰富的形式。体育康养是当前高原康养的一种新模式、新热点，其发展需要不断拓展空间和领域。体育康养不仅关注个体的生理健康，还注重心理和社会适应能力的提升，是一种综合性的健康促进手段。

一、体育康养是大健康产业的一个重要组成部分

（一）体育康养是维护全方位全生命周期健康的时代要求

　　随着经济社会发展和人民生活水平不断提高，人民群众更加重视生命质量和健康安全。习近平总书记指出，人民身体健康是全面建成小康社会的重要内涵，是每一个人成长和实现幸福生活的重要基础。习近平总书记强调，"现代化最重要的指标还是人民健康，这是人民幸福生活的基础。把这件事抓牢，人民至上、生命至上应该是全党全社会必须牢牢树立的一个理念"。建设健康中国，最根本

的是保障人民健康。这是全面建设社会主义现代化国家的一个重要方面。要将人民健康放在优先发展的战略地位，以普及健康生活、优化健康服务、完善健康保障、建设健康环境、发展健康产业为重点，坚持问题导向，抓紧补齐短板，加快推进健康中国建设，努力全方位、全周期保障人民健康，为实现中华民族伟大复兴的中国梦打下坚实健康基础。

全方位、全生命周期健康旨在以人的生命周期为主线，实现从婴幼儿到生命终点的全程、全面的健康管理和服务，从而推动全民健康，这既是健康中国建设的战略思想，也是健康中国的根本目的。随着我国综合国力的提升，人民生活水平的提高，整体医疗水平的提质，人民健康水平也不断提高，主要健康指标居于中高收入国家前列。但同时，我国仍面临多重疾病威胁并存、多种健康影响因素交织的复杂局面。慢性病发病率上升且呈年轻化趋势，患有常见精神障碍和心理行为问题的人数逐年增多，食品安全、环境卫生、职业健康等问题仍较突出。人口老龄化进程加快，康复、护理等需求迅速增长。因此，包括体育康养在内中国大健康产业发展既是维护全方位全生命周期健康的时代要求，同时也面对巨大的市场需求，面向庞大的消费群体，面临重大的发展机遇，将成为新一轮消费浪潮。

（二）"体医融合""体旅融合""体养融合"的政策导向

2014 年 10 月印发的《国务院关于加快发展体育产业促进体育消费的若干意见》（国发〔2014〕46 号）明确指出，加快发展体育产业促进体育消费的基本原则之一就是倡导健康生活，树立文明健康生活方式，推进健康关口前移，延长健康寿命，提高生活品质，激发群众参与体育活动热情，推动形成投资健康的消费理念和充满活力的体育消费市场。发挥体育锻炼在疾病防治，以及健康促进等方面的积极作用。大力发展运动医学和康复医学，积极研发运动康复技术，鼓励社会资本开办康体、体质测定和运动康复等各类机构。发挥中医药在运动康复等方面的特色作用，提倡开展健身咨询和调理等服务。

2015 年 11 月，国务院办公厅印发《关于加快发展生活性服务业促进消费结构升级的指导意见》（国办发〔2015〕85 号）提出，围绕提升全民健康素质和水平，逐步建立覆盖全生命周期、业态丰富、结构合理的健康服务体系。鼓励发展健康体检、健康咨询、健康文化、健康旅游、体育健身等多样化健康服务。引导健康的旅游消费方式，积极发展休闲度假旅游、研学旅行、工业旅游，推动体育运动、竞赛表演、健身休闲与旅游活动融合发展。

2016 年 10 月，中共中央、国务院印发《"健康中国 2030" 规划纲要》中提出，加快转变健康领域发展方式，全方位、全周期维护和保障人民健康。推动形成体医结合的疾病管理与健康服务模式，发挥全民科学健身在健康促进、慢性病预防和康复等方面的积极作用。积极促进健康与养老、旅游、互联网、健身休闲、食品融合，催生健康新产业、新业态、新模式。培育健康文化产业和体育医疗康复产业。制定健康医疗旅游行业标准、规范，打造具有国际竞争力的健康医疗旅游目的地。丰富业余体育赛事，积极培育冰雪、山地、水上、汽摩、航空、极限、马术等具有消费引领特征的时尚休闲运动项目，打造具有区域特色的健身休闲示范区、健身休闲产业带。

2016 年 11 月印发的《国务院办公厅关于进一步扩大旅游文化体育健康养老教育培训等领域消费的意见》（国办发〔2016〕85 号）提出，促进健康医疗旅游，建设国家级健康医疗旅游示范基地，推动落实医疗旅游先行区支持政策。2016 年 12 月，国家旅游局和国家体育总局联合印发《关于大力发展体育旅游的指导意见》（旅发〔2016〕172 号）进一步提出，大力发展体育旅游是丰富旅游产品体系、拓展旅游消费空间、促进旅游业转型升级的必然要求，是盘活体育资源、实现全民健身和全民健康深度融合、推动体育产业提质增效的必然选择，对于培育经济发展新动能、拓展经济发展新空间具有十分重要的意义。引领健身休闲旅游发展。以群众基础、市场发育较好的户外运动旅游为突破口，重点发展冰雪运动旅游、山地户外旅游、水上运动旅游、汽车摩托车旅游、航空运动旅游、健身气功养生旅游等体育旅游新产品、新业态。加强体育旅游与文化、教育、健康、养老、农业、水利、林业、通用航空等产业的融合发展，培育一批复合型、特色化体育旅游产品。完善空间布局，优先推动重点区域体育旅游发展，打造一批具有重要影响力的体育旅游目的地。强化示范引领，从设施建设和服务规范入手，制定体育旅游示范基地标准，规划建设一批"国家级体育旅游示范基地"。培育一批以体育运动为特色的国家级旅游度假区和精品旅游景区。积极推动各类体育场馆设施、运动训练基地提供体育旅游服务。鼓励企业整合资源，突出特色，建设体育主题酒店。

2019 年 7 月印发的《健康中国行动（2019—2030 年）》中强调，建设一批体育公园、社区健身中心等全民健身场地设施，推进建设城市慢跑步行道绿道，努力打造百姓身边"15 分钟健身圈"，让想健身的群众有适当的场所。建立针对不同人群、不同环境、不同身体状况的运动促进健康指导方法，推动形成"体医结合"的疾病管理与健康服务模式。在同时印发的《国务院关于实施健康中国行动的意见》（国发〔2019〕13 号）中，将全方位干预健康影响因素、维护全生命周期健康和防控重大疾病作为主要任务的三个方面，并明确了 15 个专项行动，为落实健康中国战略、推动全生命周期健康管理提供了"路线图"和"施工图"。

2019 年 8 月，国务院办公厅印发的《体育强国建设纲要》（国办发〔2019〕40 号）中提出，紧密结合美丽宜居乡村、运动休闲特色小镇建设，鼓励创建休闲健身区、功能区和田园景区，探索发展乡村健身休闲产业和建设运动休闲特色乡村；坚持大健康理念，从注重"治已病"向注重"治未病"转变；广泛开展群众性体育活动，增强体育消费粘性，丰富节假日体育赛事供给，激发大众体育消费需求。拓展体育健身、体育观赛、体育培训、体育旅游等消费新空间，促进健身休闲、竞赛表演产业发展；建立运动处方数据库，培养运动医生和康复师，建设慢性病运动干预中心。

2019 年 9 月，国务院办公厅印发《关于促进全民健身和体育消费推动体育产业高质量发展的意见》（国办发〔2019〕43 号）中提出，鼓励医院培养和引进运动康复师，开展运动促进健康指导，推动形成"体医融合"的疾病管理和健康服务模式；为不同人群提供有针对性的运动健身方案或运动指导服务，推广科学健身，提升健身效果；加强针对老年群体的非医疗健康干预，普及健身知识，组织开展健身活动；探索将体育旅游纳入旅游度假区等国家和行业标准；实施体育旅游精品示范工程，打造一批有影响力的体育旅游精品线路、精品赛事和示范基地。规范和引导体育旅游示范区建设。将登山、徒步、越野跑等体育运动项目作为发展森林旅游的重要方向。

2022 年 10 月，国家体育总局、发展改革委、工业和信息化部、自然资源部、住房城乡建设部、文化和旅游部、林业和草原局、国铁集团联合印发《户外运动产业发展规划（2022—2025 年）》中提出，推动户外运动与卫生、健康、养老等融合，开展户外运动健康干预、康复疗养、健康养老等多样化康体服务，发展户外运动康复产业。丰富户外健身休闲产品，支持室内攀岩馆、室内滑冰馆、室内潜水馆、室内滑雪场等开发户外运动室内培训和体验产品，在农事体验、生态运动会中增加户外运动项目。利用绿道以及城乡步道系统等开展徒步、自行车、马拉松、定向等户外运动。

2022 年 4 月，国务院办公厅印发《"十四五"国民健康规划》（国办发〔2022〕11 号）中提出，推进健康相关业态融合发展。促进健康与养老、旅游、互联网、健身休闲、食品等产业融合发展，壮大健康新业态、新模式。支持面向老年人的健康管理、预防干预、养生保健、健身休闲、文化娱乐、旅居养老等业态深度融合，创新发展健康咨询、紧急救护、慢性病管理、生活照护等智慧健康养老服务。推动健康旅游发展，加快健康旅游基地建设。

通过梳理以上相关政策文件发现，随着我国"体医融合""体旅融合""体养融合"等服务体系的建设和发展，相关政策的广度和深度都有明显推进；政策文件出自多个部门，这是推进国家治理能力中多部门协作实现体育和康养产业融合机制最好的证明；文件的内容更加注重从"治"到"防"的政策导向，进一步强化了实行"体医融合""体旅融合""体养融合"，建立以预防为主的健康理念，通过"运动处方"的方法提高全民健康水平，既能推动全民健身和全民健康的深度融合，又能推动体育康养助力健康中国战略建设，是新时代中国特色社会主义建设的重要内容。

（三）体育康养契合消费群体多层次多样化健康需求

王石峰和蒋依依（2024）从马斯洛需求层次理论出发，分析了体育康养旅游可以有效契合老年人的养老需求。借鉴这一分析方法，可以认为体育康养同样也是满足各类消费群体——健康人群、亚健康群体、老年人、病患者的多层次、多样化需求。一是满足身体需求，体育康养活动能够增强机体免疫力和预防慢性疾病。二是满足心理需求，创造优美的康养环境可以减轻人们的精神压力，舒缓心情和提高睡眠质量。三是满足社交需求，搭建与同龄人新的社交互动平台，缓解孤独感和抑郁情绪，增强生活幸福感。四是满足尊重需求，根据兴趣和身体状况选择适合自己的运动康养项目。五是满足自我实现需求，在康养过程中学习新知识和技能，激发好奇心和探索欲，克服困难和完成目标，获得成就感。总体而言，通过提供专业化的康养服务，满足不同人群的身体健康需求；营造舒适的康养环境，满足心理需求；搭建同龄社群网络，满足社交需求；按兴趣自主选择体育康养项目，满足尊重需求；强化技能学习和文化体验，满足自我实现需求，进而提升人们的生活质量和幸福感。

（四）体育康养是未来健康产业的重要发展方向

体育康养产业是朝阳产业，更是惠及全民的幸福产业，它涵盖医疗、保健、健身、康复等具有健康服务功能的所有产业，也是 21 世纪经济发展和人民健康进步的重要产业。《"健康中国 2030"规划纲要》指出，以人民健康为中心，落实预防为主，推行健康生活方式，减少疾病发生，强化早诊断、早治疗、早康复，实现全民健康。在健康中国战略背景下，促进康养和体育融合，积极发展体育康养，有助于促进体育、康养、旅游、文化、养生、中医药、养老等产业相互融合、相互促进，激活体育资源，催生新的产业，拓展休闲体育和康养产业的范畴，丰富休闲体育、运动健身、康养旅游的经济形式，进一步扩大健康养生养老需要，促进健康产业结构不断合理化、多样化，推动我国康养产品和康养服务不断向精细化转变，有助于普及健康、体育、养生等理念和生活方式，带动全民重视健康、人人参与运动、全社会关注养生养老，满足和丰富大众的康养、休闲、体育、旅游消费需求。体育康养适用于"未病""欲病""已病"等各个群体，健康人群、亚健康群体、老年人、病患者均是其消费对象。体育康养既是体育产业的延展，也是康养产业的发展，代表未来体育产业、旅游产业、健康产业和养老产业的发展方向，是旅游业、体育业、康养业供给侧改革的重要方向。

作为规模可观、发展潜力大、覆盖范围广的民生健康产业，体育康养产业的发展可以带动国民经济增长并成为其发展的强大动力。体育康养是未来大健康产业的核心部分，体育与康养两大产业的交叉融合，可以优化体育产业、旅游产业、康养产业等大健康产业的结构、要素、业态、布局等方面，提高全要素生产率，进而推动大健康产业有效、有序、高质量发展。

二、高原地区发展"体育+"的势头强劲

何敏（2023）研究表明，适宜的体育运动可达到健身防病、增强体质、增进健康以及促进高原适应的作用，是治未病和慢性病康复的重要手段。加强高原低氧环境对国民体质水平的影响及其规律的研究，探索高原低氧环境下科学合理选择健身锻炼的方法手段，指导全民健身活动，提高锻炼效果，有效增强人民体质，塑造健康生活方式，是有效利用低氧因素维护、促进和保障高原全民身体健康的迫切需要。近年来，云南、青海、贵州等高原地区，充分发挥地区独特的自然生态资源和优势的体育资源，厚植"体育+"沃土，走出一条体育与文化、旅游、康养等相结合的各具特色的高原体育康养发展之路，发展态势强劲。

（一）云南体育康养的高质量发展

近年来，云南省持续打造"高原训练胜地、户外运动天堂、四季赛事乐园"三大品牌，充分挖掘和培育体育的多元价值，推动体育产业和康养产业的协调发展，通过"体育+""+体育"在助力云南社会经济转型升级上有所作为，大力推进高原特色体育强省建设。

1. 营造良好政策环境

2020 年，云南省人民政府办公厅印发了《关于促进全民健身和体育消费推动体育产业高质量发展的实施意见》（云政办发〔2020〕22 号）、《关于加快建设体育强省的意见》（云政办发〔2020〕47 号）等一系列加快体育产业发展的政策，为体育产业高质量发展营造了良好的政策环境。其中，《关于加快建设体育强省的意见》明确提出，高原特色体育强省建设的战略目标就是要立足云南在地理、气候及立体海拔等方面的优势，推动体育与教育培训、文化旅游、医疗康养等融合发展，打造独特的国内一流、世界水准的梯级化高原特色体育训练基地群，推动体育融入云南省经济社会发展全局。随后，云南省又制定印发了《云南省"十四五"体育发展规划》（云体发〔2021〕57 号）、《云南省体育产业高质量发展三年行动计划（2023—2025 年）》《关于加快发展全域体育基地推动高原特色体育强省建设的实施意见》（征求意见稿）等系列规划和措施，对发展云南高原特色的体育产业做出了详细的部署，全力推进高原特色体育强省建设。

2. 打造高原体育训练基地群

近年来，云南省按照打造具有国际水准的高原体育训练基地群的目标，依照《云南省"十四五"高原体育训练基地发展规划》的具体要求，重点推进加快高原体育训练基地群建设工作，规划高原体育训练基地梯级化、立体化空间布局，打造"一核、两翼、三环、四带"发展布局，重点培育 7 个省级重点示范基地、不少于 20 个市（州）基地和 2 个体育运动类特色小镇。整合区域内体育等资源，推进高原体育训练基地全域规划、全域布局、全域融合、全域服务，推动体育与旅游、教育、休闲等产业深度融合，打造"全域体育基地"品牌和具有高原特色的体育康养新品牌。规划还提出，到 2035 年，28 个市（州）体育训练基地基本建成，体育与旅游、教育、休闲等产业加速融合，科技水平和文化内涵不断丰富，群众健身健康意识显著提升，体育消费水平明显增加，体育产业由"单一发展"向"全域体育"转变，创建形成一批高质量全域体育示范基地，稳步推进国际康养旅游示范区与高原特色体育强省建设，助力云南打造世界一流"健康生活目的地"品牌。

目前，以昆明海埂体育训练基地、呈贡体育训练基地、云南省体育工作大队、富宁体育训练基地、泸西足球基地等为示范引领的高原体育训练基地群初具规模。女足甲级联赛、中国足球协会女子杯赛、中国足协全国女子足球超级联赛、中国足协全国女子足球锦标赛先后在昆明海埂体育训练基地举行冬训，国家游泳队、铁人三项队、中长跑队、竞走队等国字号队伍更是将云南作为提升体能和耐力的宝地，全年多次来到云南高原基地进行高原集训。此外，全国高校、俱乐部等运动队也将目光锁定云南，曲靖、德宏、玉溪、文山等市（州）的体育场馆也迎来了一批批冬训队伍，极大提升了全省体育场馆的利用率，拓宽了高原体育训练基地群的内涵。

3. 大力发展全民健身运动

云南省各级政府部门着力补齐体育场地设施短板，深入实施七彩云南全民健身工程，不断发挥服务群众效能，为全民健身提供了有利条件，公共健身设施数量大幅增加，公共体育场馆开放水平不断提高，全民健身组织网络基本形成，全民健身志愿服务队伍不断壮大，科学健身指导服务供给加强，为群众体育高质量发展夯实了基础。截至 2023 年年底，云南省共有体育场地 15.2 万个，体育场地面积 1.27 亿平方米，人均体育场地面积近 2.55 平方米，建成步道、骑行道、登山步道等各类健身步道 6200 千米，沿边 374 个行政村、3825 个自然村实现公共体育设施全覆盖。此外，云南省还积极推动构建城市社区"15 分钟健身圈"。2023 年累计实施适老化、无障碍改造的小区共 383 个，新增文化休闲、体育健身场地、公共绿地等 467 片、40.38 万平方米。场地设施日趋普惠化和均等化，为全民健身带动体育消费打下了坚实的基础。

云南省发展坚持"以人民为中心"，体育发展不断以群众需求为重点，抓健康县城"7 个专项"落实，促进健身活动日常勤开展、全年不断线，"三大球""三小球"、工间操、路跑等社区运动会比赛项目成为大众参与健身活动新载体。同时，关注"一老一小"、女性、职工、残疾人等不同群体，让不同人群均能加入"勤锻炼"行列。每年 8 月，云南围绕全民健身日开展覆盖云南 16 个市（州）的全周期、全方位体育活动和体育宣传推广，并针对马拉松、自行车赛等专业选手引领、群众广泛参与的品牌赛事，以及冰雪、飞盘、电子竞技等时尚新兴体育项目，开展竞技体育引领、群众参与的科学健身和普及推广。如今的云南，"周周有活动、月月有赛事"，在积极促进大众健身热潮的同时，也营造出云南浓厚的重视体育、支持体育、参与体育的社会氛围。

4. "体育 +""+ 体育"融合发展

近年来，云南省积极打造"水、陆、空、山、雪、冰"全覆盖的产品供给体系，以发展户外运动"破局出圈"，创新融合"体旅活动"。积极争办体育赛事活动，探索"高原体育训练 + 体育赛事引流 + 文旅消费赋能"的旅居发展新模式，依托丰富的地质地貌，着力打造"高原训练胜地、户外运动天堂、四季赛事乐园"三大品牌，让专业运动员和运动户外爱好者能够尽情遨游于青山绿水间、奔跑于蓝天白云下，感受运动的魅力。

2024年，云南体育着力打造"跟着赛事去旅行"的云南样板，推出了"赛场即景点，比赛即旅行"等系列项目，让人们在参赛、观赛之余，走进当地的景区、街区和商圈，让更多参赛选手和观赛游客在旅程中体验运动的乐趣，感受城市的魅力，促进当地的消费，让体育赛事带来的"流量"转化为经济社会发展的"增量"。2024年3月中旬云南省城市篮球联赛总决赛在丽江举办期间，丽江古城游客日均净增超2万人次，决赛当天游客同比增长近30%。目前，云南正实施云南省体育和旅游高质量融合发展三年行动计划，打造134个省级体育旅游精品项目、59个省级体育文化优秀项目、152条精品户外运动线路，推出60个"跟着赛事去旅行"体育旅游赛事活动、184个"体育赛事进景区、进街区、进商圈"系列活动（许珂、王安卓，2024）。在云南，体育赛事频频"出圈"，越来越多的游客因一个赛事赴一座城，"跟着赛事去旅行"已经从一句口号成为体验"有一种叫云南的生活"的方式。

为更好地助力云南体育旅居发展，近年来云南省体育局、云南省文化和旅游厅等部门发布了一系列政策文件，加快推进体育旅居建设，如云南省文化和旅游厅联合相关部门发布了《加快推进旅居云南建设三年行动》的通知，为云南文旅产业的高质量发展注入活力的同时，也为体育旅居提供了宏观的发展框架；云南省体育局发布的《关于进一步全面深化改革推进体育强省建设的若干措施》则从多个角度对体育强省建设进行了全面部署。诸多政策的出台实施，为云南发展体育旅居明确了发展目标。

在政策的扶持和助力下，各地纷纷推进业态融合，在景区当中植入"体旅"项目，加速推进体育旅游设施建设，每年定期在景区举办系列赛事和文化活动，打造融旅游、休闲、运动等为一体的多功能景区，构建出全域体育旅居发展格局。其中，大理州宾川县鸡足山景区，按照"体育搭台、文旅唱戏、以赛引流"思路，已初步构建出以文体旅融合为引擎的"山上游、山下住、品美食、参赛事"全产业链旅居发展新模式，吸引了一批旅居鸡足山的稳定客源，实现"门票经济向综合经济、传统旅游向康养旅居、资源优势向产业优势"三个转变。

（二）贵州体育康养做响做靓"多彩贵州·度假康养胜地"品牌

党的十八大以来，贵州省努力推进全民健身和全民健康深度融合，不断满足人民群众日益增长的健康生活需求。

1. 夯实全民建设基础设施

贵州省全民健身基础设施建设成效显著（伍贤武等，2022）。大力推动市（州）"一场两馆"和县（市、区）公共体育场馆及全民健身中心建设，截至2022年，9个市（州）"一场两馆"基本建成，县级以上老年体育活动中心全覆盖，建成县（市、区）级全民健身活动中心45个、城市街道室内外健身设施15478个、行政村（社区）农民体育健身工程15168个、乡镇（街道）农民体育健身工程项目1269个，人均体育场地面积达1.63平方米，社会足球场地每万人达到0.75块，基本完善城市社区"15分钟健身圈"，现有公共体育设施免费或低收费开放率100%，实现全省乡镇、行政村农体工程全覆盖，逐步形成遍布城乡的社会化全民健身设施网络。

2. 大力实施全民健身计划

贵州省各级各类体育社会组织不断完善（伍贤武等，2022）。截至2022年，建立完善全省各级各类体育社会组织1457个，培训各级各类社会体育指导员4.5万余名，各市（州）均建成国民体质监测站和健身指导站，体育社会组织日趋完善。基本建立小学、初中、高中、高校足球联赛机制，校园足球注册学生运动员突破2万人。完成健身气功管理方式改革全国试点，推动全省24个体育行业协会脱钩改革工作。建成"贵州省全民健身公共服务平台"，完成贵州省体育大数据中心建设，智慧体育助推全民健身取得新成效。

贵州省大力实施全民健身计划（伍贤武等，2022），每年常态化组织开展"新年登高"徒步、"红红火火过大年"职工运动会、8月8日全民健身日（月）活动、11月11日老年人健步走大联动等全民健身活动，举办全球"绿鞋行动"（贵州）、"多彩贵州"系列赛、农民运动会、广场舞大赛等群众体育赛事活动，累计直接参加活动人数超1000万人次。积极传承发展少数民族传统体育，开展民族体育进校园活动，举办全省第八届、第九届少数民族传统体育运动会。持续开展群众喜闻乐见的老年人体育活动，组织覆盖全省的老年人体育比赛交流活动39项，举办全省老年人第六届、第七届、第八届运动会。不断推动残疾人体育向前发展，组织残疾人运动员参加国际国内比赛，举办全省第五届、第六届残疾人运动会。

3. 发展体育康养和休闲体育

贵州省是世界知名山地旅游目的地和我国山地旅游大省。党的十八大以来，体育康养、体育旅游等成为贵州体育产业的主要载体。贵州省坚持体育健康产业市场化方向，体育康养产业稳步增长。

加快国际山地旅游目的地建设（王旗，张筱晟，2022）。以发展体育康养和休闲体育为主要内容，进一步提升体育旅游的产品和服务质量，做响做靓"多彩贵州·度假康养胜地"特色品牌；以完善体育旅游优质资源供给为工作重点，加快体育公园、体育小镇、体旅示范基地、精品体旅线路等体育旅游基础设施建设，为"好看"到"好玩"提供更多的平台；以服务体育旅游快速健康发展为目标内容，整合多方资源加快专业化人才培养，为体育旅游可持续发展提供智力支持。

精心打造山地户外运动精品赛事活动（伍贤武等，2022）。按照"抓资源、促发展，抓特色、树精品"发展战略，形成一市（州）一品牌、一县（市）一活动的良好格局，精心打造国际山地旅游暨户外运动大会、贵阳国际马拉松、六盘水冰雪节、遵义娄山关·海龙囤国际越野挑战赛、安顺紫云格凸河国际攀岩大会、毕节金沙山地竞速挑战赛、铜仁"环梵净山"国际公路自行车挑战赛、黔东南"环雷公山"超100千米跑国际挑战赛、黔南瓮安国际山地户外运动挑战赛、黔西南万峰林国际徒步大会等山地户外运动品牌赛事，推动体育与文化、旅游、农业及大数据等相互促进、融合发展，带动全省各地消费增长和经济发展。

推动全国体育旅游示范区创建（伍贤武等，2022）。编制实施《贵州省全国体育旅游示范区总体规划（2019—2035年）》，截至2022年，建成生态体育公园104个、汽车露营基地100个、体育旅游精品线路106条、体育休闲运动基地500余个，成立贵州省体育产业发展有限公司。获批国家体育旅游示范基地1个、国家体育产业示范基地1个、国家体育产业示范项目2个、国家汽车自驾运动营地27个、国家运动休闲特色小镇1个、国家体育旅游精品项目87项（次）。

（三）青海大力发展具有高原特色的"体育 +"产业

党的十八大以来，青海立足独特的生态自然资源，充分挖掘体育潜力，聚力打造精品赛事，全力促进体育与文化、旅游、康养、农业等产业深度融合发展，大力发展具有高原特色的"体育 +"产业，助力打造青海成为全国乃至国际"生态文明高地"，积极为全省经济社会发展赋能添彩。

2012～2022年，青海体育累计投资超16亿元，支持地方建成428个足球场、60千米健身步道和27个体育场（体育公园、全民健身中心）等一大批基础设施。行政村农牧民体育健身工程覆盖率达100%，人均体育场地面积达2.64平方米，"15分钟健身圈"在城市社区的覆盖率达82%（金华山，2023）。

深化全民健身、全民健康深度融合，支持各地区举办社区运动会、乡村运动会、"三大球"赛事等各类群众身边的体育赛事活动。指导各地结合本地赛事活动组织开展贴近群众、方便参与、形式多样的全民健身主题活动，推进赛事进景区、进社区、进商圈、进农牧区。2012～2022年，年均举办县级以上群众性赛事活动400项次，运动是良医的理念深入人心。每万人拥有体育健身组织1.71个，每千人拥有社会体育指导员2.9人，经常参加体育锻炼人数比例达36%，体质监测合格率达90.5%（金华山，2023）。培育打造射箭、赛马等国际品牌赛事，农牧民篮球赛、那达慕大会、赛马大会等民间体育赛事活动成为促进各族群众交往交流交融的平台。通过举办新兴项目大众体验日、志愿服务"四进"、新项目推广培训等公益活动，带动健身舞龙、柔力球、滑板、飞盘、路冲、匹克球等新兴小众运动兴起，在丰富群众多元化健身需求的同时，进一步促进体育消费新的增长点。健身休闲、竞赛表演、场馆服务、体育培训等产业规模不断壮大。广泛开展冬春季群众冰雪系列活动，全省参与冰雪运动的人数超百万。鼓励各地依托本地资源优势推出研学体验、生态探险、户外休闲等"体育＋"跨界体验产品，让游客从"看山看水"到"进山进水"，最终实现"游山玩水"（张婧超等，2024）。

　　青海省连续23年成功举办环青海湖国际公路自行车赛，举办了国际冰壶精英赛、青海国际抢渡黄河极限挑战赛和中国·青海国际（冬季）抢渡黄河极限挑战精英赛、青海高原国际攀岩精英赛、青海·岗什卡世界滑雪登山大师赛、"中华水塔"国际越野行走世界杯赛、徒步中国·环青海湖全国徒步大会、中国·祁连国际飞行节表演活动、青海·尖扎黄河国际铁人三项邀请赛、八百流沙极限赛、旅游净地——大美青海唐蕃古道城市定向赛、"激情柴达木"青海柴达木越野场地赛等品牌赛事，共同构成了青海省"生态体育"赛事活动的丰富内容。自2012年以来，10余项国际品牌赛事已成为大美青海从三江源走向世界的"金色名片"。以环湖赛为代表的各类精品赛事的举办，带动了环湖自行车旅游业及其相关产业迅速兴起，每年来青海湖骑行的游客超10万人次（金华山，2023）。在品牌赛事举办期间，游客的住宿、餐饮、交通等消费需求增加，推动了旅游基础设施的完善和旅游服务质量的提升，吸引游客长期关注和到访。在"大美青海·高原足球"超级联赛期间，各地区积极开展入场券抵景区门票、线上观众旅游抽奖、景区门票打折等活动，大力宣传推介各主场的旅游精品线路，向全省、全国展示青海的绿水青山、生机盎然、绚烂文化，吸引游客前来青海游玩。各市（州）依托品牌赛事，着力打造地区特色的旅游"新亮点"。西宁规划设计18条精品旅游线路。玉树州开辟"新唐蕃古道"旅游大通道，建设博物馆小镇、玉珠峰登山小镇、红色索加小镇等精品旅游线路。海北州推出"海北全境生态自驾游""梦幻海北—山水乡恋休闲之旅""'丝绸之路'四日游""梦幻海北—生态康养之旅""最美227线'河西走廊'体验游"精品旅游路线五条。

三、高原体育康养的发展模式

葛慧等（2024）从"体医融合"视角，将体育康养产业发展模式分为政府型、市场型和项目型三大类共11种模式，如表5-1所示。

表 5-1　"体医融合"视角下我国体育康养产业发展模式

类型	模式	内容及形式
政府型	体育部门主导下以社区为主的体育康养模式	以政府为主导，立足于社区，开展"体医融合"教学活动与培训；开展居民体质监测、体质测定报告、运动指导方案、健身知识宣讲与普及、有针对性地为不同体质居民提供科学的健康指导，倡导群众积极参加体育锻炼
	医疗部门主导下以科室为主的体育康养模式	在医院内设立专门机构，围绕"科学运动防控慢病、精准运动防病治病"的理念，对亚健康人群、健身人群、慢性病人群进行健康检测、疾病预防、医疗诊治等工作；根据病人的身体情况开具相应的运动处方，让运动处方配合或替代药物性治疗
	政府主导下的社会合作的体育康养模式	以市场为目标导向，以政府、企业、三甲医院、科研院所、健康行业协会等为多元主体，将产学研医用相融合，多主体合作创新，推进体医融合产业体系的构建与发展
市场型	运动康复中心模式	在运动场所内设立医学康复机构，充分利用医学、体育、康复等知识对各类健身会员进行体质评估，提出相应运动处方，进行运动康复训练
	健康综合体模式	依托体育场馆资源，包含健康体检、健康咨询、运动能力测试、制定运动处方、进行运动指导等方面提供专业化、系统化服务。对各类健身人群进行体质评估，提出相应运动处方；创办"阳光健身卡"，并将其与居民医保卡相打通，可在指定健身场所健身、锻炼
	产学研医合作模式	在前沿学科理论指导下，科研单位与医院等进行合作，进行产学研医合作的试验性尝试和实践；企业将医院和教学科研机构的研究成果转化为具有更好临床价值和实践价值的产品
项目型	"体育＋康养＋生态"模式	生态旅游、生态康养、森林康养
	"体育＋康养＋旅游"模式	生态旅游、文旅旅游、滨海旅游、乡村旅游
	"体育＋康养＋教育"模式	研学教育、老年教育、教育培训
	"体育＋康养＋乡村"模式	乡村休闲、乡村康养、村落文化
	"体育＋康养＋科技"模式	智慧康养、科技体验、智能社区

本书从功能与经营方式两个角度提出符合高原体育康养融合业态的新模式。

（一）根据功能的高原体育康养发展模式

体育康养根据功能可分为健身运动康养、休闲体育康养、医疗体育康养。

1. 健身运动康养模式

健身运动康养是消费者活动中最广泛的范畴，指消费者在时间、地点等许可的情形下利用人体的物理锻炼过程，以获得提高免疫力、强壮体魄、增进身体健康和提高社会生活适应能力的经济效益。随着全民运动持续升温，通过运动打造健壮体格的中国人越来越多。《中国美好生活大调查》发现，从 2019～2023 年的消费预期来看，运动健身需求连续上涨。2023 年，在运动健身方面愿意增加消费的人群比例达 27.99%，排在国人消费预期榜单的第四，较 2022 年大幅上涨 7 个百分点以上。从不同年龄段来看，36～59 岁的中年人群更愿意在运动健身上投入时间和金钱。有一定消费实力，又对自身健康有"危机感"，使这一人群成为运动健身市场的主力军。紧随其后的是 60 岁以上人群，在运动健身方面愿意增加消费的比例也高达 30.95%，与中年人群几乎不相上下。高原医学研究表明，高原低氧环境有利于减肥，尤其对平原女性肥胖者更有效。首先，人体神经系统受缺氧刺激，交感神经系统兴奋性增加，能够促进体内脂肪动员，加快代谢。其次，高原低氧使胃肠道功能出现不同程度下降，导致食欲减退，吸收功能变弱，减少脂肪存储。最后，高原缺氧环境使机体能耗量明显增加，能够促进脂肪代谢，最明显的变化就是体重出现下降。因此在适度高原地区进行旅游或者健身运动时，能够更加有效地降低脂肪、减控体重，达到减肥的目的，促进体质健康水平。

《中国美好生活大调查》数据显示，昆明人运动健身消费意愿在全国众多城市中位居榜首。云南省昆明市大力发展全民健身运动，积极出台了《昆明市国家体育消费试点城市工作实施方案》，明确在"十四五"期间，计划新建市级体育中心 1 个（按一场三馆一康体中心高标准规划，占地 500 亩，估算总投资 40 亿元），县区公共体育场馆、全民健身中心 9 个，体育公园 1 个，农民体育健身工程点 200 个，健身路径 500 条，健身步道 15 条。目前，昆明城市社区的"15 分钟健身圈"已经初具规模，"市、县、乡、村"四级全民健身设施网络已基本形成。在全民健身的浓厚氛围下，体育运动正成为越来越多昆明市民的生活习惯。

2. 休闲体育康养模式

休闲体育康养主要是指，人们对该类体育运动具有很大好奇心，追求活动中的娱乐、精彩和刺激的过程，包括垂钓、打猎、爬山、航海、滑冰等活动。休闲体育康养主要面对的是健康中老年人。休闲体育康养主要是以地域性特色资源为康养产业发展驱动力，以"特色+"为产业开发模式，通过生态旅游、生态康养、森林康养等形式，构建能够引领该区域体育康养产业特色化发展的体育康养目的地，形成具有地域型特色的体育康养产业发展模式。根据葛慧等（2024）的研究，依托特色资源禀赋的休闲体育康养模式有以下特点：一是在项目设计与规划方面，与一般的康养产品不同，该模式在充分考虑本区域生态资源与环境的前提下与体育相结合，注重消费者参与性、观赏性、娱乐性需求，打造具有本区域特色的体育康养项目。二是在实践操作与执行方面，重视市场化运作和项目包装，将"体"与"养"深度融合发展，打造集"生态、休闲、运动、康养"为一体的综合型服务产业，完整的多功能配套服务场所。三是在实现资源与要素方面，注重与景区其他资源的整合利用，培育具有本地区特色的复合型体育康养产品，带给消费者全方位体验。例如，云南丽江市境内有大小河流 1000 余条、高山湖泊 18 个，森林覆盖率达 72.14%（李铁成，2024）。玉龙雪山、虎跳峡、泸沽湖、老君山等知名旅游目的地，为开展山地越野、登山、攀岩、徒步、漂流等户外运动创造了良好的条件，"雪山下的户外生活"成为丽江旅游新名片。以"雪山下的户外生活"为主题，丽江推出玉龙雪山牦牛坪徒步、茶马古道 108 徒步等 27 条体育旅游徒步线路，甘地 11 号、文丰 9 号等 11 条骑行线路，文海、星托邦、桃花坞等 15 个户外运动营地，古城定向运动、极地探游航空等 9 个运动公园系列文旅体验项目，黎明老君山、东巴谷、猎鹰谷、复星地中海等景区景点，推出飞拉达、徒手攀岩、观星露营、营地射箭、森林疗愈等一批体旅融合项目。在各类丰富的赛事活动中，提供游览丽江美景、尝遍特色美食、体验民俗风情的"跟着赛事去旅行"体旅融合新业态、新产品。2024 年 1～9 月，丽江接待海内外游客 6866 万人次，同比增长 20.71%，旅游总花费 1150 亿元，同比增长 32.4%。

3. 医疗体育康养模式

医疗体育康养是指体育与健康医疗相结合，以体育运动为辅助方式开展疾病防治，目前在肿瘤、心血管病方面有不错的应用成效；另一个是利用健康器材或产品，使身心俱疲，让运动伤害、药物伤害等进行更快的恢复。医疗体育康养主要面向的是养老群体和慢性病患者及运动损伤者，由医疗部门或养老机构主导下以科室为主，即在医院设立运动处方门诊或运动康复门诊等，或在养老机构设立运动康复中心，横跨体育与医学两大学科领域，以体医融合理念为核心，以预防为先导，融合现代临床医学与体育科学技术，重视将运动处方与医学处方相结合来改善患者整体机能状态，促进机体健康。目前，高原地区的许多综合性医院或专科医院开设了运动康复科室，部分养老机构也设有运动康复设施，通过医疗体检、健康体适能测评等方式，运用运动、营养等非医疗干预，为患者出具个体化运动处方、营养建议及生活方式建议。比如，青海省康复医院运动康复训练中心作为医院的重点学科，依托于神经、老年、心肺和骨关节疼痛等临床科室，形成医—护—康为一体的闭环康复训练平台。主要以脊髓损伤、脑卒中、脑外伤、神经系统、截肢、骨关节伤病、小儿麻痹后遗症、小儿脑瘫等病症引起的功能障碍为康复治疗的对象。同时，还对老年病、心血管系统、呼吸系统等疾病开展系统的康复和治疗。科室拥有一大批经验丰富、经过严格培训的专业康复技术人员，拥有国内先进的康复治疗设备，具备神经系统疾病和骨关节疾病的评估与运动功能训练、心肺功能评估与训练、等速肌力评估与训练等能力，形成对疾病的诊断、评估、康复为一体的康复理念。同时，科室引进国际先进的下肢康复训练机器人，能够直观地反映出患者目前的步行能力，并以脑神经重塑为依据，具有引导和训练患者步行，帮助患者达到正常的步行能力。又如，青海省西宁市围绕构建运动促进健康新模式，创新性开展"体育＋康复""体育＋运动医学"的特色服务模式。2024 年 2 月，投资 200 万元打造全省首家集运动健康大数据测评与运动康复为一体的西宁市运动促进健康中心，配备全民健身大数据平台、人体成分测试仪等设施设备，通过系统专业的运动健康监测，形成以运动处方为依据的健康评估、干预及运动指导的"闭环"健康管理模式。自运营以来，积极引入专业运动康复师，与相关俱乐部围绕资源引流、客户管理与康复服务等方面签订合作协议，有效充实了中心软实力，为市民提供了更专业的服务，已接待市民群众 1000 余人次（王琼，2024）。

（二）根据经营方式的高原体育康养发展模式

在经营方式方面，运动康养业主要涉及运动体育场馆、体育度假小镇、体育节事运营。

1. 运动体育场馆模式

运动体育场馆分为健身房、体育场或健身会馆等，是一种进行体育锻炼及休闲活动的地方。近年来，高原地区在体育场馆建设上加大投资力度，建设成就显著，为高原体育康养发展打下了坚实的场馆设施基础。例如，截至 2023 年底，青海省共有各类体育场地 21467 个，其中室内 1564 个、室外 19903 个；场地总面积达 1643.0 万平方米，以全省常住人口 594 万人计算，平均每万人拥有体育场地 36.14 个，人均体育场地面积 2.77 平方米。青海省海东市体育中心总投资 6.35 亿元，占地面积 23.2 公顷，于 2021 年 5 月全面完工验收，该体育中心分为体育场、体育馆、游泳馆及室外运动场四个部分，可容纳两万人，承接国内二类赛事，该项目的建成为海东市竞技体育项目的发展提供了高水平、高配置的场地和设施。2022 年 1 月 1 日，海东市体育中心正式对外试运行，先后开放了篮球馆、乒乓球馆、羽毛球馆和室外篮球、足球、田径、网球等场地。开放时间为每天 8 时 30 分至 12 时，14 时 30 分至 18 时，19 时至 21 时。随着大型体育场馆免费或低收费开放，海东市广大人民群众体育健身意识进一步增强，参加体育赛事活动和体育锻炼的人数逐年上升，每天每个规模体育场和体育馆接待锻炼的群众分别在 3000 人次和 300 人次以上。

2. 体育度假小镇模式

体育度假小镇也称为运动度假小镇，以独特体育项目、体育赛事及运动文化为基础优势，吸引地产公司及投资企业引入资金，并吸纳运动公司、度假企业投入经营。2017 年，国家体育总局将 96 家运动小镇列为第一批运动休闲特色小镇试点项目，并要求入选的运动休闲特色小镇"聚焦运动休闲、体育健康等主题，形成体育竞赛表演、体育健身休闲、体育场馆服务、体育培训与教育、体育传媒与信息服务、体育用品制造等产业形态。"西藏林芝市巴宜区的鲁朗运动休闲特色小镇就是入选者之一。鲁朗位于色季拉国家森林公园境内，自然资源十分丰富，享有"东方瑞士"的美誉，年平均气温 12℃，属于高原温暖半湿润季风气候带，是典型的高原山地草甸狭长河谷地，森林覆盖率超 80%，负氧离子含量常年保持在 2000 个以上 / 立方厘米。鲁朗周边汇聚有中国最美山峰——南迦巴瓦峰、世界最深大峡谷——雅鲁藏布大峡谷入口、中国最美林海——鲁朗林海、中国最美森林——岗乡云杉林、中国最美冰川——米堆冰川、中国最美桃花谷等著名景点。核心区拥有林海、田园风光、花海牧场、德木寺遗址、茶马古道遗址、桑杰庄园、扎西岗高山牧场、贡措湖、雅伊湖、拉月温泉等高原特色的景区景点，还拥有鲁朗知青点、全国援藏展览馆等反映红色鲁朗的爱国主义教育基地。鲁朗小镇每年举办欢乐跑、鲁朗徒步活动、围棋汽车拉力赛（鲁朗站）和骑马射箭等运动休闲活动，吸引区内外众多参与者。鲁朗小镇已获得国家级旅游度假区、全域旅游示范区、第一批国家级文明旅游示范单位、全国运动休闲特色小镇、中国天然氧吧和国家智慧健康养老示范乡镇等 10 多项国家级奖项，鲁朗小镇成为一个著名的运动休闲特色小镇。

3. 体育节事运营模式

体育节事运营，包括通过策划观赏式或参与式的大众业余体育项目活动，以吸引广大消费者参与，打造体育节事品牌，以及通过和各种赞助商、转播方的合作获取利润。例如，西宁市大力发展赛事经济，不断拓展多业态、跨业态的"体育+"产业链，深化"农体文旅商"融合发展，2024 年就参与组织举办了第二十三届环青海湖国际公路自行车赛开幕式及西宁赛段比赛、2024 年中国·西宁高原国际风筝邀请赛暨中国运动风筝联赛（西宁站）、第四届中国青少年冰球联赛全国总决赛、"大美青海·高原足球"超级联赛、2024 年西宁市垂直马拉松、2024 招商银行西宁半程马拉松、沿黄九省（区）·西宁羽毛球混合团体邀请赛等品牌赛事活动，举办了乡村运动会、"石榴籽杯"西宁—海东都市圈传统射箭邀请赛、2024 年兰西城市群锅庄舞交流展示大赛等群众喜闻乐见的赛事活动。

四、推进高原体育康养发展的对策建议

（一）加大高原体育康养宣传力度

首先，仍有很多人对高原的认知还停留在"高原低氧环境可引起人体生理功能障碍或病理生理变化，造成低氧损伤和高原衰退，导致人体精神体力全面衰退和各型急、慢性高原病的发生，生命质量降低，不仅影响健康而且危及生命"这一认知上，还没有认识到适度高原（海拔 1500～3000 米）的轻度缺氧对人体起到了一种"激活"生理功能的作用，会给健康带来有益影响。人类主动适应高原最积极有效的方法就是运动锻炼，利用高原气候环境进行身体锻炼来提高心、肺功能和健康水平。所以很多人对高原康养的益处和功效还抱有怀疑态度。其次，还有一部分群众没有意识到体育锻炼对"治未病"的重要作用，他们的意识还停留在"有病治病"的层面，没有从思想上树立体育锻炼的意识。再次，传统观念认为体育是年轻人的事情，是年轻人锻炼身体、追求竞技的活动，而康养则是老年人关注健康、享受生活的需求，体育与康养没有直接的联系。与这种观念相似的是，人们认为体育是一种竞技性强、注重身体锻炼和竞争的活动，而康养则是注重休闲、健康和放松的活动，两者间存在差异，缺乏融合的基础。

基于此，就需加大对高原体育康养的宣传力度，从认识上引导群众理解在适度高原地区进行包括体育康养在内的各种康养服务的可行性，讲清楚高原运动与健康促进的关系，说明在高原低氧环境下科学合理选择健身锻炼的方法与手段；从理念上增强群众对"大健康观"的理解与认识，在意识层面打破"体医养旅"

融合的障碍，从全生命周期、全方位、全人群和疾病发展全过程角度宣传体医养融合的重要性。这就需要加强与高校体育院校之间的合作，如开设科学健身大讲堂、培养相关专业复合型人才，普及科学健身知识，弘扬科学健身文化；行政部门要转变观念，重新认识"运动是良医"理念，整合各部门的相关资源，积极和电视台、广播、广告商等机构合作，发挥相关部门的协同作用。提倡卫生部门、民政部门、体育部门联合起来，贯彻"运动是良医"的思想，倡导"体医养旅融合"健康促进模式，使其不再一味地依赖药物治疗，更多地运用科学健身知识、健身方法和运动处方作为治疗疾病的重要手段。

（二）加大政策支持做好宏观规划

首先，高原地区的政府层面对"体育＋医护＋康养＋旅游"模式的整体规划和政策支持还不够。政府在制定相关政策时，往往只注重单一方面的发展，而对"体育＋医护＋康养＋旅游"模式的发展缺乏足够的关注和支持。缺乏整体规划和政策支持，使该模式的发展受到了限制，难以形成统一的发展方向和机制。其次，企业层面缺乏对"体育＋医护＋康养＋旅游"模式的战略规划和投资布局。企业在选择投资方向时，往往更偏向于传统的旅游业和养老产业，而对于"体育＋医护＋康养＋旅游"模式的投资较少。缺乏战略规划和投资布局，使企业在该模式中的参与度较低，难以形成规模效应和产业链发展。再次，产业层面缺乏对"体育＋医护＋康养＋旅游"模式的整体规划和协同发展。在体育康养发展过程中，需要体育部门、卫生部门、民政部门、旅游部门的密切配合相互支持，也需要交通、住宿、餐饮等相关产业的支持。如果这些产业间的协同程度还不够高，导致消费者在参与体育康养活动时面临诸多不便。不同行业之间缺乏合作和协同，各自为战，难以形成产业链的协同发展和互补优势。缺乏整体规划和协同发展，会导致该模式的发展存在碎片化和单一化的问题，难以形成完整的产业生态系统。最后，缺乏行业标准和认证体系。在"体育＋医护＋康养＋旅游"模式中，需要建立相应的行业标准和认证体系，以确保服务和产品的质量和安全。然而，目前尚未建立完善的行业标准和认证体系，使市场中存在质量参差不齐的产品和服务，消费者难以进行有效的选择和判断。

基于此，一是要把党的领导贯穿发展高原康养产业的全过程和各领域各环节，发挥地方党委、政府在产业发展中把方向、管大局、作决策、保落实作用。组建地方包括体育康养在内的高原康养产业发展领导小组，充分发挥领导小组的协调推进作用，进一步加强政策集成和衔接，发挥好部门合力，促进高原康养产业发展。建立目标管理机制，高原康养产业发展领导小组办公室牵头细化年度工作清单，分解责任表，明确时间表，确保各项工作部署落地见效。二是要完善支持政策，在财政支持、土地供给、税收优惠、技术创新、人才引进等方面，加大对高原康养产业的扶持力度，确保现有支持政策的落实落地。地方政府各部门要高度重视，把发展高原康养产业放在重要位置，认真组织本行业本领域任务落实，做好高原康养产业重大问题研究，及时制定出台配套政策，加强与本行业本领域发展规划的协调。发展改革、卫生健康、民政、农牧渔林、文体旅部门要做好对各项任务举措的跟进和督促。各地区政府要科学合理定位，认真深入谋划，结合区域实际，部署落实好促进本地区具有区域特色的医疗服务、健康养老、中医药养生、高原农业、康养旅游、体育健身、健康食品、健康管理等高原康养产业高质量发展工作。完善高原康养产业准入制度，精简审批前置手续，建立市场准入、重点项目审批"绿色通道"。加强试点示范建设，鼓励在高原康养产业技术创新、业态创新、模式创新和体制机制创新等领域先行先试。

（三）强化基础设施建设完善配套服务

一方面，由于地处西部，一些高原地区的基础设施和服务水平相对滞后，如交通、住宿、医疗等方面存在"瓶颈"。"体育＋医护＋康养＋旅游"的融合发展需要完善的基础设施和高质量的服务保障，缺乏这些条件会制约产业融合的进程。另一方面，专业体育康养服务人才缺乏。体育康养产业属于集合性产业，与其他产业融合度高、覆盖面广，涉及体育、旅游、医疗、教育、养老、地产、农业等多学科领域，需要素质高、技能强的复合型人才予以支撑。相对于体育康养服务的旺盛需求，养老护理员、健康管理师、健康照护师、运动康复师、运动处方师等新兴职业面临缺口。同时，体育康养作为实施积极应对人口老龄化国家战略的举措，从小众市场向主流市场转型，专业复合型人才需求激增。《2024养老护理员职业现状调研报告》数据显示，2024年我国养老护理员供给缺口达550万，新增老年护理员的流失率为40%～50%。根据人力资源和社会保障部发布的2022年第四季度全国"最缺工"的100个职业排行，涉及大健康领域的职业共7个，养老护理员居该领域首位。这也间接折射出我国体育康养人才输出严重不足的短板。

因此高原地区必须切实实施高原康养产业基础设施完善工程，在医疗设施、体育设施、环境设施、旅游设施、养老设施等方面加大建设提升和完善力度；切实实施高原康养产业人才梯队建设工程，引育领军人才和青年英才，加大高原康养教育资源整合力度，构建由高等教育、职业教育和成人教育组成的多层次、多元化康养产业人才培养体系。培养护士、营养师、按摩师、护理师、理疗师、教练员、陪练员等专业应用型人才，扩大养老护理、公共营养、保健按摩、康复治疗、健康管理及运动健身指导等紧缺型技能人才供给。

（四）加大体育康养产品创新开发力度

"体育＋医护＋康养＋旅游"的融合发展需要一个循序渐进的过程。目前，相关产品的开发还不到位，主要表现在：第一，产品相对单一。大多数产品都是以养生度假村、温泉酒店等为主，简单地融入一些体育要素，如健康步道、常规的健身器材等，缺乏多样化的选择。少青中老不同消费群体的需求和偏好各不相同，有的喜欢户外活动，有的喜欢康体保健，但目前市场上的体育康养产品还往往无法满足不同消费群体的多样化需求。第二，缺乏个性化的服务。这使消费群体在选择该类产品时往往感到困惑和不满意。第三，缺乏地域特色。体育康养产品开发时未能与当地自然、文化、历史等资源相结合，无法给消费群体带来独特的体验和感受。同时，产品中的体育项目和康养活动可能与当地资源不匹配，未充分利用当地的自然环境和气候条件，无法满足消费群体的需求和兴趣。

这就需要高原地区立足自身独特的高原自然生态资源、多民族文化资源和体育医疗养老养生资源，根据目标康养市场群体的多样化、个性化需求，因地制宜创新性开发高原骑行、路跑越野、户外拓展、汽车露营、汽车山地越野、公路竞赛等特色户外运动，培育高原特色户外运动产业；拓展"体医融合"理念，深度开发运动康复、运动疗养等特色健康运动养生旅游项目；以体旅融合理念为引领，发展健康与体育运动、旅游深度融合的户外运动休闲健身产业，打造一批健身休闲旅游综合服务机构，形成符合当地实际特点的各具特色、陆水空协同发展的体育康养产业发展格局。

（五）加大高原体育康养品牌宣传推广

体育运动产业与健康养生养老产业的融合必然需要有效的营销手段，以吸引更多的消费者、旅客等。目前，高原地区在这方面的营销手段存在一定的不足，尤其是在现代新型营销手段的日益发展下，许多项目和线路的主营者并未赶上短视频、直播这波热潮，未能引起更多消费者的关注，导致很多潜在客户未能得到充分地挖掘，缺乏有效的宣传渠道和手段，导致独具高原特色的体育康养旅游产品的知名度和美誉度不高。

高原地区宣传部门、体育部门、文旅部门和相关行业协会，要通过组织和举办系列高端论坛、学术会议、节事活动，大力宣传高原康养在通过低氧应激达到医养结合、未病先防、提高免疫力和运动机能特殊效应，消除部分民众对高原仍存一定程度的误解和偏见。充分加强报纸、杂志、电视等传统媒体的传播力量，引导和发挥网络新媒体的传播力量，大力发展智慧媒体的作用，整合线上线下营销资源，创建手机 App 客户端，推广 O2O 立体组合全过程营销模式，通过 OTA、MTA、B2B 等方式，与各大旅游网站进行渠道对接，提升高原体育康养品牌知名度和影响力。以技术为驱动力，以多元和差异为吸引力，针对不同地区、不同性别、不同爱好消费者的体育康养需求，依靠精准的定位服务，向消费者分享当地不同的体育康养产业项目。

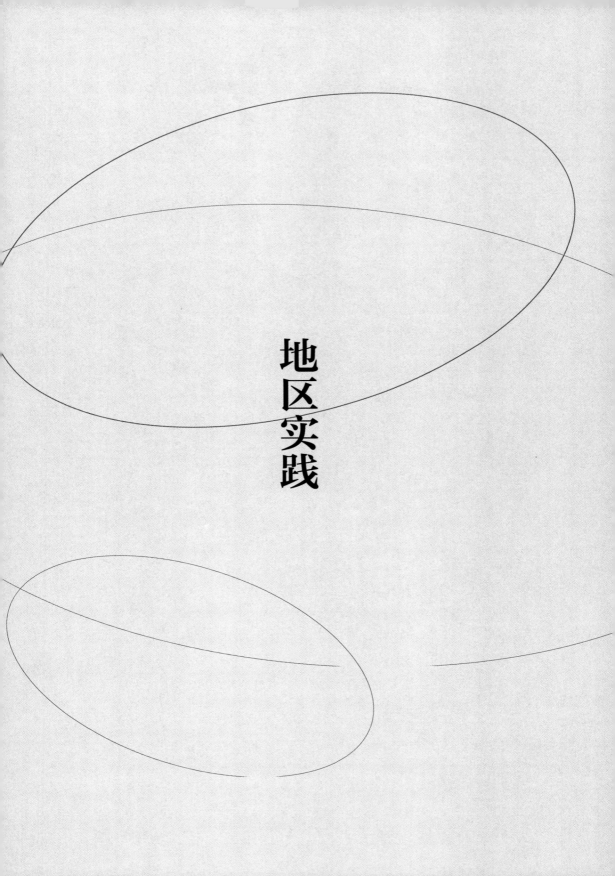

地区实践

第六章

西宁市：打造黄金海拔康养之都

西宁市是青海省省会，地处青藏高原东北部，是全省政治、经济、科技、文化、交通、医疗中心。西宁市总面积 7660 平方千米，市区面积 476.5 平方千米，下辖五区、二县及西宁（国家级）经济技术开发区，是青藏高原唯一人口超过百万的中心城市，也是"三江之源"和"中华水塔"国家生态安全屏障建设的服务基地和大后方。西宁市历史文化源远流长，有独特的自然资源，绚丽多彩的民俗风情，是青藏高原一颗璀璨的明珠，取"西陲安宁"之意。西宁市先后获得全国卫生城市、中国特色魅力城市 200 强、中国优秀旅游城市、中国园林绿化先进城市、国家森林城市、全国文明城市等荣誉称号，是"无废城市"建设试点城市。西宁市区生态良好、环境宜人，空气质量连续五年位居西北省会前列，有"中国夏都"之称。"十四五"以来，西宁市锚定打造黄金海拔康养之都目标，坚持具体化、市场化、专业化、融合化，打造独具特色的高原康养体验，将高原康养产业与医疗、体育、文化、旅游紧密结合，全力拓展高原康养实践路径，着力推进高原康养产业发展，逐渐形成"康养 +N"全产业链发展格局。

一、高原康养的独特资源优势

西宁市因高原独特的冷凉气候、适度的海拔环境、独特的原生态美景、便利的交通日益成为海内外游客避暑、健身、休闲、短居的向往之地，为发展高原康养产业提供了机遇。

（一）高原康养的黄金海拔

中国工程院院士、我国高原医学奠基人吴天一研究认为，在适度、符合一定条件的高原低氧环境下，机体通过间歇性低氧"习服—适应"过程，可以激活机体潜能、提高心肺血液功能、增强机体氧利用能力、改善人体新陈代谢，"激活"生理功能和调整神经系统功能。吴天一院士（2024）提出：高原康养选择的是中度高原（理想海拔2000～2500米），而西宁市海拔2240～2350米，市区海拔2261米。按照高原康养地"海拔适中、环境优美、气候宜人、植被丰富、交通方便、医疗就近"的要求，西宁完全符合黄金海拔康养地的条件。

西宁属大陆性高原半干旱气候，高原高山寒温性气候。全年平均日照时数2510.1小时；年平均气温5.5℃，最高气温34.6℃，最低气温零下18.9℃；年均降水量500毫米左右，蒸发量1363.6毫米。夏季平均气温17～19℃。空气清新、景色独特，让夏都西宁成为避暑养生的绝佳之地。西宁以其优越的地理位置和清新的空气质量，成为众多追求健康生活的人们向往的地方。近年来，随着健康生活方式的流行和人们对高品质生活的追求，西宁黄金海拔康养的理念逐渐受到人们关注和认可。

（二）园林城市的生态美景

西宁是西北首个荣获"国家园林城市""国家森林城市"双荣誉的省会城市。2012～2022年，西宁市坚持绿色涵养生态本底，开展大规模国土绿化行动，森林覆盖率由28%提高到36.5%，建成区绿化覆盖率由37.1%增长到40.5%，人均公园绿地面积由9.5平方米增长到13平方米。实施了南北山生态绿色屏障、湟水规模化林场等一批生态示范项目，打造了湟水国家级湿地公园、东胜公园等一批生态样板，建成了湟流春涨园、园树立交游园等一批"推窗即见，开门即享"的精品休闲绿地。西宁市目前建有湟水国家湿地公园、湟水森林公园、野生动物园、大墩岭公园、南山公园、石峡清风景区等以山地森林湿地景观为主题的景区，让群众享受到越来越多的"绿色"福利。

西宁湟水国家湿地公园具有典型的青藏高原湿地生态系统特征，区域内野生动植物资源丰富，建成了海湖湿地、宁湖湿地和北川湿地三大片区，湿地面积为329公顷，湿地率达64.67%，湿地鸟类有152种，成为融生态保护、环境教育、自然体验、观光旅游等多功能于一体的城市湿地公园。湟水森林公园是一处集传统中国园林风格与现代设计理念于一体，以植物、水景、仿古廊亭、栈桥、浮雕、文辞为园林文化元素的综合性森林公园，园内有黄河情结、文化风情、登山览胜、森林休闲、服务管理五大主题景观组合，成为西宁市独特的田园生态旅游休闲地，满足了城市居民走进大森林、回归自然的物质、文化需求。西宁野生动物园是青藏高原最大的野生动物园，占地面积广大，动物种类繁多，集野生动物观赏、保护、科研、繁育、科普于一体，被誉为"雪豹之乡"。大墩岭公园位于西宁北山的最高峰，伫立高山之巅，是一个适合登高望远和避暑的好去处，可以在这里欣赏到壮丽的自然风光和独特的欧亚风格建筑。南山公园，位于南凤凰山上，植被繁茂、林木葱郁、群鸟啼鸣、空气清新，集休闲观光、造林绿化、养生徒步等于一体，是一个自然与文化相结合的旅游胜地，被誉为西宁的"后花园"。北山美丽园是西宁北山下的一处生态长廊，东西20千米范围内景区依次排列，付家寨景区、中庄景区、京韵青风景区、昆仑神韵景区、北山烟雨景区、丹凤朝阳景区，形成一条贯通城区东西的生态风景线。西宁植物园，坐落于西山湾，山清水秀、环境清幽，集休闲观光、旅游度假、科普园艺于一体，是一座天然的绿地公园，被誉为西宁新八景之"西山春早"。位于大通回族土族自治县的娘娘山风景区自然风光秀美，人文古迹丰富，有泥炭藓沼泽湿地、六车河大峡谷、天生桥、银湖、江源洞和天山飞瀑等主要景点，是一个山高谷深、林木苍翠的旅游胜地。石峡清风景区是南川河上游的一个峡谷，峡谷两侧的山峰峭壁陡峭，绿树成荫，是一个集自然风光、人文景观、休闲娱乐于一体的旅游胜地。

目前，城在林中、景在城中、人景交融的美丽风貌在西宁初步显现，展现出了高原古城的多彩魅力，为居民带来"推窗见绿，出门入园"的舒适生活。

（三）丰富多彩的人文资源

西宁地处黄土高原和青藏高原结合部，是一个多民族人口聚居城市，汉族、藏族、回族等多民族共同创造了丰富多彩的文化氛围。拥有塔尔寺、东关清真大寺、丹噶尔古城、湟源城隍庙、沈那遗址、虎台遗址、青海省博物馆、青海藏文化博物馆、昆仑玉文化博物馆等著名人文景观。西宁市文化艺术的发展具有浓郁的民族特色和地方特色：藏传佛教圣地塔尔寺的酥油花、堆绣、壁画被誉为"艺术三绝"；黄南州的热贡艺术和湟中农民画等也在国内外享有盛誉。戏剧主要有眉户剧、平弦剧、藏戏、灯影戏、豫剧、秦腔；曲艺主要有平弦、越弦、下弦、道情、贤孝；歌舞音乐主要有汉族的社火、土族的安昭、回族的宴席舞、撒拉族的婚礼舞、藏族的锅庄舞，以及藏传佛教寺院在祭祀、典礼、法会时演奏的寺庙音乐；民歌主要有汉族、回族、土族、撒拉族喜爱的"花儿"和藏族的"拉伊"

等。青海是"花儿"的故乡，居住在这里的各族群众，无论在田间耕作、山野放牧、外出打工还是路途赶车，只要有闲暇时间，都要"漫"（"唱"的意思）上几句悠扬的"花儿"。西宁市建立了较为完善的四级非遗代表性项目和传承人名录体系，共有各级非遗名录项目 393 项，各级非遗代表性传承人 519 名。

西宁市充分发挥各地优势，不断加大文旅街区打造，促进文旅商融合发展，各大文旅街区人气攀升，吸引众多市民游客前来观光游玩，新的文旅消费热点不断涌现，城东区新千丝路风情街、下南关街，城北区豹街·西海路美食街，城中区大新街夜市，大通回族土族自治县青海湖之夜，湟源丹噶尔古城等成为网红打卡地。截至 2024 年底，建成国家级旅游休闲街区 1 个——唐道·637 休闲文旅步行街，国家级夜间文旅消费集聚区 3 处——唐道·637 商业综合体、力盟商业巷步行街和丹噶尔古城，青海省级夜间文旅消费集聚区 2 处——城北区豹街·西海路美食街、城东区新千丝路风情街，建成五矿·天地巷子等省级旅游休闲街区 11 处。

（四）完善的康体运动设施

西宁市高度重视体育工作，狠抓体育基础设施硬支撑。截至 2023 年 8 月，建成各类健身场地 6275 块、健身路径 1887 个、健身步道 500 余千米，实现 176 个社区、917 个行政村健身器材全覆盖，建成城区"10 分钟体育健身圈"，建成农村健身广场 745 个；建成并开放冰球冰壶馆、城西区体育公园、城北区全民健身中心，总投资 10 亿元的西宁市山地体育公园、大园山体育公园等 7 项公共体育服务设施项目正在有序开工建设，新建 2 处多功能运动场、20 块乡镇灯光篮球场、20 块笼式足球场，为 9 个村（社区）配备室外健身器材。全市人均体育场地面积达 2.32 平方米，初步实现了把健身点搬到百姓家门口的目标。

青海多巴国家高原体育训练基地位于青海省西宁市西部，是中国乃至亚洲海拔最高、面积最大、最适合耐力性项目训练的国家高原体育基地，是全国一流的集运动训练、健身休闲、会议接待、餐饮住宿、健康旅游于一体的多功能体育训练基地。多巴国家高原体育训练基地依山傍水，树木葱郁，气候宜人，环境优美，设田径、射击、射箭、拳击、柔道、篮球等 19 处训练场馆。近年来，基地为备战奥运会、世锦赛、亚运会等国际国内大赛的 45 支国家队及 20 多个省（区、市）的 86 支队伍，共 3000 余名运动员提供了高水平的训练服务保障，为我国竞技体育做出了突出贡献，还接待了来自全国的 20 多个省（区、市）及行业、体协的优秀运动队，并且蜚声海外，来自日本、阿曼等国家的队伍也慕名前来进行高原训练。多巴基地依托作为国家体育训练基地的品牌影响力，不断拓展体育产业发展空间，充实体育产业内涵，积极服务全民健身事业，向群众免费低收费开放场馆设施，年均接待各类全民健身人数达 25 万人次。

（五）枢纽地位的交通网络

西宁是西部地区连接丝绸之路经济带和长江经济带的重要枢纽，交通网络发达，交通设施完善。西宁曹家堡机场是青海省唯一的二级机场，也是青藏高原上重要的空中交通枢纽，开通直达北京、上海、广州等数十个大中城市的航班。西宁是兰青、青藏、拉日、敦格、兰新客专 5 条干线的枢纽地，宁大、茶卡、双湟 3 条支线通过西宁，西成铁路已开工建设。国家重点公路网中多条国道、高速公路在西宁交汇，西宁火车站、长途汽车站、海关等交通设施齐全，109 国道、南绕城路、互助路、西平高速公路穿越全境，形成了连接东西、通达南北的立体交通网络。

二、全力打造高原康养特色旅游

作为把旅游业和"大健康"产业结合的康养旅游，有良好的市场环境，是发展空间巨大的蓝海市场。高原康养是一种全新的理念，将高原特有资源优势与旅游结合，做优做强高原康养特色旅游，是高原康养产业发展的最主要发力点。

（一）加大高原康养旅游产品的推介力度

南京市与西宁市是对口协作城市。近年来，西宁市充分发挥东西部协作机制的效能，在东西协作工作组支持协助下，主动对接南京文旅、卫健及部分健康管理机构，组织本地康养产品企业赴南京市开展高原康养旅游线路产品专项宣传推介，积极寻求江苏苏州、无锡等城市有康养意愿需求的目标客群，推介高原黄金海拔康养理念，量身打造除自然生态观光外的集藏医药浴体验、森林氧吧徒步、健康监测指导于一体的康养产品；邀请省级文旅专家现场讲授青藏高原环境资源禀赋、黄金海拔医学研究理论，邀请江苏文投集团、江苏省旅游协会，南京市保健办、南京市旅游协会等从事康养研究机构及行业市场主体，搭建政企全方位对接合作渠道，以市场化力量激发产业活力，建立更加稳定持久的客源群体，形成更加丰富多元的高原康养旅游产品，做大做强高原康养产业，推进高原康养产业由点及面、形成突破。

（二）丰富高原康养旅游产品的供给

西宁市围绕康美药业大健康产业形成中药健康和特色文旅两大产业的高度融合，充分借助西宁市及周边区域温泉地热、避暑气候、绿色食品、休闲运动等优势资源，结合中藏医药设计康养旅游产品，打造包含野生冬虫夏草专卖区、道地中藏药材专卖区、民族特色文化体验区、特色餐饮娱乐区四个方面的高原康养微度假街区，策划推出"康养＋旅游""研学＋旅游"等新业态，为来西宁游客升级旅游体验，激发身体机能，打造独具特色的高原康养旅游体验。一是积极推进大通东峡森林康养基地项目、湟中"云上群加"露营基地等康养项目建设。二是对现有的"吃住行游购娱医"等资源要素进行整合与配套，建立文旅、体育、卫健等部门协调联动机制，开发动、静、养旅游产品，即包含高原体能检测、自行车骑行、森林徒步、城市漫游、围炉煮茶、高原食补、理疗等运动休闲养生体验产品。三是依托多巴国家高原体育训练基地、西宁市运动促进健康中心等机构定制运动处方、运动训练方案，提供体能检测、康复训练、体适能培训等康体服务。开发养生枸杞红素片、沙棘籽粕蛋白等功能食品，发展养老旅居住宿，打造特色养生品牌提升健康旅游消费，构建康养旅游产业链条，延伸产业末端，丰富产业内涵。

三、大力发展高原体育康养

为了让更多来西宁的游客乐享青山绿水下的"高原康养"的生活，西宁市积极谋划康养体育，让体育运动在"青山绿水"和"金山银山"间搭建桥梁。

（一）先试先行探索体医结合模式

西宁市围绕构建运动促进健康新模式，创新性开展"体育＋康复""体育＋运动医学"的特色服务模式。2024年2月，在市委、市政府及省体育局的大力支持下，投资200万元打造全省首家集运动健康大数据测评与运动康复为一体的西宁市运动促进健康中心，配备全民健身大数据平台、人体成分测试仪等设施设备，通过系统专业的运动健康监测，形成以运动处方为依据的健康评估、干预及运动指导的"闭环"健康管理模式。中心运营以来，积极引入专业运动康复师，与相关俱乐部围绕资源引流、客户管理与康复服务等方面签订合作协议，有效充实了中心软实力，为市民提供了更专业的服务，已接待市民群众1000余人次。

未来西宁市运动促进健康中心将进一步充分发挥其运动康复理疗作用，持续深化"体育＋康养"理念，推动全民健身和全民健康深度融合发展。

（二）不断营造体育健身环境

近年来，西宁市紧紧围绕满足人民群众"健身去哪儿"的需求，持续加强体育基础设施建设，先后投入近 20 亿元，率先在全省打造城区"10 分钟体育健身圈"，一大批体育公园、全民健身中心、公共体育场、社会足球场、健身步道、户外运动公共服务设施等项目建成投入使用，全市 176 个社区、917 个行政村健身器材实现全覆盖，实施乡镇灯光篮球场普及工程，"三河六岸"建成全民健身步道 600 余千米，建成篮球场、足球场、小型运动场等各类体育场地6764 块，基本实现了将"健身点"搬到群众家门口的体育便民惠民目标。同时，不断提升场地综合管理水平，持续推动全市 5 家体育场馆全年无休做好免费、低收费开放服务，延长夏季各运动场地开放时间。例如，西宁西门体育健身圈羽毛球馆和篮球场人气火爆，夜间时段场地全部爆满，平均夜间时段年接待健身群众达 5 万人，营造了全民运动的火热氛围。与此同时，按照"体育＋"工作思路，积极主动融入全市"一芯一环多带"生态旅游格局，立足全市特色运动项目特征、自然禀赋特色，以"公路＋骑行""景区＋骑行"等体旅融合发展方向，推出了覆盖西宁五区两县的"和谐东区""文脉中区""魅力西区""生态北区""遇见湟中""山水大通""日月湟源" 7 条主题自行车骑行路线，相关线路以主城区绿道为骨架，连接周边村庄、景区景点，沿南川河、北川河及湟水河向湟中、湟源、大通延伸，为自行车爱好者提供了一条绿色出行之路，有效满足市民群众的骑行健身需求。

（三）以优质体育赛事为媒介助力高原康养

近年来，西宁市紧紧围绕国际生态旅游目的地中心城市建设，坚持"农体文旅商"五业融合发展导向，积极搭建赛事活动平台，创设体育消费新场景，全力培育"全域、全季、全要素"文旅体育发展业态。2024 年，西宁市举办了以"大美青海·高原足球"超级联赛为代表的各类体育赛事活动 80 余项次，参与人数超过 50 万人次，"跟着赛事去旅游"逐渐成为前往西宁出游新风尚。目前，西宁市已经形成了"周周有活动、月月有赛事、季季有主题、年年不断线"的赛事活动体系，由赛事带动形成的"一日比赛、多日停留，一人参赛、全家旅游"的经济效应，有效地推动体育休闲消费与文化旅游、健身康养、乡村振兴等融合发展。

（四）专业的基地和团队让高原康养更专业

青海多巴国家高原体育训练基地是中国乃至亚洲海拔最高、最适合耐力性项目训练的高原体育训练基地，基地被誉为"冠军摇篮"。西宁市依托青海多巴国家高原体育训练基地、西宁市培林青少年体育训练中心，充分发挥西宁独特海拔、气候等优势，吸引国内外高水平运动队开展特训或赛前抗氧训练。接下来西宁市还将围绕西宁体育馆提质升级项目，探索运动促进健康服务模式，开展"体育＋康复医学"特色服务；依托青海体育中心、西宁市培林青少年体育训练中心等平台，与国内知名度高、专业性强的体育合作单位共同开展体育合作项目，积极开展青少年体育后备人才培养；举办高原健康研学暑期夏令营，组织邀请省外青少年来西宁市开展运动康养康复；充分发挥西宁市运动促进健康中心的作用，对前来进行康复训练的人群给予专业的服务指导，将运动疗法与传统医疗手段相融合，帮助其更快地恢复健康。

四、积极拓展医养结合发展新路径

（一）探索医养结合新路径

医疗卫生资源在高原康养产业发展中占据重要分量。截至 2023 年底，西宁医疗卫生机构超过 2000 所，医疗卫生人员近 4 万，床位超 2.3 万张，诊疗人次超过 1500 万，为高原康养产业筑牢根基。依托省会城市的丰富优质的医疗资源，西宁市积极探索创新，大力拓展医养结合发展新路径，在推动康养事业发展方面取得了显著进展。截至 2024 年 10 月，已有 6 家医养结合机构成功纳入全国远程医疗服务试点项目，借助先进的信息技术，实现了医疗资源的远程共享，为患者提供更优质、便捷的医疗服务；18 家医疗机构与 23 家养老机构紧密合作，签订合作协议，共同探索医养结合新模式，为老年人等特殊群体提供了更加全面的健康保障；17 家医养结合机构定期开展康复护理医疗服务，专业的医疗团队为有需要的人群提供贴心的康复护理，有效提升了他们的生活质量（悠然，2024）。

（二）深化高原康养医学研究合作

为全力推动高原康养产业发展，西宁市积极组织西宁市中医院、高原医学研究中心、青海大学医学院、青海省藏医药研究院、城北区黄金海拔 2200 青藏高原康养中心、西宁乡趣农业科技有限公司等科研力量，联合国内医学科研团队，强化高原康养医学研究力度，探索研究高原康养科学理论支撑。西宁市科技局和卫生健康委邀请北京小汤山医院、北京市高原适应研究康复中心等相关高原医学研究专家到西宁，就高原习服与适应、高原康养、高原全周期健康保障关键技术与干预策略、康养流程标准拟定等领域开展实地调研与研讨，为西宁高原康养产业发展注入强劲动力。

（三）全力打造黄金海拔 2200 青藏高原康养中心

2024 年 12 月 6 日，位于西宁市北川河岸畔的黄金海拔 2200 青藏高原康养中心正式揭牌。该康养中心是集住宿、中藏医适宜技术体验、中藏医讲堂、中藏医新品发布与推广、药膳等吃住行游娱购于一体的酒店，旨在通过精心搭建一系列丰富多样的体验孵化平台，为游客带来全方位的康养体验，游客订房后便可畅享全方位中藏医适宜技术服务。康养中心的服务就是贯穿高原习服—适应理论，改善低氧体能，改善心肺功能，提高氧传送的生理效率。西宁市城北区中医院为康养中心提供坚实的中医技术支撑，派遣 13 名医护人员在此服务，为游客提供中藏医适宜技术体验，能开展针灸、拔罐、艾灸、放血等 40 余项中医适宜技术。康养中心工作人员还会依据中医的望闻问切为游客进行体质辨识，进而调整饮食、教授养生操，让游客舒心安住。康养中心设有 33 间康养休息室，可容纳 55 人居住。一楼有接待处、产品展销区、热熰体验室、食堂和休息室；二楼设有讲堂、会客室、休息室与理疗室，既能聆听中藏医专家的前沿研究成果，又能为企业新品发布搭建平台。其中，康养文化展示让游客深入了解青藏高原独特的康养理念和文化内涵；展示区汇聚各类先进康养产品，满足游客对健康生活的多样需求；中藏医适宜技术服务体验独具特色，游客可亲身感受针灸、推拿等传统医学技术带来的身心舒缓；药材产品展示让人们领略青藏高原丰富的药材资源，中药茶饮、药膳、药浴等项目将中医药与日常生活紧密结合，从内到外调理身体；低氧服务为特定人群提供独特体验环境，全面激发游客身体机能，致力于打造独具特色的青藏高原康养服务新地标和新门户。

五、打造高原幸福养老之城

西宁市着力打造"高原幸福养老之城"品牌，不断夯实养老兜底保障功能，发展普惠型养老服务，完善居家社区养老服务网络，不断推动养老服务深度融合。

（一）不断夯实养老服务设施基础

西宁市按照"1+7+75+N"的思路，依据老年人的需求程度、使用频率、设施的服务内容、服务半径等综合因素，按照"均衡、共享"的理念盘活各类资源，规划布局"县区综合服务圈（养老示范基地及街道综合养老服务中心）、社区托养圈（日间照料中心）、农村自助活动圈（老年之家）、居家生活圈（家庭）"等"四圈合一"的社区养老"15分钟生活服务圈"；按照"优化布局、提升功能"的原则，积极推进具有全托、日托功能的街道综合养老服务中心建设，形成以综合养老服务中心为枢纽，覆盖周边社区和家庭照料服务网络，打造康养联合体。截至2024年6月，全市共建成各类养老服务设施764个。其中，养老机构25个、社区居家网络服务项目14个、社区日间照料中心138个，农村老年之家439个，幸福食堂148个（邢生祥，2024）。县区级养老服务示范基地、城区街道综合养老服务中心、社区养老服务设施实现全覆盖，建成覆盖城区、布局均衡的"15分钟养老服务圈"。

（二）深入推进医养结合发展

西宁市聚焦居家和社区养老中的医养结合需求，在青海省率先开展"医养结合双证双营"，依托社区日间照料服务中心，开展以社区照护服务为主的医养结合工作，实现了养老服务设施养护照一体发展。加强与医疗机构合作，在二级以上医疗机构设置老年科，设置绿色通道。持续推进公办养老机构改革，提升公办养老机构护理能力，截至2023年2月，全市养老机构护理型床位3222张，占比达80%（周建萍，2023）。积极拓展敬老院服务功能，在保障特困老人的前提下，将乡镇敬老院拓展为区域性养老服务中心，增设日间照料、助餐送餐、康复护理等服务，为周边老年人提供服务。

（三）推动养老服务高质量发展

西宁市打通机构居家社区养老服务壁垒，探索建立以家庭为基点，社区为依托，机构专业照护服务为支撑，社会组织居家服务为补充的居家社区养老服务新模式。全面推进家庭照护床位建设，结合地域特色，首次将肺功能康复、心脑血管疾病后遗症康复等高原病康复护理纳入服务清单，打通居家照护"最后一公里"。通过医院医疗床位、养老机构护理床位、居家照护床位"三张床"，推动专业人员从机构内循环向机构社会双循环转变，保障了老年人的身体健康，提高了老年人的生命质量。

（四）聚焦多元化需求发展特色养老服务

西宁市紧盯老年人居家照护难，在全市建设 2480 张家庭照护床位，通过居家环境适老化、智能化改造及专业机构上门提供高原病护理、医疗照料等服务，有效提升了失能、半失能老年人居家护理能力，打通了居家照料服务的"最后一公里"；紧盯老年人"床边、身边、周边"服务需求，积极推进"社区日间照料服务中心＋社区护理站"的双证双营模式，让老年人在家门口可享受"养、照、护"一体化服务。鼓励社区养老设施和托幼设施合一而建，形成"一老一小"双护双托模式，充分发挥了服务设施的综合效益。支持养老机构参与居家社区养老服务，积极发挥机构专业人员、专业技术优势，让居家社区养老服务更专业，更精细。紧盯老年人精准、高效服务，在青海省率先建成市级智慧民政信息平台，利用"一屏通""一点通""一卡通""一键通"，通过"手机办、掌上办"等方式，及时为老年人推送线上线下服务，促进社区居家养老服务供需有效对接、管理精准高效。

随着一系列高原康养活动的开展，西宁吸引了众多游客的关注。在实践中，西宁不断积累经验、探索创新发展之路。目前，高原康养理念得到广泛传播，越来越多的人开始了解和关注高原康养；康养产业培育正在稳步推进，各类康养项目不断涌现，产业雏形初步显现。虽然距离取得显著成效还有一定的努力空间，但西宁正朝着目标坚定前行，展现出巨大的发展潜力和积极的发展态势。

昆明市：打造旅居康养新名片

云南省昆明市是传统旅游大市，因特殊的地理位置和气候条件，其旅游知名度和收入均居全国前列。近年来，作为春城花都、历史文化名城、中国健康之城，昆明正在努力推动旅游的高质量增长，因此"旅游+"和"+旅游"成为产业链延伸和深化的必然选择，"旅居昆明"也便乘势而起。昆明是"有一种叫云南的生活"的核心体验地，正大力推进旅游兴市，通过文旅产业转型升级，加快打造世界知名的休闲度假旅游目的地，让更多游客留下来、住下来，让更多"美丽风景"变成"美丽经济"。

一、旅居康养产业概述

旅居康养是文旅产业和养老产业融合发展的新业态，近年来已成为现代人重要的生活和旅行方式。相较于传统旅游而言，它更加注重让游客融入当地的生活节奏和模式，以获得康养服务体验，达到身心的放松与调养。

在一些政策规划、媒体文章和研究报告中，旅居和康养经常被混用，其实二者并非同一概念。旅居是以老年人群为主的一种旅游形式，通常节奏较慢，在同一个地方停留时间较长；康养是一个宽泛概念，可以和生态、医疗、中医药、文化等各种概念和行业相结合，如果和旅居结合，则康养是旅居这种旅游形式的内容和目的，旅居则是实现、达到康养这个内容和目的而采取的手段、措施、外在表现形式。

旅居康养以"医、养、健、食、娱、居"为核心要素，要发展这一产业需要具备舒适的居住环境、营养均衡的饮食安排、丰富多样的健身活动及专业的医疗保健服务。其中，首先要有健康医学体系，即拥有核心健康新业态，聚集各类康养服务业，打造康养服务的平台；其次要有健康舒适的居住设施，可以是酒店式公寓、别墅、民宿、共享农庄等。所以，旅居康养是多产业汇聚而成的旅游新业态，也可以说是健康新业态或是房地产新业态，具有综合性、融合性、复合型等特点。发展旅居康养不能将其简单地理解为单一的产品，而应理解为一种内涵丰富及更加健康的美好生活方式。

目前，旅居康养的客群大多是低龄段的老年人，他们对于入住养老院等机构有一定的抗拒性，但对于环境优美、配套齐全的中高端的养老社区接受度比较高，愿意以一个外来者的身份进入新的地区生活，并体验这里的文化。2024 年中国旅游研究院发布的《中国老年旅居康养发展报告》指出，"十四五"末，我国出游率较高、旅游消费较多的低龄健康老年人将超过 1 亿人。由此可见，旅居康养存在庞大的市场需求，背后的供应链空白点需要一一衔接。

二、昆明旅居康养资源条件

旅居康养资源是开发旅居康养旅游的先决条件，这方面，昆明具备独特的优势和良好的基础。上海交通大学行业研究院发布的《2023 中国候鸟式养老夏季栖息地适宜度指数》提到，昆明在气温气压、空气质量、医疗条件、交通便捷度、区域自然风光等 17 项指标综合评比中位列第 4 位。

（一）自然条件

昆明，又称"春城"，云南省省会、滇中城市群中心城市，总面积 21473 平方千米，建成区面积为 483.52 平方千米，常住人口为 695 万人。昆明平均海拔为 1891 米，属适宜人类生活的海拔高度范围内，对于大部分人来说，这个海拔非常适宜旅居康养。地势大致呈北高南低的特征，形成了以岩溶为主的地貌形态，景点众多。昆明三面环山，南濒滇池，沿湖风光绮丽，北纬低纬度亚热带—高原山地季风气候使其"四季如春"，年均气温在 15℃左右，全年空气质量优良率达 98.9%，夏季宜避暑，冬季宜避寒。这为昆明旅游业，尤其是康养旅游的发展提供了得天独厚的气候条件，使昆明成为数不多的适合四季旅居的城市。

（二）经济基础雄厚

昆明是云南省省会和唯一特大城市，聚集了全省 90% 以上的科研院所和高等院校、75% 以上的高新技术企业，发展首位度、经济集中度、产业支撑度、社会集聚度都很高。

中国昆明进出口商品交易会、中国国际旅游交易会、中国昆明国际旅游节等还使昆明成为中国主要的会展城市之一。

（三）旅游产业蓬勃发展

昆明是传统的旅游大市，旅游人次自 2001 年的 1956.1 万增长至 2023 年的 27073.5 万，旅游总收入更是在 2023 年高达 4320 亿元，两项数据都稳居云南省榜首，表明昆明有强大的市场容量和旅游大市的坚实底蕴，同时也见证了其旅游产业的蓬勃发展。

（四）康养旅游资源丰富

昆明市康养旅游资源数量众多，且种类丰富，整体可分为自然康养旅游资源和人文康养旅游资源两大主类（见表 7-1）。

表 7-1　昆明市康养旅游资源类型

主类	亚类	基本类型	旅游资源
自然康养旅游资源	地文景观	山地型康养旅游资源	昆明动物园（圆通山动物园）、轿子山景区、长虫山生态公园、梁王山旅游区、昆明市石林风景名胜区等
	水域景观	温泉养生旅游资源	云南国际医疗养老中心、安宁温泉、寻甸星河温泉旅游小镇景区等
		水体养生旅游资源	昆明滇池国家风景名胜区、阳宗海旅游度假区、翠湖公园、昆明捞鱼河湿地公园、斗南湿地公园、大渔公园等
	生物景观	森林氧吧旅游资源	安宁市宁湖森林公园、官渡森林公园、云南森林自然中心、昆明西山森林公园等
		草地养生旅游资源	寻甸北大营草原、春城湖畔度假村
人文康养旅游资源	文旅村镇景观	文旅村镇康养旅游资源	昆明七彩云南景区、云南民族村、昆明官渡古镇景区、中国滇池花田国际度假区、昆明世博园、昆明世界蝴蝶生态园等
	宗教文化景观	宗教养生文化旅游资源	苍山古寺、圆通寺、昆明市金殿名胜区、碧映寺、护国寺等

（五）区位和交通优越

昆明虽地处西南边疆，但东连黔桂通沿海、北经川渝进中原、南下越老达泰束、西接缅甸连印巴，是东盟"10+1"自由贸易区经济圈、大湄公河次区域经济合作圈、"泛珠三角"区域经济合作圈的重要交汇点。在"一带一路"倡议的带动下，昆明逐渐从开放的末端走向开放的前沿。

昆明机场是中国西南地区最大的航空枢纽之一，直接连通全球近90个国家和地区的超240个城市；昆明市域内建成5条高速铁路、4条普速铁路和1条米轨铁路，全市总里程达850千米；昆明市公路总里程突破23000千米，"七出省、五出境"公路网初步形成。为满足城市发展和人们出行需求，昆明加快了综合交通项目建设，有6条轨道交通已全部或部分运营使用，日均客流量达74.74万乘次。穿梭在各个街道的公交系统与轨道交通做到了全面衔接，且对60岁及以上的老年乘客实行免费乘坐优惠政策。同时，以昆明为旅居中心，前往周边城市甚至云贵川等地均十分便利。

（六）医疗和健康服务健全

昆明作为云南的省会城市，集中了云南最强的医疗资源。《2022年昆明市卫生资源与医疗服务统计数据》显示，截至2022年底，昆明有5818个卫生医疗机构，其中，三级医院36个，社区卫生服务中心（站）369个；有98838名卫生技术人员，每千人口执业（助理）医师数4.16人，每千人口注册护士数5.70人；平均开放病床数64364张，病床使用率为70.92%，总诊疗人次达5662.32万。

目前，心血管病、肿瘤、呼吸等"国字号"国家区域医疗中心已落地昆明。由云南省政府与中国医学科学院阜外医院合作建设的云南省阜外心血管病医院一期项目已正式投入运营。由北京大学肿瘤医院、中国（云南）自由贸易试验区昆明片区管理委员会、云南省肿瘤医院共建的国家肿瘤区域医疗中心分两个项目建设，癌症中心于2024年底完成地下结构工程，经开院区于2024年12月26日开诊。由云南省第一人民医院与中日友好医院共建的国家呼吸区域医疗中心建设分两期进行，云南省第一人民医院的院内改造属于一期工程已于2022年2月正式投入使用。2024年2月，二期项目主要楼栋建筑主体结构已经全部封顶，目前正在进行内部装饰装修。

三、各具特色的旅居项目

旅居康养已成为现代人重要的生活和旅行方式，康养城市的特色项目如何吸引全国各地的旅居人群，除了项目本身具有的天然地理环境或人文特点优势，还要满足"康养"基础功能，不断提升康养城市整体服务水平，让旅居人群生活便捷舒适，才能保证康养项目长久的发展。再好的地理环境和文化氛围，没有配套的康养公共设施，没有足够的综合接待能力，均无法满足不同旅居康养人群的需求，无法实现康养项目特色化与个性化的发展方向。面对世界经济新格局的挑战、民族复兴关键时期和数字科技的新变革的机遇，旅游强国建设、县域旅游经济发展的新视角，旅游市场从单一观光向多元化休闲度假模式的转型，昆明市文旅产业能够紧跟时代步伐，主动适应并引领变革，聚焦"有一种叫云南的生活"，大力打造旅居康养品牌，并发展出了多种模式，因此昆明也成功入选去哪儿平台统计的 2024 年"候鸟"过冬热门目的地前 10 名。

（一）资源整合式"吃住行游"一站服务

这种模式的代表性项目是古滇康养园（郎晶晶，2024）。其处于昆明市晋宁区，地处滇池南岸的七彩云南古滇名城度假区核心位置。七彩云南古滇名城是一个集中展示古滇历史文化、云南民族文化、云南本土文化的一站式深度旅游目的地，位于 2000 多年前的古滇王国都城遗址，交通便捷，陆路、轨道、水路交通体系俱全。作为云南文化旅游产业转型升级的标杆型项目，它集生态环境示范、文化旅游、休闲度假、养生养老产业于一体，是面向全国、南亚乃至东南亚具有国际影响力的大型文化旅游城市综合体。其中，古滇康养园于 2017 年正式投入运营，具备丰富的旅游资源、顶级的医疗资源及特色的文化资源，以高端品质、先进理念和优质服务为特色，打造了一个医康养一体化的身心疗愈旅居胜地。

近年来，旅居人群越来越注重情绪价值，他们需要的旅居康养不再是打卡式旅游，而是慢节奏的深度体验。作为昆明市的一家高端康养机构，古滇康养园除提供基本的住宿、餐饮服务外，还为前来旅居的老年人配备了生活管家、旅游管家、医疗管家、文娱管家等。园区内每个社区都配有护士站，设有康养公寓、健身房、图书馆、舞蹈教室、滇池康悦医院、长者食堂、诺享生活超市、美食广场、怡心园、水景广场等生活服务空间，无障碍通道将居住、休闲、娱乐、餐饮、医养等日常生活融于一体，保障旅居老人生活的舒适度与便利性，他们在享受高品质养老服务的同时，拥有独立、自主的生活方式。还开办了滇池老年大学，长期活跃着 20 多个老年兴趣社团，让老年人老有所养、老有所乐。除此之外，康养园每三天还会组织老年人进行一次外出游玩，旅游管家提供全程定制服务，老年人自愿选择。到海晏村看日落、逛斗南花市、到抚仙湖度假等，这些短途游活动轻松悠然，很受欢迎。这种"一站式"旅游服务对旅居老年人吸引力非常大。2024 年 12 月，晋宁区古滇片区文旅康养特色产业集聚区被评定为昆明市级特色产业集聚区。据统计，2024 年该文旅康养特色产业集聚区接待游客约 300万人次（窦瀚洋等，2025）。

同时，负责古滇康养园旅居版块的云南圣境旅居产业发展有限公司在云南拥有昆明、大理、腾冲、芒市、弥勒、西双版纳 6 个基地，与省内 70 家旅游、康养机构结成旅居康养产业联盟，实现了资源共享、订单互换。游客提出旅居养老需求后，公司会整合联盟资源为其提供包括居住、游玩在内的定制化服务。

（二）医康养结合式旅居康养新模式

健康养生是大多数老年人关注的重点，为此医养结合模式成为旅居康养的新趋势。针对这种情况，昆明市石林彝族自治县杏林大观园依托中医药文化资源，提供医康养相结合的特色旅居服务（郎晶晶，2024）。

杏林大观园坐落在阿诗玛的故乡——石林，是昆明市着力打造的中医药文化康养小镇。园区占地 3000 多亩，属低纬高原山地季风气候，四季如春，雨量充沛，空气湿润，植被茂密，负氧离子含量高，被誉为"养生圣地"，且园区属于喀斯特地貌，以黑石林为旅游主体，石林形态各异、千奇百怪。相传，药师佛阿波多罗密曾在此托梦，指导彝家头人阿古木斯学习医道，济世救人。因此这里遍布各种草药，引来鸟语花香，成为古滇国纵横千里少有的"仙境"。

园区根据自身禀赋打造出了国药博览园、中医文化展览馆、杏林禅寺等景点，不仅能为长期居住的旅居老人提供基础的住宿、餐饮等生活服务，配备床位1000 多张，还设有中医医院，以老年病康复治疗为特色，长期有专家坐诊，提供熏蒸、艾灸、针灸、拔火罐、推拿等中医理疗服务，有利于老年慢性病管理。国药博览园、中医文化展览馆等可以让老人们近距离感受中医药的博大精深，了解中药材的种植与炮制过程，体验中医诊疗的神奇魅力，感受养生药膳的滋养。园区内的生态农场种植有多种中药材和生态蔬菜，就地取材就可提供特色药膳，还可供老人采摘游玩。

在娱乐设施方面，园区的健身房、棋牌室、乒乓球室、室内羽毛球馆等也非常完备。同时，园区还为入住老人配备了管家，常态化组织开展养生讲座、科普研学等活动，每天护士还会组织老人开展康复操活动、打太极拳等，帮助老人强身健体、舒心解郁。

（三）提供"在家"感的城区养老综合体模式

有的老年人选择离城区较远的康养机构旅居，但也有一部分老年人选择住到城区里交通便利的养老机构静养，体验那种在自己家生活一样的感觉。

昆明市北市区的枫桥尚院长者康养家园地处昆明市中心区域，生活设施非常完善（郎晶晶，2024），10～30分钟可达云南省最好的10家三甲医院，这在全国省会以上城市中十分罕见；交通便利，距离东二环仅约400米，出门便有多条公交线路，且紧邻地铁5号线，可通往市区各个方向，20分钟内能到达昆明长水机场及昆明火车站；周边生态公园林立，1500米范围内有世博园、金殿、昙华寺等公园，环境优良，满足或延伸了老年人的活动空间及场地；周边沃尔玛、超市等商业配套资源成熟，生活设施完善。

枫桥尚院有180多个房间，旺季时经常一房难求。它是一个典型的养老综合体，提供养老公寓、老年餐厅，还开办有老年大学。养老公寓可实现拎包入住、干湿分离、适老化改造后的浴室，紧急呼叫系统，能做饭的大阳台，空调、地暖设备等提升了老年人生活的品质。楼下自助餐厅根据老年人饮食特点供餐，菜品做到清淡、健康。机构还配备了护理人员，定期监测老年人血压、血糖等指标并发送给老年人亲属。

紧邻老年餐厅的老年大学，以每学期350元的价格开设书法、舞蹈、器乐、瑜伽等课程，不仅吸引了在机构居住的老年人，还吸引了周边的本地老年人，常年有1000余名老年人入学学习。

（四）全域多元化配套模式

嵩明县是昆明市东大门，距昆明主城43千米，距长水国际机场直线距离12千米，具有高铁、公路、机场的立体交通网络优势，生态资源良好，冬无严寒，夏无酷暑，是宜居宜游的旅居福地。嵩明县借助"旅居云南入昆第一站"优势，以打造"旅居云南入昆第一站"为目标，制定了系统推进"万人旅居嵩明"三年行动。

旅游部门为旅居客人举行欢迎仪式，开展旅游服务、戏剧表演进社区等文化交流交融和旅游服务工作，让旅居客人停下来、留下来、住下来、融进来，力争为旅居客人提供全方位全天候服务，真正体现"一座城服务一个人"，提升旅居人群的幸福感。好房子是旅居康养的基础保障，嵩明县持续推进好房子、好小区、好社区、好城区建设，加大口袋公园等公共服务设施、教育医疗等投入，推动高品质住宅建设，一些旅居住房出租率常年保持在 95% 以上，月租金实行差异化政府定价机制。住建部门加大保障性住房供给，并鼓励企业将自持的保障性住房向旅居者出租，探索在满足保障对象的前提下为来嵩明的旅居者提供政府保障性房源，积极盘活闲置房源，拟实施一批棚改保障项目，将部分闲置棚改房调整为保障性租赁住房。异地养老中的医疗服务对旅居老年人来说是头等大事，为此，嵩明县完善医疗保障工作机制，优化就医环境，改善病房条件，通过搭建专家团队工作站，提升旅居人员就医体验。同时，引入家庭医生＋基本公卫服务模式，指定定点医院，为旅居人员制定个性化健康管理方案，提供日常健康咨询和用药指导，实施疾病预防和干预措施，提供慢性病管理，以及紧急情况下的及时医疗支持。另外，嵩明县还积极构建老年助餐服务网络，建成老年幸福餐厅13 个，加快建设社区居家助老服务，建成村、社区级居家养老服务中心 32 个，着力提升养老机构服务质量。

多方面政策支持，医、药、康、养、旅产业融合发展的探索和优质、多元、全面的服务提升了旅居嵩明县的知名度和品牌影响力。据统计，2024 年 1—7 月，嵩明县旅游总人数达 312.55 万人次，其中，中长期游外地游客约 2.96 万人次，旅游共计花费 269523.21 万元，旅居人群规模超 5000 人，中老年群体占比超75%，城市旅居人群占比 80%，让旅居游客转变为旅居常客。

四、会展活动对旅居氛围的营造

鉴于昆明多年来深耕文旅康养、城市综合开发等积累的深厚经验和丰富经验、越来越多的会议、展览等活动选择落地昆明，探索全新理念，拓展全新思路，寻求全新方法，总结新常态下文旅康养与城乡融合发展新路径，打造昆明高品质旅居康养样本，示范带动其他文旅康养项目发展，进一步营造"旅居昆明"的良好氛围。

2023 年 5 月 12 日至 14 日，第六届中国（昆明）国际大健康养生养老产业博览会在昆明滇池国际会展中心举办，同期还举办了首届中国（昆明）国际大健康产业联合博览会，博览会以"养生养老彩云南，健康生活目的地"为主题，共设置养老机构及服务、老年产品、保健养生、旅居康养、药食同源暨食养、中医中药、大健康茶饮、健康管理及康复理疗等十大展区，为很多企业带来针灸、按摩等体验服务，在帮市民缓解身体疼痛的同时，也宣传了健康养生知识。2024 年5 月 25 日至 27 日，第八届中国（昆明）国际大健康产业博览会暨大健康产业发展论坛在昆明滇池国际会展中心举办，以"养生养老彩云南，健康生活目的地"

为永恒话题，以"健康生活·食疗养生·幸福乐居"为主题，探寻新的模式和发展机遇，会上，中国旅居康养联盟成立，设立北京、昆明双秘书处，建设全国旅居康养产业第一平台，服务于广大旅居康养企业和客户群体。2024年5月26日，"2024中国旅居康养发展趋势与旅居基地运营策略研讨会"在昆明安宁浩枫温德姆酒店召开，为中国旅居康养产业的发展贡献智慧与力量。2024年7月23日至28日，第8届中国—南亚博览会暨第28届中国昆明进出口商品交易会的医疗康养馆设置了50个展台，110家企业汇聚于此，围绕"七彩云南·养老福地"的品牌定位，集中展示了当前国内高端前沿的适老化产品和医康养项目，对于提升云南省尤其是昆明市养老服务的规模化、标准化、品牌化水平，助推旅居康养服务再上新台阶起到了重要作用。2024年10月16日，由云南康旅集团主办的"旅居云南 畅享康旅——温泉国际生态旅游康养小镇发布会"在昆明滇池国际会展中心举行，见证文旅康养与城乡融合发展新篇章。

五、紧抓年轻人的旅居市场

四季如春的昆明，交通便捷、医疗教育水平较高、人文底蕴深厚，无疑是旅居首选地。近年来，除了老年人，一些时间自由、向往惬意生活的年轻人也开始到昆明旅居。

旅居年轻人中以依靠技术打破地域边界的"数字游民"为多数——他们有工作却不上班，利用数字技术和互联网体验边旅游、边学习、边工作、边交友、边创业、边旅居的"六边形"共居共创理想生活。2024年9月14日，云南首个"数字游民"人才驿站在昆明市安宁市BCC美丽（龙山）"数字游民"中心揭牌（徐前，2024），自运营以来，除接待国内游客外，还接待了来自巴基斯坦、俄罗斯、美国等十余个国家的"数字游民"入住，他们跨越传统生活与工作的边界，在安宁温泉小镇感受大自然的宁静与自在，体验共居共创理想生活。他们的到来不但促进了乡村社会的年轻化，更重要的是，与传统的人才下乡方式不同，他们大多是科技工作者、艺术家或创业者等高素质人才，与资本、技术和市场资源相连，为当地带来了新鲜思潮和新的发展机遇。为此，"数字游民"人才驿站努力将自身打造为一个"政企才"融合互促的平台，协同全昆明市各部门与数字游民人才开展交流，选派服务专员为人才提供内容生产、生活服务、政策咨询等帮助，完善新型人才服务保障机制；通过构建"三张清单"找准政府、企业和人才三方的供给和需求资源，打造惠及各方的供需对接平台；以"项目化＋清单化"思路策划实施一批乡村振兴、城市营销、志愿公益等多元活动项目，让人才下山来、有事做，探索人才驿站市场化、社会化服务新模式。

昆明西郊 12 千米处西山区团结街道雨花社区大墨雨村以其独有的旅居体验，成了无数人梦寐以求的世外桃源。它隐匿于翠绿群山深处，不仅是一个地理坐标，还是一种追求心灵栖息之所的生活态度的象征。大量旅居者的到来，不仅为村庄带来了新鲜的血液和活力，更通过自己的创作和分享，让更多的人了解并爱上了这个美丽的彝族村寨。村寨的旅游业也因此得到了蓬勃发展，民宿、农家乐等乡村旅游业态不断涌现，因此村民们不仅提高了收入水平，更拓宽了视野和思路。2024 年，村里的 140 栋民居已经出租 93 栋，开设有农家乐 7 家、民宿 6 家、咖啡店 5 家、文创 5 家等，长期留村经营旅居人员 36 人。2023 年旅游接待人数为 2.6 万人，实现旅游收入 246.6 万元；2024 年 1—9 月，大墨雨村旅游接待人数为 1.89 万人，实现旅游收入 185.25 万元（罗婕，2025）。

另外，在提升城市"年轻态"气质、吸引更多旅居年轻人方面昆明也采取了多项举措。例如，迎合年轻一代对"慢生活"趋势灵感和"慢人"需求的洞察，主张"现充 ONLY"的滇池东岸世界户外生活季 IP 就是这样一个项目（杨振，2024）。它是一个为户外爱好者和文化爱好者打造的集冒险、艺术、运动、音乐和社交于一体的多维空间，围绕"爱市集、爱逛展、爱萌宠、爱露营、爱吃喝、爱户外、爱现场、爱生活"八大主题展区展开，汇集 70 余家户外潮流与生活方式品牌，内容涵盖户外运动、艺术展览、露营体验、宠物互动等丰富多彩的活动。活动名称里的"ONLY"有三重含义：一是点明主题，四个字母分别代表 Outdoor/Nature/Lifestyle/Young，即户外感 / 自然风 / 生活化 / 年轻态。二是字面意思，就是指"只有"，意思是只针对现实生活很充实的人生赢家开放的活动；三是给出定义，这是一种当前年轻人表达"定向限定展"的新表现形式。活动现场的内容丰富多彩，无论是市集、骑行、露营还是音乐会，所有人不再是传统参观者，而是参与者、创造者、传递者，这是一个充满创造力和生命力的活动。发现角落风景，创造城市新景点；爆改日常设施，创造城市新玩法；挖掘在地性，创造城市新性格；获取微身份，创造城市新社交……这些一系列充满活力和创造力的青年文化活动对年轻人有强烈的吸引力，同时对昆明打造"年轻人最想旅居城市"的新名片也有极大助益。

第八章

拉萨市：发挥高海拔优势，打造康养旅游发展基地

拉萨是中国海拔最高的自治区首府，也是一座充满魅力的千年古城，现辖堆龙德庆区、当雄县、尼木县、曲水县、林周县、达孜区、墨竹工卡县和城关区（五县三区），随着交通基础设施的不断完善和旅游业的快速发展，拉萨逐渐成为国内外游客向往的旅游目的地，这为其高原康养产业的发展提供了广阔的市场空间和无限的发展机遇。

一、拉萨市高原康养产业发展优势

作为西藏政治、经济、文化、科教的中心，拉萨高原康养旅游产业发展具有得天独厚的优势，并取得了可喜的成就。

（一）地理优势明显

拉萨是西藏自治区的首府，位于西藏高原中部，喜马拉雅山脉北侧，雅鲁藏布江支流的拉萨河谷北岸平原上，地形、地貌复杂多样，有高原、平原、湖泊、河流和天然草原，城区平均海拔3650米，是藏传佛教圣地。这种优越的地理位置、壮丽的自然景观和丰富的历史文化遗产不仅使它成为西藏政治、经济、文化和科教中心，还吸引了无数游客前来朝圣和旅游。同时，作为西藏的交通枢纽，拉萨拥有完善的公路、铁路和航空运输体系。拉萨贡嘎机场是西藏的主要航空枢纽，连接着国内外众多城市，为居民的出行和旅游业的发展提供了便利。

（二）高原康养资源丰富

拉萨海拔较高，全年多晴朗，日照在3000小时以上，降水量稀少，冬无严寒、夏无酷暑，气候宜人，素有"日光城"的美誉。同时，拉萨也具备空气洁净、低氧、低压、偏凉、紫外线强、高辐射的典型高原气候特点，对大部分人群，尤其是特殊人群大有益处的。

有研究表明，适度间歇性暴露于高原低氧环境中，可以起到健康养生、健康养老、延年益寿、保护和提高脑储备力等作用，紫外线可使银屑病患者皮肤发病面积和严重程度得到显著改善，低压能激发肌体呼吸系统和血液循环系统，对哮喘和心脑血管疾病有很好疗愈作用。这些与《黄帝内经·素问》记载的"高者其气寿，下者其气夭"十分相符。早在19世纪，欧洲一些医疗机构就曾将气候环境作为一种辅助手段，用于慢性疾病治疗和病患康复，经过长期探索研究和临床试验，高原气候的辅助治疗和康养作用逐渐被人们认同。另外，拉萨特有的温泉、藏药、高原食品，均为其康养旅游提供了良好的先天条件。

（三）经济基础坚实

拉萨作为西藏自治区的首府城市，经济总量超过西藏总量的1/3，是西藏的经济中心，2023年实现地区生产总值834.79亿元，按不变价格计算，较2022年增长9.6%，已初步具备了一座中等城市的发展格局。坚实的经济基础为拉萨市康养旅游产业的基础建设和服务产品的发展提供了有利的条件，目前，拉萨已具备通达的交通、便利的商业、丰富的餐饮、人性化的服务，以及其他共性的服务条件。

（四）旅游资源丰富多样且独特

旅游资源能为康养旅游提供坚实的基础，在这方面拉萨更是独树一帜，拥有悠久的历史和文化底蕴，布达拉宫、大昭寺等文化景点成为游客必访的景点。同时，拉萨还以秀丽的自然风光著称，拥有羊卓雍错、纳木错等著名湖泊和雪山景点。这些奇特而多样的旅游资源吸引了不同类型的游客，满足了他们对文化、自然和冒险体验的需求。

（五）医疗水平相对较高

拉萨市优质的医疗资源也为康养产业的发展提供了坚实基础，拉萨市拥有多家综合性医院和专科医院，其中不乏一些极具国内外知名度的医院，其医疗技术水平和服务质量得到了广泛认可，可以满足康养市场不同层次和类型的需求。此外，拉萨市还拥有一支规模较大的医疗队伍和一批医疗设备先进的科研机构，为康养产业的发展提供了强有力的支撑。

（六）文旅康养产业受到重视

《"健康中国 2030"规划纲要》和一系列促进康养产业发展政策的出台，形成了"健康中国"的国家战略背景，休闲康养产业也被置于和文旅产业同等重要的位置。拉萨市有关部门抓住机遇，将康养旅游列入旅游产品体系，给予资金、金融、土地等系列激励政策，并坚持把康养产业作为推动经济发展的重点产业进行精心培育、持续加大资金投入力度，建设了一批康养项目，形成了诸多可复制、可推广的经验做法，有力带动了经济发展。2023 年 1 月，拉萨市人民政府办公室印发的《拉萨市创建"国家文化和旅游消费示范城市"工作方案》中提出，"创新文化旅游业态。实施'旅游 +''文化 +'战略，推进部门联合和产业联动，积极发展商务会展旅游、体育旅游、康养旅游、研学旅游、工业旅游等新产品、新业态，推进经开区藏域星球天文科普体验馆创建研学旅游基地、当雄县康玛温泉、曲水县秀色才纳创建康养旅游示范区、达孜区工业园区创建工业旅游示范区、次角林休闲度假区、八廓街休闲街区、墨竹工卡县甲玛沟等景区建设红色旅游"。在实际工作中，坚持观光旅游与康养休闲并重，着力构建康养旅游大格局。

（七）康养旅游宣传到位

近年来，拉萨市深入做好资源普查，推出康养旅游产品，加大康养旅游宣传力度。例如，积极开展"乡村四时好风光"乡村旅游精品线路推荐工作，市属媒体开设专栏大力宣传，其中，以康养为主题的线路大受关注。与康养旅游相关的会议活动也多次落地拉萨。2023 年 9 月 11 日，"藏医药甘露健康之旅——康养旅游产品研讨会"在西藏藏医药大学举行，旨在推出一系列藏医药健康之旅的系列旅游产品，以满足不同游客需求，全面开启西藏藏医药康养旅游的新篇章。2024 年 9 月 20 日，第十五届健康中国论坛·首届高原康养论坛在拉萨举办，会上《2024 高原康养白皮书》正式发布，决定开展以助力当地大健康产业高质量发展的乡村振兴帮扶项目，将基金会品牌专项基金"中国健康好乡村"项目落地，选址拉萨市堆龙德庆区古荣镇建设示范区。

二、拉萨市康养项目经典案例

（一）羊日岗村旅游驿站

拉萨市民政局通过积极争取 184.88 万元扶持资金，对原羊日岗村老村委会建筑进行精心修缮，建起了占地 128.96 平方米的羊日岗村旅游驿站，为寻求心灵慰藉的游客提供一个可以短暂逃离喧嚣的宁静角落。驿站工作人员会为游客提供旅游咨询、行程规划等服务，帮助游客更好地了解目的地的风土人情。同时，驿站还提供餐饮服务，游客可以在这里品尝到地道的美食。除此之外，在康养服务方面，驿站还肩负起了更多职能，让更多的群众在家门口就搭上"旅游车"，吃上"旅游饭"，将羊日岗村建成令人向往的"诗和远方"。

1."旅游＋养老"协同发展
旅游驿站不仅是一种创新性的服务模式，还能够为游客提供全方位的旅游服务，同时承担着民政部门的社会职能，借助西藏藏医药大学、西藏藏医院、西藏高原藏医药健康研究院等机构的专业资源，深度发掘和培育当地的藏药养生文化，深耕技法、药材及食品等多个领域，不仅丰富了旅游的内涵，还为村里多位困难老年人提供了周到便利的养老服务，实现了旅游与民政的有机结合。

2."旅游＋文化"共展魅力
旅游驿站在提供休息场所的同时，还扮演起了文化传播者的重要角色。驿站内设置有文化展示区，展示了当地的历史、民俗、手工艺等特色文化，游客在休憩之余能够深入了解和感受当地文化的独特魅力。此外，该驿站还会定期举办文化讲座、艺术展览、民间演出等活动，邀请著名的朗嘎传统针织传承人、堆谐舞蹈表演者、塔巴陶瓷手艺人和直孔藏香制作人等六类当地传统文化传承人参与活动，或与"雪顿节""望果节"等节日文化相融合，向游客展示丰富的文化资源和传统技艺，让游客在旅行中不仅能欣赏到美丽的自然风光，还能亲身体验当地的文化魅力，感受到当地的文化底蕴。

3."旅游 + 就业"同步推进

旅游驿站是一个集多元化旅游功能于一体的综合性旅游目的地，与"格桑花开"体验馆、乡村振兴馆、"格桑花开"大学生实践基地及藏式养生体验营等多个功能区域巧妙地融合，形成了一个全方位的旅游和体验平台。它不仅为多名大学生提供了就业机会，帮助他们实现自我价值，为更多群众在家门口就搭上"旅游车"、吃上"旅游饭"提供了可能，还为羊日岗合作社等当地经济组织提供了策略支持，帮助他们提升品牌建设水平、优化产品包装，加强市场营销和推广，从而提升了当地民族产品在市场上的竞争力。

（二）自治区级康养旅游示范基地

2020 年 5 月，西藏自治区旅游发展厅公布了首批 3 家自治区级康养旅游示范基地，全部位于拉萨市，分别为"最美乡村"达东村、羊八井蓝色天国、甘露曲秘藏药浴。

首批试点围绕推动拉萨市国际旅游文化城市建设的中心任务，以创建示范基地为契机，从旅游业环境友好、资源节约和可持续发展的本质属性出发，大力发展藏医药浴、温泉养生、休闲度假等特色业态。西藏自治区旅游发展厅还对试点基地进行了统一规划布局，在创新体制机制、推进融合发展、丰富产品供给、优化公共服务等领域予以重点支持。

1. 千年古村，最美达东

达东村坐落于拉萨市中心西南 18 千米外的山谷中，作为西藏保护最好、最完整的藏族古村落之一，这里山谷幽深、古道仍存、清泉汩汩、草木葱茏。有近两千年历史的尼玛塘寺和白色寺、神秘的药师殿，以及仓央嘉措曾居住过的古老庄园，再加上当地原生态的藏寨、淳朴的民风与古老的传说，这座千年古村落散发着独特魅力。这是一个半藏半汉的现代村落，在实施文旅改造的过程中，不仅建设了完善的民宿、特色的林卡（园林），还保留了一座庄园遗址，将其命名为"庄园遗韵"，残垣断壁散发着浓浓的时光气息，目的是让人们睹物思人，循着浪漫的旋律，追忆遥远的爱情，感受人生的美好。穿村而过的河流被当地百姓奉为"圣水"，滋味清甜，略带藏药香，这与达东山林盛产藏药不无关系，也为康养发展提供了天然的优良条件。蓝天白云，水静坡缓，绿草如茵，牛羊随处可见，青山绿水间游客可以亲近大自然的美，与健康同行。

2. 地热小镇羊八井的"蓝色天国"

羊八井镇位于拉萨市当雄县南部，距离拉萨市区约 90 千米，这片平均海拔 4300 米的山间盆地有丰富的地热资源，数量众多的喷泉、温泉、热水湖等星罗棋布。对当地居民而言，温泉不仅是自然的馈赠，还是宝贵的医疗资源，它含有大量硫化氢，可保养皮肤缓解疲劳，对多种慢性疾病都有治疗功效，尤其能缓解长期高原生活造成的风湿病症。羊八井镇一天中清晨最美，远处巍巍青山之下，地热泉蒸腾出的雾气依山而起，天地一片朦胧，如人间仙境。冬季时，在银光闪闪的冰川间，一股股热泉水花四溅，蒸汽灼人。最壮观的景象是热水井喷发，沸腾的泉水直冲云霄。当地以丰富的地热和沸泉资源为基础，打造出了以高原地热为特色的旅游产业，建立了蓝色天国羊八井地热旅游区，占地 600 亩，主打温泉康养、温泉冲浪、住宿、美食、娱乐等项目，同时提供传统的藏式歌舞表演。游客可以边泡温泉，边欣赏当地青年欢快起舞，健康惬意，尤其冬日的露天温泉，映着远处雪山最为惬意。

3. 甘露曲秘藏药浴的千年神奇魅力

藏医药有上千年历史，形成于青藏高原，既是藏民族的悠久历史和文化的见证，也是中华民族的瑰宝，具有极高的文化价值，更是现代康养旅游的宝贵资源。将其融入文旅产业，不仅丰富了拉萨全域旅游的内容、增强了游客健康状况，还能让游客在旅游过程中深入了解中华民族传统文化，相较于传统的旅游项目，藏医药文化健康之旅具有独特的优势，也为拉萨的旅游业发展带来新活力和机遇。藏药，无论是从对人体结构的了解还是对药物的使用方面，均属于我国较为完整、较有影响的民族药之一，由于独特的生长环境，所以有着不可取代的药理活性，凭借自身特色再配合传统方法，强身健体的同时还可治疗某些疑难杂症。"藏医药浴法"这一世界非遗 1300 多年来守护了高原人民的健康，今天更是被列入了康养旅游内容之一。"甘露曲秘藏药浴疗"是拉萨旅游推出的高原特色产品，游客纷纷打卡"文成公主同款"热气腾腾的藏药浴。

（三）特色鲜明的净土健康产业

净土健康产业是指以推进高原有机农牧业生产为基础，以开发高原有机健康食品、高原有机生命产品、高原保健药材、休闲养生旅游和清洁能源为主体，聚合多种独特资源的地域型、复合型产业。早在 2013 年，拉萨市立足促进经济社会健康发展、保护好"世界上最后一方净土"的发展定位，首度提出发展"净土健康产业",全力打造"拉萨净土"品牌。为此,拉萨市重点打造"七大基地、九大产业"。七大基地包括健康产业研发基地、特色经济作物种植示范基地、藏药材种植示范基地、现代化奶牛养殖示范基地、现代化畜禽养殖基地、净土健康身心理疗基地和现代化物流仓储基地。九大产业包括天然饮用水发展、奶业发展、生猪(藏香猪)养殖、藏香鸡养殖、食用菌种植、藏药材种植、经济林木与特色花卉、高原特色设施园艺和斑头雁养殖。同时,重点建设 8 个具有不同产业类型、不同地域特色的净土健康产业示范园区,拉萨各县区分别建设一个,每个园区确定 1~2 个净土健康主导产业。

目前,拉萨已成功推出"拉萨净土"区域公用品牌标识,形成了青稞、牦牛、藏鸡、藏香、藏毯、天然饮用水、高原奶业、藏中药业、旅游业等产业融合发展的局面,开发了一批高原有机健康食品、高原有机生命产品、高原保健药材等净土产品。例如,以"5100 冰川矿泉水""大昭圣泉山泉软水"为代表的"世界好水"和以"茅台拉萨玛咖酒""天佑德青稞酒""拉萨青稞啤酒""高原野生葡萄酒""藏边大黄酒""达孜青稞醋"为代表的净土健康饮品。同时,制定完善"拉萨净土"区域公用品牌的使用标准和管理办法,开展"拉萨净土"区域公用品牌质量评估与社会公众测评工作,建立健全品牌届期续查、年度审查、动态抽查及公众监督等办法,建立"拉萨净土"区域公用品牌企业和产品目录,形成了能上能下、优胜劣汰的动态管理机制,确保"拉萨净土"区域品牌健康发展。得益于青藏高原得天独厚的水、土壤、空气、人文环境等优势,这些产品具有无污染、纯天然、口味好、营养丰、极稀缺等特点,能极大满足游客对健康食品的需求。

(四)达孜叶巴康养小镇

康养产业涵盖多个方面,为人们提供丰富多样的健康养生服务和产品。康养小镇作为康养产业的一种集中发展模式,备受关注。为此,拉萨规划了达孜叶巴康养小镇。

达孜区位于西藏中南部、念青唐古拉山东南侧、拉萨市东北部,地处雅鲁藏布江中游北岸支流拉萨河的下游区域。达孜,藏语意为"虎峰",素有拉萨"东大门"之称,日照时间长,无霜期短,年平均气温 7.5℃,具有得天独厚的区位条件、交通条件、人文资源,是拉萨市"一心两翼""东延西扩"发展战略的重要组成部分。对于康养产业来说,达孜区的叶巴村具有得天独厚的先天性自然条件,背山面水,配套设施比较完善,整体环境良好,所以,达孜叶巴康养小镇就选址在这里。

　　小镇规划面积约 4700 亩，总建设用地 1207.16 亩，总建筑面积 75 万平方米，规划出了一心（小镇综合服务中心）、两带（拉萨河康养文旅商业带、叶巴河滨水乡土风情体验带）、三片区（藏医文化康养社区、朗热村田园综合体片区、民生功能支持片区），以丰富的康养、文旅、民生业态产品，完善的基础设施，集聚的重要资源助力乡村振兴，将带动项目周边叶巴村、朗热村集体经济发展，增加乡村经济收益，解决村民就业。该项目的设计突出雪域高原疗养、藏医养生疗养、康养社区、特色公园等核心特色活动功能，建成运营后将成为最具西藏生活美学的宜居样本、雪域高原度假旅游康养活力印象地，以藏医文化为核心，重点打造 4A 级藏医药康养、文旅、生态园区，为居民提供一个设施完备、环境优美的健康活力智慧社区，为游客提供一个智慧化、现代化、特色化的疗养、旅居、购物、游玩等于一体的藏医文化体验目的地。预计可实现年游客总量约 200 万人次，可实现年营业收入约 2 亿元，可带动本地 GDP 投资 150 亿元，可提供各类就业岗位 1.5 万个，实现乡村振兴和康养文旅小镇的良性循环发展。

　　从以上分析可以看出，拉萨市高原康养旅游产业在发展方向、目标、重点上是非常清晰的，只要立足高原康养资源优势，深入发掘和突出拉萨高原特色，大力推进医药、健康与旅游融合发展，狠抓康养旅游核心业态培育，全力打造康养旅游新高地，就一定能够创造出一套向全国可复制、可推广的康养旅游发展经验，为全行业、全国康养旅游发展做出贡献。

第九章

丽江市：雪山下的康养仙境

　　云南省丽江市位于青藏高原东南缘，滇西北高原，金沙江中游。全市总面积20600平方千米，境内最高海拔5596米，最低海拔1015米，市区海拔2418米，属低纬度高海拔地区。全年季节性气候差异明显，气候类型丰富多样，具有"一山分四季、十里不同天"的垂直气候特征，年平均气温12.6～19.9℃。"十四五"以来，丽江市围绕"健康中国2030"发展战略，坚持云南打造世界一流"绿色能源、绿色食品和健康生活目的地"三张牌的发展总纲，按照"大产业＋新主体＋新平台"思路指引，聚力打造世界一流健康生活目的地，强力推进百亿级大康养产业体系建设，努力开创康养产业高质量发展新局面。

一、丽江市发展康养产业的资源优势

（一）生态环境优越

　　丽江市山水延绵，是长江上游重要的生态安全屏障，滇西北生态文明建设的重要窗口，全市森林覆盖率达72.14%，位居全省第5，云南省九大高原湖泊有泸沽湖、程海两个在丽江，金沙江流经丽江615千米。有北半球距离赤道最近、距离城市最近的玉龙雪山，有最靠近寒带的华坪优质晚熟芒果产地，有世界上天然生长螺旋藻的三大湖泊之一、全国唯一能自然生长螺旋藻的湖泊程海。丽江市空气质量优良率达100%，四季冬无严寒、夏无酷暑，年平均气温12.6～19.9℃，一年中大多时间处于凉爽、舒适及凉三个等级，且"舒适"等级日主要处于6—8月，夏季避暑康养优势明显，对呼吸系统及循环系统疾病气候康养效应佳。全市气候类型丰富多样，有北亚热带、中温带、暖温带、寒温带和雪山冰漠气候5

种气候类型，海拔高差明显，具有"一山分四季，十里不同天"的立体气候特征，造就了独特的立体地貌、立体物产，赋予康养产业发展更大潜力空间，具备发展大康养产业的天然优势。

（二）自然资源富集

丽江市境内动植物资源种类繁多，有动植物1.3万多种，境内有国家1级重点保护野生动物滇金丝猴、云豹、林麝等，国家1级重点保护野生植物喜马拉雅红豆杉、高寒水韭、玉龙蕨等珍稀物种。全市共记录有动物兽类8目21科112种，鸟类17目46科446种，两栖爬行类3目14科35属51种，鱼种类5目15科70余种；维管束植物224科1120属4163种（亚种），有种子植物145科758属3200余种、药材2000余种，中国特有物种2266种，云南特有物种617种。丽江是全球生物多样性最富集的10个地区、全国著名的动植物保护基地之一，被世界保护联盟（IUCN）确定为中国横断山区全球25个生物多样性热点地区之一、云南省两大生物多样性中心之一，在国际上以丽江山水、地名命名的植物新种和变种上百种，丽江因此被冠以"高山植物王国"。丽江境内玉龙雪山是世界著名的植物标本模式产地。丽江市地处横断山脉三江并流区域，地形地貌复杂、山水风光秀丽，玉龙雪山被誉为"冰川博物馆"和"动植物宝库"，老君山被誉为"滇省众山之祖"，有亚洲单体面积最大的丹霞地貌、茂密的原始森林和种类丰富的动植物群落，泸沽湖是云南省九大高原湖泊之一，被誉为"高原明珠"。丽江市水能资源丰富，境内大小河流共91条，全市水资源总量499.85亿立方米，水能资源理论蕴藏量1.14亿千瓦，是全国规划中最大的水电"西电东送"基地之一。

（三）文旅品牌响亮

丽江市世界级旅游文化名城品牌优势突出，拥有世界文化遗产丽江古城、世界自然遗产三江并流、世界记忆遗产纳西东巴古籍文献三大世界遗产桂冠，是全国唯一同时拥有三项世界遗产的地级市。2023年，全年旅游业接待国内外游客人数为6808.27万人次，实现旅游总收入为1301.77亿元。丽江市先后获得世界上最令人向往的旅游目的地、最值得光顾的100个小城市之一等多项殊荣，入选国家历史文化名城、中国优秀旅游城市、全国旅游百强县市区。丽江市旅游资源总量丰富、类型齐全，境内主要旅游资源景点有923处，自然旅游资源类合计共

375 处，占 40%；人文旅游资源类合计共 548 处，占 60%，其中以"两山、一城、一湖、一江、一文化、一风情"最具代表性。丽江市坐落于滇川藏文化交汇地，境内居住着 26 个民族，其中世居民族 12 个，是一个多民族聚居、多宗教并存、多文化交融的地区，形成了以纳西族东巴文化、摩梭母系文化、彝族毕摩文化、傈僳族歌舞文化、他留文化等为代表的多民族文化，造就了三朵节、火把节、转山节等丰富多彩的民族节日，以及绚丽多姿的民族歌舞、民间习俗、民族民间工艺。

丽江市自古是"南方丝绸之路"和"茶马古道"的重要驿站，已建成 2 座支线机场，通航城市接近 100 个，丽江机场是口岸机场、云南第二大机场，在全国 228 个机场排名第 45，丽江机场 4E 改扩建项目完成后将实现旅客吞吐量 1100 万人次，远期计划 2200 万人次。铁路已进入全国铁路网，从终点站变成了枢纽站。旅游交通战略地位显著，交通区位劣势转变成了优势，西进怒江出缅甸，北上迪庆进藏区，南下大理接滇中，东出四川连川渝，是大滇西旅游环线的重要节点，是滇川藏大香格里拉的重要枢纽。

截至 2023 年 10 月，丽江市拥有文化旅游经营户 4600 余户，旅行社 352 家，A 级旅游景区 37 家，国际品牌酒店 16 家，半山酒店 28 个，国家级旅游民宿 23 个，星级饭店 137 家，全国乡村旅游重点村镇 6 个，国家级文明旅游示范单位 2 家，国家级、省级旅游休闲示范街区 2 个，夜间文化和旅游消费集聚区 3 个，旅游演艺剧目 9 场。全市有公共图书馆 6 个、文化馆 6 个、乡镇（街道）综合文化站 66 个、村（社区）综合性文化服务中心 470 个；文保单位 203 个，其中国家级 11 处、省级 14 处、市级 56 处；非遗名录 852 项，其中国家级 8 项、省级 39 项、市级 97 项。

丰富独特的自然资源和民族文化、独特的区位优势和便利的交通条件、完善的旅游接待设施和优质的服务能力为丽江康养文旅产业发展提供了重要的支撑。

（四）医药文化深厚

丽江市是"高山植物王国"和"药材之乡"，在《中药大辞典》中记载的 6008 种草药中，丽江市境内有 2010 种，占 33.5%；2005 版《中国药典》收载的中药材品种丽江市有 234 种；《中药志》中收载的 500 余种中药材中，丽江市有 321 种，占 64.2%（熊建等，2025）。得天独厚的药物资源孕育了以纳西族医药为代表的丽江民族传统医药文化体系，现存有《纳西东巴医药研究》《丽江药物科技》《中国纳西东巴医药学》《玉龙本草》等民族医学典籍；大量优秀的民族医药验方配方；以纳西民族医药为代表的广大传承队伍，以及丰富的民族民间养生保健文化对于发展大健康医药产业，弘扬民族中医药文化，具有极高的产业化开发价值。

二、丽江市康养产业发展现状

"十四五"以来，丽江市充分发挥优质旅游、生态、环境等资源优势，紧紧围绕打造"健康生活目的地牌"、全力抓好体制改革、产业转型升级、重大项目建设、招商引资服务等重点工作，各项经济指标保持平稳快速增长，重点领域发展取得明显突破，综合实力显著增强，形成了医疗服务、现代农业、生物医药、文化旅游等产业融合发展的良好态势。2023 年，丽江大健康产业主营业务收入达 84.52 亿元。

（一）医疗服务能力大幅增强

"十四五"时期，丽江市医疗卫生资源总量持续增加，截至 2023 年年末，全市共有政府办非营利性医疗卫生机构 527 个。其中，综合医院 8 个、中医医院 4个、精神病医院 1 个、急救中心 1 个、急救站 1 个、妇幼保健机构 6 个、疾病预防控制机构 6 个、采供血机构 1 个、乡镇卫生院 56 个、社区卫生服务中心 8 个、村卫生室 427 个、卫生所 1 个、医务室 7 个。全市有非政府办非营利性医疗卫生机构 4 个。其中，康复医院 1 个、门诊部 1 个、卫生室 2 个。有营利性医疗卫生机构 335 个。其中，民营医院 24 个，个体诊所 301 个，门诊部 9 个，医务室 1个。全市医疗卫生机构共有职工 10970 人，每千人口拥有卫生技术人员 7.30 人；拥有执业（助理）医师 2.57 人，拥有注册护士 3.38 人，每万人口拥有全科医生2.36 人，拥有公共卫生人员 9.05 人。全市医疗卫生机构床位数 6669 张，每千人口医疗卫生机构床位数为 5.39 张。

医疗服务能力不断提升。在公立综合医院服务能力方面，截至 2024 年 6 月，丽江市人民医院成功创建"三级甲等"综合医院，市人民医院心血管病专业入选省级区域医疗中心建设项目，实现省级区域医疗中心零的突破，国家级临床重点专科市人民医院急诊医学科正在抓紧建设；在市人民医院成立丽江市高原病救治中心，高海拔地区医疗服务能力不断提升。市妇女儿童医院核定为三级医院，全市 120 智慧医疗急救体系建成投入使用；县级公立医院全部顺利通过提质达标验收，3 家县级中医医院全部达到二级甲等标准，实施县级综合医院胸痛中心、卒中中心、创伤中心、危重孕产妇救治中心、危重儿童和新生儿救治中心建设，获得省级临床重点专科 13 个。基层医疗机构服务能力方面，深入开展了"优质服务基层行"和"创等达标"行动，截至 2024 年 6 月，全市乡镇卫生院（社区卫生服务中心）服务能力达到国家基本标准及以上 58 个，占比为 90.62%。建立慢性病管理中心 63 个，推进规范化慢性病诊疗专科 25 个，建成心脑血管救治站 27 个，正在建设 13 个，正在推进能力提升和康复科建设 14 个。

近年来，丽江市多点发力，不断加强医疗卫生机构中医馆建设，全力提升医疗设备和医护人员的服务理念、专业技术水平，健全覆盖城乡的中医医疗服务体系，建成以中医医院为主体、综合医院等其他类别医院中医药科室为骨干、基层医疗卫生机构为基础、中医门诊部和诊所为补充、覆盖城乡的中医医疗服务体系，全面提升中医药服务能力。丽江市中医医院建成投用，并稳步发展。成立了丽江市民族医药研究所。截至 2024 年 6 月，完成 7 个省级中医特色专科和 5 个市级中医重点专科建设，积极争取中医药适宜技术推广中心 5 个。全市 64 家乡镇卫生院（社区卫生服务中心）建成标准"中医馆"，其中，17 个达到省级"示范中医馆"标准，能够提供 6 类 10 项以上中医非药物疗法。30 个村卫生室建设标准化"中医诊疗区"，80% 以上的村卫生室能够提供 4 类 6 项以上中医非药物疗法。持续加强中医人才建设，组织各基层医疗卫生机构中医师、全科医师等参加中医适宜技术培训，不断提高基层中医药公共卫生服务能力。做好招培引才行动，2021～2023 年共招录中医药院校毕业生 105 人，其中硕士研究生占 19%。建强培优名站名医，建成"国医大师"李佃贵传承工作室、市人民医院"国医名师"宁亚功专家工作站等 7 个专家工作站。截至 2024 年 6 月，丽江市有全国中医临床特色技术传承骨干人才 1 名，全国西学中骨干人才 1 名，全国中医药传承与创新"百千万"人才工程人才 1 名，"全国少数民族医药工作表现突出个人" 1 人、"云南省名中医" 1 人、"云南省基层名中医" 1 人、"百名丽江名中医" 12 人。

（二）高原特色农业蓬勃发展

丽江市依托得天独厚的自然条件，因地制宜发展特色产业，持续发展壮大生态农业、设施农业、高效农业、共享农业，打造出一系列高原特色农产品品牌，高原特色农业不断发展壮大。2023 年，全市高原特色农业重点产业全产业链产值达 340 亿元，较 2022 年增长 10%。丽江市突出优势，布局花卉、中药材、食用菌、芒果、马铃薯种薯等"一县一业"，因地制宜发展苹果、雪桃、木梨、沃柑、软籽石榴等绿色种植业，生猪、肉牛、禽类、冷水鱼等高原生态养殖业；培引壮大市场主体，先后引进深圳佳沃鑫荣懋、上海东方希望集团、北京惠润、华润集团、云南白药等优质企业，培育壮大了一批新型农业经营主体。截至 2023 年年底，全市农业企业登记注册户 6575 户，其中营业收入 1 亿元以上的企业 10 户，全市已实现国家级龙头企业覆盖市，省级龙头企业覆盖县（区），县级以上龙头企业村委会（社区）覆盖率达 96.7%，培育农民专业合作社 3100 个，创建家庭农场 1481 个，带动 21.7 万户农户发展乡村特色产业，建设农业示范基地 280 万亩；打响"丽系"农业品牌，全市绿色、有机认证、地理标志产品和名特优新农产品共计 216 个，其中绿色食品 97 个、有机产品 103 个、地理标志产品 13 项、全国名特优新农产品 3 个，累计创建国家农业产业强镇 5 个、全国"一村一品"示范村镇 14 个、获评全国乡村特色产业产值超十亿元镇 3 个、超亿元村 5 个；累计有 10 品次获评云南省"十大名品"，25 个品牌入选"绿色云品"品牌目录。在高原特色农业高质量发展过程中，丽江市成功打造出了"丽果""丽药""丽薯""丽花"等一系列高原特色农产品品牌和雪桃、芒果、核桃、油橄榄、沃柑、软籽石榴、中药材、高山蔬菜等种类繁多、品质优良的高原特色农产品。

（三）全产业链推进中药产业发展

立足生态优势，丽江市全产业链推进中药产业发展，精准规划布局中药材产业，重点发展重楼等品种，加大优质品种培育，擦亮"云药之乡"招牌，完善道地中药材品牌体系建设。截至 2024 年 3 月，全市中药材标准化基地面积 9.05 万亩，建设了 1 个种质资源圃 1 个，2 个良种繁育基地，4 个试验示范基地，2 个中药材 GAP 基地。引进、培育中药材产业省级龙头企业 8 家，市级龙头企业 16 家，稳步推进云南白药太安生态科技园、鲁甸中医药产业园、南口科技创新和仓储物流工业园等项目建设，以种苗繁育、规范化种植、产地初加工、趁鲜加工、仓储物流、市场销售为一体的产业链初步形成。2022 年，玉龙纳西族自治县中药材产业入选云南省"一县一业"特色县。丽江下辖 5 个县（区）均被评为"云药之乡"，全市 3 个药材品种入选云南省"10 大名药"；1 个区域公用品牌入选云南省"绿色云品"区域公用品牌目录，5 个品牌入选省级"绿色云品"产品品牌目录。"玉龙滇重楼"获得国家"地理标志产品"认证，全市 9 家企业的 7 个中药材品种入选云南省"定制药园"。成立丽江市民族医药传承中心，开展民族医药普查及资料整理项目，共发现与医药相关的纳西东巴古经卷 152 卷，采集纳西特色药物标本 420 种，收集单方、验方 800 多副。

（四）高位推动文旅产业高质量发展

进入新时代，丽江市委、市政府将打造旅游文化品牌作为头等大事，打响东巴文化、纳西古乐、摩梭风情等知名文化品牌，丽水金沙、印象丽江、丽江千古情等文化产业的全面发展为旅游业发展带来强大动能。2024年，市委、市政府旗帜鲜明地提出"旅游就是丽江、丽江就是旅游"，丽江市的一切工作围绕旅游来做，高位推动文旅高质量发展。丽江市出台了《丽江市旅游条例》等一系列政策文件，高标准编制丽江市打造世界文化旅游名城规划，安排6000万元文化旅游专项资金，通过以奖代补、贷款贴息等方式支持文旅产业高质量发展。各级各部门一手抓旅游市场规范，一手抓世界文化旅游名城创建，推动文旅高质量发展，形成了全市上下人人懂旅游、人人讲旅游、人人护旅游的良好局面。

以提升文化产品质量为着力点，深化传统景区转型升级。一是提升景区体验产品。丽江古城恢复特色民居、名人故居历史原貌，重建木府古建筑群，打造方国瑜故居、王丕震纪念馆、纳西人家、纳西象形文字绘画体验馆等30个文化院落，用文化浓度稀释商业密度。二是大力推动景区品牌创建与提升。积极推动泸沽湖摩梭文化旅游区5A级景区创建工作，推进玉龙白沙国家级旅游度假区创建，推进丽江古城—玉龙雪山世界级旅游景区建设。创建普济、玉湖、拉市等地为A级旅游景区，全市A级旅游景区从19个增加到37个。丽江古城景区入选第二批国家级文明旅游示范单位。三是提升景区智慧化服务能力。依托"一部手机游云南"上线标准全面推进智慧景区建设，以"游客旅游自由自在，政府服务无处不在"为目标，推进智慧丽江文旅分中心、丽江古城数字小镇、玉龙雪山智慧景区等建设，推动管理服务智慧化水平不断提升，丽江市全国文化和科技融合示范基地建设迈出新步伐。"丽江古城智慧小镇"入选全国文化和数字化创新实践优秀案例。丽江古城智慧旅游大数据应用项目荣获"数据要素X"大赛全国总决赛二等奖。

以丰富文旅园区内涵为着力点，深化文旅产品转型升级。一是丰富文创体验内涵。坚持以文塑旅、以旅彰文，推动文化和旅游深度融合发展，深入推进国家文化和旅游消费示范城市建设，打造红色丽江、多彩丽江、乡愁丽江、艺术丽江、创意丽江五大IP。积极引进优秀文创企业落户丽江，开发文化创意产品，打造雪山艺术村、荒野之国、红谷半坡文化创意园区等丽江文化创意品牌。推进《丽水金沙》《丽江千古情》等演艺不断推陈出新，木府·奇遇夜、红谷坡地艺术区、荒野之国、沄汐剧本游戏等沉浸式体验产品层出不穷，"天雨流芳·文旅大集""丽江新声代"等系列活动精彩纷呈，打造了非遗、文创、景区、文化场馆等线上线下联动的消费新场景新热点，市场发展活力不断迸发。二是丰富参与内涵。鼓励和引导社会资本投入文化创意产品开发。如东巴谷的康养小镇和汽车营地为游客提供了康养旅游和房车旅游的选择；遇见木府夜游项目让游客穿越千年，提供了沉浸式的观赏体验。云南省 15 家国家文化产业示范基地，其中丽江市 3 个，占全省比重 20%；云南省 12 家省级文化产业园区，丽江 2 个，占全省比重 16.7%。三是着力发展文旅新产品新业态。实施"旅游＋、＋旅游"，建成物与岚、地中海度假村、金茂璞修酒店、星托邦营地等一批文旅综合体验产品，建成 28 个半山酒店、23 个国家级旅游民宿，文化体验、康体养生、户外拓展研学等产品不断呈现。

以挖掘民族文化载体为着力点，深化文化体验旅游转型升级。一是丰富民族节庆活动。组织开展"三多节""他留粑粑节""彝族火把节"等特色民族节庆活动，推出"丽江等你来看流星雨"观星季、"一滴水经过丽江"研学季、"避暑胜地露营天堂"露营季等一批文化和旅游宣传推广活动。二是挖掘特色餐饮文化。纳西粑粑、鸡豆凉粉、腊排骨、"三叠水"等特色美食，既沿袭了丽江市多元化民族特色，又承载了丽江市气候环境、资源优势、饮食习惯等要素，打造丽江市特色餐饮文化，不仅满足游客吃饱吃好，更能吃出不一样的文化体验。三是挖掘特色文创产品。将地方"非物质文化遗产"融入创意内容和设计理念，开发了具有鲜明地方特色和民族特色产品，打造"丽江礼物""丽江的花"等文创品牌，推出一批民族服饰、东巴纸、蜡染、珐琅银器、烙画、土布包、"丽永瓷"、白族刺绣和石木雕等文创产品。宁蒗彝族自治县永宁镇瓦拉壁纳西族（摩梭人）手工纺织技艺非遗工坊等 3 家非遗工坊入选云南省第一批省级非遗工坊。四是大力发展乡村旅游助力乡村振兴。丰富休闲度假、研学旅游、生态旅居等产品供给，推出了拉市海湿地生态旅游、白沙古镇纳西活态文化体验旅游、三川田园风光和农旅体验游、永宁—泸沽湖生态风情游等乡村旅游线路。截至 2024 年 6 月，丽江市有全国休闲农业与乡村旅游示范县和示范点各 1 个，全国特色景观旅游示范名镇名村 3 个，入选国家传统村落名单 52 个，全国乡村旅游重点村镇 6 个。2023 年丽江市乡村旅游接待游客 2723.31 万人次，乡村旅游总收入 520.71 亿元。

以狠抓市场监管为着力点，严格规范丽江旅游市场秩序。丽江市严格按照云南省委、省政府部署安排，精心组织，周密部署，积极推进"不合理低价游"专项整治试点工作，充分利用一卡通平台统一结算、信息化监管的功能；紧盯旅游投诉和涉旅舆情数据；建强文旅、交通、市场监管等涉旅行政执法队伍，强化部门协调联动，加大打击力度；抓实组团，合同、服务，购物四个环节，严厉打击强迫购物、诱导购物；健全完善综合监管、行业自律、游客维权、舆情监测、诚信评价五项机制，持续落实好"30 天无理由退货""旅游红黑榜"等制度，常态化推进旅游市场秩序整治工作。

以强化宣传促销为着力点，推广丽江旅游品牌形象。例如，仅 2024 年前三个季度，丽江市就依托航空、媒体等渠道加大丽江对外宣传和精准营销，开展昆明长水国际机场"凯歌迎春祥兔纳福""舍不得的丽江"丽江文化旅游宣传展示活动；举办"丽江国际文化旅游产业发展论坛""世界旅游联盟丽江会员日"、全国"四季村晚"之夏季"村晚"主会场及系列活动等品牌活动，参加第十八届海峡两岸旅游博览会、第八届中国（厦门）国际休闲旅游博览会和广州、上海、杭州三地云南文化旅游宣传推广暨招商推介会，搭建国际国内交流平台，激发丽江文化和旅游产业国际化发展新动能。棒棒会、三多节、非遗文化节等民俗节庆活动多姿多彩，成为一道亮丽的风景线。

（五）高原体育运动成为新名片

近年来，丽江市结合建设"高原户外运动之都"和"健康之城"的目标任务，持续推动户外运动产业发展，推进"体育＋旅游"融合发展，形成"体育＋旅游"的共识共为，"体育＋旅游"正成为丽江的一张崭新名片。

丽江市境内海拔高差达 4581 米，拥有大小河流 1000 余条、高山湖泊 18 个，森林覆盖率为 72.14%，有海拔 5596 米的玉龙雪山、独具丹霞地貌特色的老君山、三江并流的世界奇观，有高原湖泊泸沽湖、唯一生长螺旋藻的淡水湖泊程海，为开展山地越野、登山、攀岩、滑翔伞、徒步、定向、探险、漂流等项目创造了良好的条件。绝佳的户外运动的资源禀赋、完备的体育基础设施、丰富的酒店餐饮等配套设施、深厚的群众体育基础，加之自带流量、高知名度的旅游 IP 助力丽江户外运动产业蓬勃发展。

丽江市不断挖掘各区域资源禀赋，形成"双核引领、三县联动、多点支撑、区域协同"的产业发展布局，促进体育产业协调可持续发展。发挥古城区、玉龙纳西族自治县引领带动作用，依托古城区丰富的旅游资源，打造"旅文体"融合产业示范区；依托玉龙纳西族自治县户外资源特色，打造"体旅文"融合产业核心区；永胜县立足生态康养资源，打造"康旅体"融合乡村振兴创新试验区；华坪县发挥生态农业优势，打造"农旅体"融合乡村体育旅游样板县；宁蒗彝族自治县依托泸沽湖摩梭风情，打造"旅文体"融合跨省合作体育产业增长区。

2024 年，在中国户外运动产业大会上，云南省人民政府办公厅发布了《关于打造云南"大香格里拉"户外运动发展集聚区、体验区的意见》，不断布局户外运动产业发展。充分利用好程海是云南九大高原湖泊之一、世界三大天然生长螺旋藻湖泊之一的优势，重点发展环湖自行车、马拉松、航空、汽摩、徒步等项目，打造永胜程海体育康养户外运动产业展示区；依托泸沽湖独具魅力的摩梭风情，重点发展民族传统体育、营地活动、户外拓展、康养旅游，打造宁蒗泸沽湖健身休闲户外运动产业先行区。

以"雪山下的户外生活"为主题，丽江市推出玉龙雪山牦牛坪徒步、茶马古道 108 徒步等 27 条体育旅游徒步线路，甘地 11 号、文丰九号等 11 条骑行线路，文海、星托邦、桃花坞等 15 个户外运动营地，古城定向运动、极地探游航空等 9 个运动公园系列文旅体验项目，黎明老君山、东巴谷、猎鹰谷、复星地中海等景区景点，推出飞拉达、徒手攀岩、观星露营、营地射箭、森林疗愈等一批体旅融合项目。在各类丰富的赛事活动中，提供游览丽江美景、尝遍特色美食、体验民俗风情的"跟着赛事去旅行"体旅融合新业态、新产品。2024 年 1—10 月，丽江"体育旅游"热度持续升温，举办各类体育赛事活动 70 余场次，创造直接经济价值 1.86 亿元，拉动经济效益 3.24 亿元，体育经济初显成效。真正做到吸引游客、参赛队员留在丽江、玩在丽江、消费在丽江，把赛事"流量"变成游客"留量"促进经济"增量"。2024 年 1—9 月，丽江市接待海内外游客 6866 万人次，同比增长 20.71%；旅游总花费 1150 亿元，同比增长 32.4%（李铁成，2024）。

三、丽江高原康养产业未来发展战略[①]

丽江市应立足资源禀赋，充分发挥比较优势，准确把握丽江大康养产业特色优势领域，打响大康养区域品牌，推动康养资源全域优化、康养产业全域联动、康养成果全民共享，形成全链条、全健康过程、全生命周期的大康养产业体系，将丽江市建设成为集康养产业创新、健康生活示范、健康领域合作交流于一体的"大康养产业发展示范区"和"康养福地"。

---

① 本部分主要引自《丽江市大健康产业发展"十四五"规划（2021—2025）》（征求意见稿），见丽江市卫生健康委员会 . 丽江市大健康产业发展"十四五"规划（2021—2025）（征求意见稿）[EB/OL]. 丽江市人民政府网站 .（2021-12-9）[2024-11-16]. https://www.lijiang.gov.cn/ljsrmzf/c101846/202112/90652071cff446d48471f52a17e66462/files/0b43235efa9d48b9b3669451c7a1684b.pdf。

（一）优化康养旅游产业

1. 发展以"避暑度假"为代表的休闲旅居业态

立足丽江市优越的生态气候条件，充分发挥夏季凉爽的地域气候特征，突出养老、养生、养心发展导向，释放"丽江的慢文化、慢生活""丽江的柔软时光"等旅游品牌效应，多层次、高标准发展以"避暑度假"为代表的休闲旅居产业。推进丽江市世界级避暑旅游目的地品牌打造，促进全域旅游要素多业态共生，以产业标杆引领丽江市休闲旅居产业高端发展。推进休闲旅居产品升级，以程海康养小镇、东巴谷康养小镇、颐养泰和康养社区等项目为引领，针对不同人群需求特点，增强休闲康养、山地度假等复合功能，拓展基营式避暑休闲空间，加快关联产业聚集，打造度假观光型、休闲疗养型、生活体验型、研学旅游型、候鸟旅居型等一系列避暑旅居产品。推动休闲旅居服务升级，发展康养基地、旅居社区、精品民宿、度假公寓、乡村营地等多样化旅居地产，开发消夏夜市、消夏嘉年华、消夏音乐节等新兴业态，完善医疗、娱乐、休闲、生活等配套设施，延长度假旅居产业链条。

2. 发展以"山水人文"为支撑的自然游憩业态

依托丽江市丰富的自然资源和旅游资源，充分发挥以"两山、一城、一湖、一江、一文化、一风情"为代表的丽江旅游品牌优势，深度挖掘"一区四县"生态旅游资源内涵，打造以雪山、森林、草甸、湖泊、温泉等自然游憩为特点的生态疗养业态。围绕高山草甸及山地森林资源，结合民族健体康养及现代健康理念，大力发展景区森林雾浴、丛林静养、森林瑜伽、登山览胜、山野度假、探险运动等康体旅游产品；推进湖泊、河流、湿地资源开发，发展湖泊养生新业态，设计精品游憩路线，实现山水联动。围绕丽江丰富的温泉资源，加大力度发展以温泉疗养保健为特色的温泉养生业态，开发民族药泉、休闲理疗、香薰水疗等产品。围绕丽江各具特色的古镇小镇和各类民族村落，串联纳西东巴文化、摩梭文化、普米族文化等各类民族民俗文化资源及茶马古道、闽盐古道等历史文化及其物质载体，开发人文休闲、民族体验、禅修养生、心灵洗礼等产品。推进高端度假酒店、主题酒店、半山酒店、精品民宿客栈、特色村寨、房车营地、帐篷营地、森林木屋等特色度假设施供给。

3. 发展以"健康食疗"为特色的农旅养生业态

立足丽江市丰富的天然健康药食材资源及民族特色餐饮文化基础，联动"农林牧渔"乡村旅游资源及农耕田园文化风情，积极发展以"健康食疗"为特色的农旅养生业态。按照"生产、生活、生态"三生融合理念，加大健康农旅庄园开发力度，布局田园观光、农耕体验、美食体验、休闲度假、健康养老等功能业态。依托民族村寨等特色景观旅游名村、传统村落、少数民族旅游特色村寨，融合当地民俗、餐饮、医药等多元文化元素，开发一批乡村休闲养生旅游产品。依托丽江雪桃、晚熟芒果等特色高原生态物产，云茯苓、云当归等药食同源产品，丽江纳西族"三叠水"、丽江铜火锅、酥油茶、丽江粑粑、苦荞粑粑等特色民族饮食，以突出绿色有机、民族特色、健康饮食为导向，做强健康美食品牌，做精地方特色美食，开发系列药膳健康养生产品。

4. 发展以"民族医药"为特色的健康旅游业态

立足丽江市"云药之乡"资源优势，充分发挥中医药健康养生及丰富的民族医药文化元素，联动医疗、养生、养老、旅游等业态，大力发展融合中医医疗服务、民族医药养生保健服务、旅游度假为一体的健康旅游业态。加快民族医药旅游示范基地建设，在主要中药材种植区布局一批融合中药科技农业、中药材种植、休闲旅游、康复疗养等多元业态的示范基地，建设一批中医药特色旅游度假区、主题小镇、主题酒店、文化街，打造一批民族医药旅游商品。开发一批中医药健康旅游线路，瞄准国内外休闲度假及康养旅游等重点市场人群，以丽江民族中医药文化传播和体验为主题，串联森林、湖泊、温泉、日光等特色康养资源，通过气功、针灸、推拿、按摩、理疗、水疗、矿泉浴、日光浴、森林浴、药浴等多种服务形式，提供健康养生、慢性病疗养、老年病疗养、适度高原减肥、骨伤康复和职业病疗养等特色服务。

（二）拓展康养制药产业

1. 打造优质原料基地

以种植规模化、生产标准化、产品品牌化、行业规范化为主攻方向，打造丽江市"云药之乡"优质原料基地。做优道地中药材品种，做大做强优势药材品种；加快推进一批具有丽江特色且经济附加值高的优质中药材规模化发展；发展市场潜力大的大宗药材品种。全面提升道地中药材现代化种植水平，重点推进道地药材、大宗药材的规范化、规模化、产业化基地建设，加快中药材质量标准建设及适用技术推广，完善基于药材源头的全过程质量可溯源体系建设，充分发挥"定制药园"，促进中药材基地与乡村振兴有机结合。加快打造区域性良种繁育基地，充分发挥丽江市立体气候及道地药材资源优势，围绕道地大宗品种、丽江特色药材及市场紧缺药材等重点品种，积极发展道地药材种源产业，建设集药材种质资源收集保护、良种选育、良种繁育、生态种植示范于一体的区域性良种繁育基地。积极发展健康药食同源产品种植业。重点发展药食同源中药材产品，突出丽江道地药材优势，做强做大产业规模。做精做优特色生物原料，重点推动以螺旋藻、雨生红球藻为代表的微藻产业提质升级，壮大"程海"全国天然螺旋藻发源地品牌影响力。积极发展健康产品原料，加大力度推进健康产品原料产业化升级。强化药食同源资源产业支撑体系，以科技创新为主线，以龙头企业为引领，深入开展丽江市药食同源产品品种选育、丰产栽培技术、质量标准管理及产品综合开发利用等研究。

2. 康体养生制药业

支持企业围绕优势道地药材进行深度开发，推进现有中药饮片、中药基本药物等产品质量提升，打造拳头产品和知名品牌，开发新产品新剂型。鼓励企业加强道地药理研究，开发中药制剂、中药配方颗粒、超微饮片等产品。进一步提升丽江市民族中医药挖掘力度，围绕中医优势病种，挖掘经典名方，开发复方，推动疗效确切、临床价值高的中药创新药的研发和产业化。协同推进本地中药材质量管理及中药鉴别、中药炮制、中药加工技术升级。依托丽江市特色中药材及动植物资源优势，推进天然植物提取及终端应用。以医药原料药市场需求为导向，开发复方中药或单味中药提取物。紧抓健康保健食品市场机遇，充分发挥以螺旋藻、雨生红球藻为代表的天然微藻产业价值，加大虾青素、植物蛋白、植物多糖等有效成分提取及保健食品等终端产品开发。加快推进功能性植物有效成分提取，重点强化滇红花、云木香、云当归、青刺果等功能性植物油脂成分提取，拓宽终端应用市场。以满足人民群众日益增长和不断升级的健康消费需求为导向，加快发展中药保健品、功能食品及天然化妆品。依托丽江市民族药及医养文化资源，围绕丽江市特色生物品种，积极发展具有增强免疫力、改善营养性贫血，抗疲劳，辅助改善记忆，辅助降血压、血脂、血糖等功能的药物提取及复配保健食品；发展日常保健、促进康复功能的贴剂、膏剂、擦剂、喷剂等保健用品，以及艾灸、拔罐、针灸、刮痧、足浴等特色中医保健器材。发展特殊医学用途配方食品、养生食品、减肥食品及儿童益智食品等各类功能食品。

（三）深化高原特色食品产业

1. 建设优质原料基地

突出生态健康、绿色有机发展导向，加快推进高原特色食品原料基地建设。

做优品种结构，强化一县一业主导品种发展优势，提升规模化、组织化、专业化、绿色化、市场化发展水平。做精做特食用菌、沃柑、雪桃、木梨、青刺果、荞麦、高原红米等高原特色品种，建设一批规范化、标准化、规模化种植基地，提升规模竞争优势。巩固提升马铃薯种薯、绿色蔬菜、油橄榄等重要品种供给保障能力，提升绿色食品生产水平。推进丽江高端肉牛羊、优质生猪、丽江地方特色鸡等生态养殖产业高质量发展。

2. 深化高原特色食品加工业

打造以芒果、软籽石榴、青刺果、油橄榄为代表的优势单品加工品牌，着力推动龙头企业培育、产品开发创新、装备技术升级、标准体系建设及品牌市场营销。重点推进芒果、软籽石榴、青刺果的精深加工，开发原汁、饮料、果酒、果醋、果茶、精油、果脯、软糖等系列产品。以多样化高原果蔬原料为支撑，以商品化、优质化、绿色化为发展导向，加快推动丽江市果蔬加工质量升级及多产品开发。强化蔬菜精深加工能力，发展速冻、脱水、盐渍及蔬菜汁、天然色素等产品，提高蔬菜加工档次和利用价值。开发食用菌多糖、胶囊、口服液等保健食品，以及精包装食用菌即食调味、冲饮粉剂等健康食品。推进以青刺果、红花、核桃、油橄榄为代表的木本油料，以及以马铃薯、荞麦等为代表的健康主食产品开发。支持肉类食品规模化品牌化发展，积极培育和引进肉类加工企业，完善从养殖到肉制品生产的全程可控的产业链。加快推动生猪精深加工产业规模化发展，开发腌腊、酱卤、罐藏、熏烤等系列肉制品，以及肉松、肉脯等休闲食品。推进多元畜牧产品开发，推进黑山羊、牦牛、高端牛肉等冷冻肉、冷鲜肉和低温肉制品，以及低盐、低脂等功能肉制品发展。

（四）提升康养医疗产业

1. 完善基础医疗服务

完善基础医疗卫生服务体系，加快推进丽江市各综合医院、专科医院、康复医院等项目建设，持续深化紧密型县域医共体建设、县级公立医院综合改革、城乡基层医疗卫生机构达标提质工程实施，完善多层次医疗服务体系，满足城乡居民基本医疗服务需求。全面提升医疗服务水平，深化与省内外三甲医院及医科院校合作关系，提升丽江市在薄弱领域专科诊疗能力和医学科教水平，强化乡镇（街道）医疗卫生机构常见病、多发病和慢性病的诊治、康复服务能力建设。加快形成多元化办医格局，重点支持社会力量出资新建、参与改制等多种形式兴办规模以上、高层次的二级甲等以上综合医院，同步鼓励国内知名医疗机构兴办专科专病医院、老年病医院、康复医院、护理院等紧缺型医疗机构。协同发展医疗相关第三方服务。

2. 完善中医诊疗服务

完善中医诊疗服务网络，加快推进丽江市各级中医医院项目建设，逐步实现县办中医医院全覆盖。加强综合医院、妇幼保健机构和有条件的专科医院中医科、中药房建设。大力发展中医诊所、门诊部和特色专科医院，鼓励连锁经营。全面开展综合服务能力提升行动，实施基层中医药服务能力提升工程，进一步夯实基层中医药服务基础。规范设置中医"治未病"中心，支持有条件的医疗机构设立中医"治未病"科室。在重点人群和慢性病患者中推广中医治未病干预方案。加强中医药古籍文献、经典名方、口传心授等医药资料的抢救收集、整理研究和推广应用。支持民族医药研究机构、民族医疗机构、院内民族医药科室建设，鼓励企业、民族医疗机构、科研机构合作开展民族药研发。

3. 增强康复疗养服务

重点突破康复护理短板，推进各级综合医院延伸肿瘤康复、神经康复、骨科康复、风湿性疾病康复及残疾人康复等康复医疗服务，支持中医院及各类中医医疗机构开展中医特色治疗、健康干预、康复理疗、经络按摩、针灸推拿、药膳等服务，积极引进社会资本，举办专业性康复医疗机构及护理院，发展专业康复护理、老年护理、残疾人护理、母婴护理等适应不同人群需求的康复护理服务，逐步形成各级各类综合医院、康复护理专科医院、基层医疗机构分工合作、有序衔接的多元化康复护理体系。加快发展特色疗养服务，充分释放丽江市气候及生态疗养价值，积极发展以呼吸系统疾病、循环系统疾病、功能系统疾病为代表的慢性病康复疗养，以及老年病疗养、职业病疗养为代表的各类重点人群疗养服务，建立一批慢性病康复疗养中心、疗养基地。探索建立特勤疗养、运动康复疗养等符合高原地区特性的高原疗养度假基地。

（五）强化健康养老产业

1. 夯实公共养老服务

充分发挥丽江市独具特色的资源优势，统筹推动养老事业和养老产业协同发展，积极构建与经济社会发展水平相适应的高质量养老服务体系。加快发展居家养老服务，全面建成"15分钟"居家养老服务圈，社区养老服务设施实现有效覆盖。大幅提升养老机构照护能力，农村普遍建成覆盖县、乡镇、村的三级养老服务网络，农村互助养老服务广泛发展。提升兜底保障能力，持续实施公建民营，增加普惠性服务供给，整合、盘活省直党政机关和国有企业事业单位培训疗养机构等资源，实施集团化专业化运营，提升养老服务水平，基本形成居家社区相协调、医养康养相结合的养老服务体系。

2. 推进医养结合

鼓励公立医院开展医养结合服务综合试点，支持二级及以上医院开办集医疗护理、康复保健、生活照料、娱乐、心理辅导、临终关怀功能于一体的医院护理院，加快老年病治疗康复中心建设，提高基层医疗卫生机构的护理、康复床位占比，鼓励有条件的机构设置老年养护、临终关怀病床。积极培育养护型及医护型养老机构，鼓励具备条件的养老机构自建医务室、护理站、护理院（中心），或与周边医院及医疗机构签约合作，提升养老医疗服务供给能力。建立健全医疗卫生机构和养老机构合作机制，打通养老机构与合作医院间双向转诊绿色通道，为老年人提供治疗期住院、康复期护理、稳定期生活照料，以及临终关怀等功能互补、相互衔接的医养服务。鼓励社会力量兴办医养结合机构以及老年康复、老年护理等专业医疗机构。

构建医疗机构—社区—居家医养结合服务网，鼓励通过家庭医生等模式为社区、农村居家老年人提供定期体检、上门巡诊、家庭病床、社区护理等基本医疗、健康服务。

3. 发展健康养老服务

充分利用丽江市生态气候及旅游文化资源，强化医疗服务保障能力建设，大力发展以"候鸟式"旅居养老、"疗养式"旅居养老、"田园式"旅居养老、休闲度假养老为代表的健康养老服务产业。

充分发挥丽江市区医疗资源集中优势，积极引进国内外知名健康养老服务机构，打造丽江市健康养老示范区；全面释放各区县的康养资源优势，打造特色健康养老集聚区，布局一批集休闲旅游、康体养老等于一体的综合养老项目，打造丽江健康养老品牌。

拓展多元化健康养老服务业态，融合医疗、旅游、生态、康复、休闲等多种元素，提供养老、康复、老年产品等一体化的特色产品，开发符合老年人特点的文化娱乐、康体健身、休闲旅游、健康养生等服务。

4.完善"候鸟式"养老产业链

突出"一县（区）一特色"的建设理念，在医疗资源集中且综合配套条件佳的市、县（区）布局一批高端养老社区、养老地产、医养综合体，结合各市、县（区）的优势康养资源，布局开发一批康养地产、养老小镇、康养小镇、休闲养老度假区、田园社区、养老农庄、特色康养乡村等产品，以提供有特色的季节性、"候鸟式"、多样化养老服务。围绕养老场所开展健康养老基础设施、医疗护理基础设施、生活文化场所设施等建设，积极开展以环境养老为导向的人居环境治理、城乡环境提升优化，为"候鸟式"养老的可持续发展奠定基础。健全医疗卫生机构和养老机构合作机制，加快培养专业化的养老技术服务团队，提供中医诊疗、康复疗养、保健指导、健康干预、慢病管理、膳食调理等特色养老养生产品及服务，配备棋牌、健身、垂钓等精神文化服务，开发以自然风光、民族文化、中医保健为特色的养老旅游新兴业态，并做好商业健康保险等金融服务。

（六）大力发展高原体育运动产业

1.发展高原体育运动

充分发挥丽江市得天独厚的地理环境和气候优势，大力发展高原体育及运动赛事，以丽江市目前比较成熟的足球、田径、武术训练为着力点，持续举办好国际自行车节、国际马拉松、国际武术文化节等大型品牌赛事及丽江传统体育赛事；整合丽江的山地体育资源和水域体育资源，培育山地自行车、汽车拉力赛、山地越野、高原湖泊皮划艇、漂流等特色赛事，举办赛马、彝式摔跤、射弩、秋千、风筝等少数民族传统体育节庆，打造具有影响力的高原运动胜地。加快推动高原训练基地群建设，以国家田径丽江训练基地、丽江市高原游泳馆等国家级、省级训练基地为引领，利用丽江立体海拔优势，加快布局一批足球运动、武术训练、水上运动、汽摩运动等高原训练基地，融合体育健康、体育旅游、展会会议等业态，打造一批综合性体育训练基地。

2.发展户外休闲运动

依托丽江市高山峡谷、雪山草甸、森林湖泊、江河溪流等多样化地质地貌，加快发展户外休闲运动。围绕丽江独特的山地地形地貌资源，大力发展山地越野、山地自行车、山地摩托、山地汽车、丛林穿越、野外探险、户外露营、徒步、攀岩等山地休闲运动。基于丽江市的水域风光资源，发展游船、漂流、溯溪、环湖徒步、垂钓、皮划艇等水上户外休闲运动。联动山水林湖田等组合景观，积极开发低空观光、跳伞、三角翼、动力伞等体验飞行项目。围绕主要景区、景点及户外休闲运动中转点，推进景区汽车主题营地、户外营地、户外运动主题营地建设进度，新建布局一批星空营地、房车营地、野外营地、飞行营地等各类主题营地及特色体育旅游小镇项目。

3. 推进全民健身运动

加强公共体育健身设施建设，支持健身步道、骑行道、全民健身中心、体育公园、社区多功能运动场等场地设施建设，实现市、县（区）全民健身活动中心全覆盖，持续推进城市街道、乡镇、村（社区）健身设施建设，促进健身休闲设施的普惠化和均等化。丰富多层次、多样化的健身休闲业态，立足各地实际，积极组织开展群众水上运动、绿道骑行、健步走、登山、篮球、足球、跑步、广场舞等参与面广、操作性强、喜闻乐见的群众性体育健身活动，调动全民健身积极性，以加强群众性体育健身活动品牌的塑造和推广。

第十章

海东市：高原康养路上的"璀璨明珠"

青海省海东市位于青海省东部，因地处青海湖以东而得名，全市总面积1.32万平方千米，下辖乐都区、平安区、互助土族自治县、民和回族土族自治县、化隆回族自治县、循化撒拉族自治县2区4县，总人口172.9万，常住人口133.8万人，其中以藏、回、土、撒拉、蒙古族为主的少数民族人口占全市总人口的51.8%。自"十四五"以来，海东市依托得天独厚的区位条件，以及丰富的自然、生态、人文资源，充分发挥地理、区位、生态、产业、体制等优势，以创新、集聚、融合、开放为引领，加快构建以"医、养、农、制、体、旅"为核心的高原康养产业体系，为海东市高原康养产业高质量发展奠定了坚实基础。

一、海东市得天独厚的高原康养资源禀赋

湟水悠悠，古韵河湟；灵韵海东，康养之都。如今的海东市，天蓝、水清、山秀的生态环境优势越发明显，作为青藏高原的东部门户，海东市也逐渐拥有了大力发展高原康养产业的"资本"。

（一）海拔适宜气候独特

海东市地处西宁与兰州两个省会城市之间的河湟谷地，祁连山支脉大坂山南麓和昆仑山系余脉日月山东坡，是黄河、大通河、湟水河三大河流的交汇地带，属于黄土高原向青藏高原过渡镶嵌地带，平均海拔2776米，海拔最高点循化撒拉族自治县达加勒山，海拔高度4656米，海拔最低点位于青海省最东端与甘肃省交界处民和回族土族自治县马场垣乡境内，海拔高度1644米。全市地势高差

为 3012 米。区域内不同的海拔高度形成了选择间歇性低氧训练的最理想之地。海东气候温润，全年日照时间 2699.6 小时，昼夜温差较大，年平均气温 7℃，全年空气优良率达 94.9%，是青海省气候条件最好的地区。海东市独特的高原低氧环境和冷凉气候，成为发展高原康养产业的基础条件和最大优势，非常适宜作为高原康养核心基地。

（二）区位交通优势显著

海东市是丝绸之路经济带上的重要节点城市，也是丝绸之路精品游线、青藏游线、川藏游线及青藏旅游大环线上的重要节点。海东市交通体系健全，是青海省综合交通枢纽地区，与省会西宁接壤，境内航空、铁路、公路齐全，航空与陆路交通无缝对接，区域内外可达性高。

西宁曹家堡飞机场位于平安区 7.5 千米处，共开通国内外航线 145 条，可抵达北京、西安、成都、广州、格尔木、拉萨、上海、深圳等 66 个通航城市；青藏铁路、兰青铁路复线和即将建成的西成铁路穿境而过，与陇海—兰新铁路干线贯通，向西可抵达西宁、格尔木、拉萨，向东可抵达兰州、银川、郑州、成都、北京等城市。

109 国道、兰西高速、平临公路、川官公路等纵横交错，覆盖所辖各区、县，交通非常便利。

优越的区位和便利的交通成为海东市发展高原康养产业的巨大潜在优势。

（三）自然生态资源丰富

黄河、大通河、湟水河三河贯通海东市全域，雪山、森林、戈壁、草原、湿地等生态资源得天独厚，生态环境质量高，绿色发展指数居青海省第 1 位。全市森林覆盖率达 36%，森林蓄积量达 837.07 万立方米，湿地保护率达 50.2%，草原综合植被覆盖率达 56.21%，人均公园绿地面积为 11.86 平方米，绿化覆盖率达 32%；全市拥有 1 个国家级森林公园，2 个国家级湿地公园，1 个国家地质公园，8 个省级森林公园，6 个省级小微湿地，形成了以森林和湿地为依托的生态资源体系（见表 10-1）。海东市生物丰富多样性，有高等被子植物近 1.2 万种、蕨类植物 800 余种、陆栖脊椎动物类约 1100 种、鸟类 294 种、兽类 103 种，列为国家重点保护的一类、二类动物有 69 种。丰富的自然生态资源使海东市成为"天然氧吧"益健康之地。

表 10-1　海东市自然生态资源体系

序号	生态资源名称	资源类型与等级	资源面积（平方千米）
1	互助北山国家森林公园	森林公园·国家级	1127.95
2	互助松多省级森林自然公园	森林公园·青海省级	104.9
3	民和南大山省级森林公园	森林公园·青海省级	252
4	乐都上北山省级森林自然公园	森林公园·青海省级	334.29
5	乐都央宗省级森林自然公园	森林公园·青海省级	363.14
6	乐都药草台省级森林自然公园	森林公园·青海省级	86.03
7	化隆雄先省级森林自然公园	森林公园·青海省级	125.6
8	平安峡群森林公园	森林公园·青海省级	35.58
9	互助南门峡省级森林自然公园	森林公园·青海省级	27.05
10	互助嘉定国家地质公园	地质公园·国家级	1127.95
11	互助南门峡国家湿地公园	湿地公园·国家级	12.17
12	乐都大地湾国家湿地公园	湿地公园·国家级	6.1
13	平安西村小岛小微湿地	小微湿地·青海省级	0.03
14	民和李家山村娘娘天池小微湿地	小微湿地·青海省级	0.02
15	乐都店子村架滩小微湿地	小微湿地·青海省级	—
16	循化波浪滩小微湿地	小微湿地·青海省级	1.33
17	化隆下二村牙什尕小微湿地	小微湿地·青海省级	0.24
18	互助大庄村黑泉小微湿地	小微湿地·青海省级	—

资料来源：根据国家林业和草原局、青海省林业和草原局、海东市人民政府、各区（县）人民政府网站的信息整理。

（四）高原农牧资源富集

海东市是青海省重要的农牧业生产区，综合生产能力强、耕地面积多，有840平方千米富硒土壤，特色优势作物种植面积占86.1%，富硒农作物种植面积达200平方千米以上，享有"中国高原净土富硒区""中国高原富硒养生区""高原硒都"等美誉。境内拥有青稞、燕麦、藜麦、蚕豆、油菜、马铃薯、枸杞、富硒金丝皇菊、乐都长辣椒、富硒大蒜等高原农产品和互助白牦牛、互助黑猪、八眉猪、藏系羊、海东鸡等高原畜牧产品。全市建有"黄河彩篮"高原现代农业产业园、高原现代农业富硒产业园基地、杂交油菜马铃薯制种基地、特色农畜产品生产加工基地和集散中心、青海省最大蔬菜生产基地和高原设施农业试验示范基地、八眉猪繁育及生产基地、牦牛藏羊"西繁东育"基地、万亩菜薹供港蔬菜基地、小杂果生产基地、千吨高原冷水鱼养殖基地、万吨禽蛋生产基地、"高原冷凉夏菜"基地、万吨高原食用菌生产基地等现代生态农业产业园和生产基地。富集的高原农牧资源为海东市发展高原康养旅游业和高原康养食品加工业奠定坚实基础。

表 10-2 为海东市高原特色农牧产品和营养食物。

表 10-2 海东市高原特色农牧产品和营养食物

产品名称	营养成分	高原康养功效
青稞	青稞蛋白质含量可达 14.8%，高于水稻、小麦、玉米，其人体所必需的 8 种氨基酸含量也均高于上述的 3 种谷物；含有多种有益人体健康的无机元素钙、磷、铁、铜、锌等，包括微量元素硒等矿物元素；青稞的独特成分是 β-葡聚糖和黄酮类等丰富的营养物质，维生素含量远远高于葡萄等水果，每 100g 青稞面粉中含硫胺素（维生素 B_1）0.32mg，核黄素（维生素 B_2）0.21mg，烟酸 3.6mg，维生素 E 0.25mg；还含有油酸、亚油酸、亚麻酸、D-α-生育三烯酚和卵磷脂、脑磷脂等，其烟酸含量是玉米的 1.7 倍，可溶性纤维和总纤维含量均高于其他谷类作物	青稞具有特殊生理代谢功能，在改善肠道环境、降血糖、降血脂、降胆固醇、预防心脑血管疾病等方面的功效较为显著。在青藏高原，藏族中糖尿病、心脑血管疾病发病率都较低，与他们终生主食青稞不无关系
藜麦	藜麦籽实中蛋白质包含白蛋白和斑蛋白，平均蛋白质含量为 12%～23%，远高于大麦、水稻和玉米；藜麦具有丰富的人体必需氨基酸 9 种，而且比例非常适宜人体吸收，特别是富含其他谷物中缺乏的赖氨酸。藜麦蛋白质提供的氨基酸远远高于 WHO 推荐的成人营养蛋白质含量，且氨基酸比例与牛奶中的酪蛋白相似。藜麦中脂类含量达 5.0%～7.2%，并富含亚油酸和亚麻酸。藜麦比其他谷物含有更丰富的钙、镁、铁、铜、锌、锰、磷、硒等矿物质，尤其铁的含量较高。100g 的藜麦所含的矿物质既可以满足婴幼儿和成人每天对矿物质的需求，还富有不饱和脂肪酸、类黄酮、胆碱甜菜碱、叶酸等多种有益化合物，还有 B 族和 E 族维生素及多酚，是很好的抗氧化物来源	藜麦可以帮助减少膳食中的高糖和高脂的不利影响，可明显促进糖、脂代谢和胰岛素分泌，对糖尿病的治疗作用明显，长期规律性地食用藜麦会减少 2 型糖尿病的发生；藜麦种子细胞壁多糖对于乙醇引起的急性胃肠损伤具有治疗作用。藜麦中的类黄酮多酚类物质、皂苷等功效成分在慢性疾患的防治中也起重要作用。藜麦富含植源性多不饱和脂肪酸可用于抑制高血压高血脂、糖尿病、心脏病、阿尔茨海默病、抑郁症、慢性病等，对抑制癌症和增强免疫也有效果。藜麦中丰富的类黄酮物质异黄酮和维生素 E 组合有助于血液循环软化血管。藜麦中钾元素含量很高，可以有效缓解血管压力，治疗和预防高血压
牦牛奶	牦牛奶的蛋白含量达 4.9%～5.3%，高于黄牛（3.0%）。牦牛奶含有 18 种氨基酸，包括 9 种特异的婴幼儿发育所必需的氨基酸，均高于黄牛奶和山羊奶	青藏高原的牦牛奶具有抗氧化、降低人体内血脂和防止动脉粥样硬化、增强骨密度和提高免疫力作用

续表

产品名称	营养成分	高原康养功效
牦牛奶制品	牦牛酸奶含有较牛奶更多的乳酸、脂肪酸、蛋白酶、糖分等，在发酵过程中还可产生 VitB$_1$、VitB$_2$、VitB$_6$ 和 VitB$_{12}$ 等人体所必需的多种维生素。酸奶中的钙比其他形式的钙更易被人体吸收。酸奶中含有丰富的乳酸菌有助于改善肠道健康状态。酥油的脂肪含量约为 99%、蛋白质为 0.1%、糖类为 0.2%、水分为 0.7%。曲拉是鲜奶提制酥油后的脱脂奶渣，乳蛋白含量在 60% 以上，乳脂肪、乳糖含量均在 20% 以上，是一种高蛋白乳制品	酸奶对肠道易激综合征、抑郁症、高血压等一系列病症都有缓解作用。酸奶对高原地区的代谢功能调控起着良好作用，可促进人体的习服—适应，长期食用酸奶则对糖代谢有利，使发生糖尿病的风险明显降低。长期食用酸奶可以降低发生肺癌、食道癌、膀胱癌和直肠癌的风险。酥油和曲拉可用于肥胖症和糖尿病的治疗
马铃薯	马铃薯富含膳食纤维、多种维生素和抗氧化多酚，有维生素 B$_1$、B$_2$、B$_6$、泛酸等 B 族维生素，以及大量优质纤维素，还含有微量元素、氨基酸、蛋白质、脂肪、优质淀粉等营养元素。	马铃薯中的淀粉在人体内吸收缓慢，不会导致血糖过快上升；是典型的高钾低钠食物，钾含量高，非常适合高血压人群。富含的维生素 C、膳食纤维、抗氧化物质等有利于对血压的调控，降低血压、改善血脂、降低炎性反应水平，常吃可促进胃肠蠕动，有助于降低罹患结肠癌和心血管病的风险

资料来源：吴天一，公布扎西．高原康养——青海是个好地方 [M]．西宁：青海人民出版社，2024。

（五）文化旅游资源丰厚

海东市是河湟文化的发祥地和核心区，独特的自然风光、多彩的民族风情、丰厚的文化底蕴，成就了海东市"彩陶故里·拉面之乡·青绣之源·最美海东"的"金名片"。全市文旅资源丰厚，拥有柳湾彩陶、平安驿·河湟民俗文化体验地、撒拉尔故里民俗文化园、水韵群科、互助土族故土园、油嘴湾花海等知名景区景点；平安区平安驿·河湟民俗文化体验地先后入选省级旅游休闲街区和国家级旅游休闲街区，民和回族土族自治县海鸿国际旅游文化风情街入选省级旅游休闲街区；互助土族自治县北山景区入选首批省级生态旅游景区，民和回族土族自治县七里花海景区和互助土族自治县磨尔沟高原生态观光景区入选首批省级生态旅游创建景区。全市拥有 A 级旅游景区 37 个，其中，国家 5A 级景区 1 个、4A 级景区 9 个（见表 10-3）、3A 级 24 个、2A 级 3 个；拥有国家森林康养基地 1 个；拥有中国美丽休闲乡村 16 个，全国乡村旅游重点镇 2 个，全国乡村旅游重点村 11 个（见表 10-4），青海省乡村旅游重点村 57 个；有 78 个村庄被列入中国传统村落名录；拥有 10 家省级自驾车旅游营地（见表 10-5）；拥有星级旅游饭店 34 家，其中四星级 5 家、三星级 25 家、二星级 4 家；拥有星级乡村旅游接待点 341 家，旅游民宿经营户 26 家，经营床位 1627 张；全市旅游从业人员 22000 余人。全市共有非物质文化遗产项目 574 项，其中国家级 22 项、省级 74 项、市级 235 项、县级 243 项。全市现有全国重点文物保护单位 16 处，省级文物保护单位 136 处。全市有博物馆 8 个，其中市级博物馆 2 个，县级博物馆 6 个。2023 年，全市接待国内游客 1826 万人次，实现旅游总收入 52.6 亿元。海东市规划布局了"一圈三线百点"生态旅游发展空间，全域旅游总格局基本形成，为大力发展生态观光、民俗体验、休闲采摘、冰雪体验、自驾车营地等独具高原特色和民族风情的康养旅游奠定了良好基础。

表 10-3　海东市 4A 级以上旅游景区名录

序号	景区名称	星标	地址
1	互助土族故土园景区	AAAAA	海东市互助土族自治县威远镇
2	循化撒拉族绿色家园	AAAA	海东市循化撒拉族自治县积石镇
3	民和永录康格达景区	AAAA	海东市民和回族土族自治县满坪镇大庄村
4	平安驿·河湟民俗文化体验地	AAAA	海东市平安区平安镇
5	互助土族自治县北山景区	AAAA	海东市互助土族自治县威远镇
6	民和喇家考古遗址公园	AAAA	海东市民和回族土族自治县官亭镇喇家村
7	撒拉尔故里民俗文化园	AAAA	海东市循化撒拉族自治县街子镇
8	民和七里花海景区	AAAA	海东市民和回族土族自治县古鄯镇山庄村
9	海东市河湟文化博物馆景区	AAAA	海东市乐都区海东大道 96 号
10	乐都卯寨景区	AAAA	海东市乐都区高庙镇新庄村

资料来源：根据青海省文化和旅游厅网站的信息整理。

表 10-4　海东市国家级乡村旅游重点村镇和美丽休闲乡村名录

序号	村镇名称	国家级称号
1	海东市互助土族自治县威远镇	全国乡村旅游重点镇（乡）
2	海东市互助土族自治县南门峡镇	全国乡村旅游重点镇（乡）
3	海东市互助土族自治县东和乡麻吉村	中国美丽休闲乡村 / 全国乡村旅游重点村
4	海东市化隆回族自治县甘都镇阿河滩村	中国美丽休闲乡村 / 全国乡村旅游重点村
5	海东市民和回族土族自治县古鄯镇山庄村	中国美丽休闲乡村 / 全国乡村旅游重点村
6	海东市民和回族土族自治县官亭镇喇家村	中国美丽休闲乡村 / 全国乡村旅游重点村
7	海东市互助土族自治县五十镇班彦村	中国美丽休闲乡村 / 全国乡村旅游重点村
8	海东市乐都区高庙镇新庄村	中国美丽休闲乡村 / 全国乡村旅游重点村
9	海东市循化撒拉族自治县查汗都斯乡红光村	中国美丽休闲乡村 / 全国乡村旅游重点村
10	海东市乐都区洪水镇李家壕村	全国乡村旅游重点村
11	海东市民和回族土族自治县中川乡峡口村	全国乡村旅游重点村

序号	村镇名称	国家级称号
12	海东市互助土族自治县南门峡镇磨儿沟村	全国乡村旅游重点村
13	海东市化隆回族自治县群科镇安达其哈村	全国乡村旅游重点村
14	海东市乐都区瞿昙镇新联村	中国美丽休闲乡村
15	海东市乐都区寿乐镇王佛寺村	中国美丽休闲乡村
16	海东市平安区古城回族乡石碑村	中国美丽休闲乡村
17	海东市化隆回族自治县扎巴镇本康沟村	中国美丽休闲乡村
18	海东市民和回族土族自治县核桃庄乡排子山村	中国美丽休闲乡村
19	海东市互助土族自治县塘川镇高羌村	中国美丽休闲乡村
20	海东市互助土族自治县台子乡多士代村	中国美丽休闲乡村
21	海东市互助土族自治县威远镇卓扎滩村	中国美丽休闲乡村
22	海东市互助土族自治县南门峡镇磨尔沟村	中国美丽休闲乡村

资料来源：根据文化和旅游部、农业农村部网站的信息整理。

表 10-5　海东市省级自驾车旅游营地名录

序号	省级自驾车旅游营地名单	营地地址
1	乐都区宏润庄园自驾车旅游营地	海东市乐都区雨润镇汉庄村
2	乐都区九易天正生态旅游自驾车旅游营地	海东市乐都区高庙镇
3	互助立春生态旅游自驾车旅游营地	海东市互助土族自治县威远镇生态旅游度假村
4	循化伊隆自驾车旅游营地	海东市循化撒拉族自治县积石镇丁江村
5	循化河岸人家自驾车旅游营地	海东市循化撒拉族自治县清水乡
6	化隆岗山自驾车旅游营地	海东市化隆回族自治县雄先岗山生态旅游景区
7	化隆安达其哈自驾车旅游营地	海东市化隆回族自治县群科镇安达其哈村
8	化隆黄河绿洲生态园自驾车旅游营地	海东市化隆回族自治县群科镇群科新区
9	化隆古榆山庄自驾车旅游营地	海东市化隆回族自治县甘都镇阿河滩村
10	民和七里花海自驾车旅游营地	海东市民和回族土族自治县古鄯镇山庄村

资料来源：根据青海省文化和旅游厅网站的信息整理。

　　表 10-3 为海东市 4A 级以上旅游景区名录，表 10-4 为海东市国家级乡村旅游重点村镇和美丽休闲乡村名录，表 10-5 为海东市省级自驾车旅游营地名录。

（六）高原康养医学实力雄厚

　　青海省高原医学研究与应用为实施国家战略做出了突出贡献，创造了在高原缺氧环境下青藏铁路建设者零死亡的记录，并形成了诊治慢性高原病"青海标准"。我国高原医学事业的开拓者、世界著名的低氧生理学与高原医学专家、中国工程院吴天一院士早在 20 世纪 80 年代，就对世界最古老的高原民族藏族的适应生理学开展了深入研究，从语言学、考古学、人类学和基因组学综合全面地证明了在世界高原人群中藏族具有"最佳高原适应性"，证明了高原人类通过长期"自然选择"，发生了深刻的功能、代谢和结构的改造，达到和高原低氧环境最完美的对立统一。吴天一院士提出了"高原康养医学及产业发展"理论，是人类对高原医学的新发现，拓展了高原医学的服务空间，进而把特殊地域环境对人体正向作用展示在世人面前，为青海高质量发展提供一项新的支持途径。目前，青海省拥有的吴天一院士、青海大学格日力教授研究团队、中国科学院西北高原生物研究所等国内顶尖的高原康养医学科学研究力量，形成了青海高原医学的"金名片"，在低氧生理学与高原医学、高原健康养护学、高原运动与健康促进、高原康养医学及产业发展、民族医药康养产品开发等领域，取得了举世瞩目的研究成果，培养了一批高水平的人才队伍，形成了高原康养医学独特的历史研究沉淀。

二、产业融合推进高原康养产业高质量发展

海东市按照青海省委、省政府提出的"推动青海高原康养产业高质量发展、建设国际生态旅游目的地"的战略部署，依托现有优势资源，大力推动高原康养与医疗护理、养老养生、农牧加工、旅游休闲、体育健身等相关领域产业深度融合，加大培育具有鲜明高原特色的产业新模式新业态，建立健全康养产业发展体系，全力打造全国高原康养基地和高原康养产业示范区。

（一）做优"医 +"，推进高原康养医疗服务高水平发展

提升高原康复医疗服务能力。海东市发挥青海高原医学研究与诊疗优势，建立健全以海东市级综合性医院康复科、康复医院、康复医疗中心为主体，以区县基层医疗机构为基础的康复医疗服务体系。目前，海东市共有医院 51 家，其中公立医院 14 家，拥有编制总床位 4360 张；民营医院 37 家，占全市医院总数的 73%，拥有核定床位 1831 张，占全市总床位数 30%。每万人拥有医疗机构数 0.38 个，每万人拥有医疗机构床位数 46.3 张，每万人拥有卫生技术人员数 60.4 人。全市累计建设 1 个国家级重点专科和 66 个省级专科，已建成四个"五大中心"42个，医疗机构综合服务能力持续提升；充分利用省内外帮扶资源，挂牌成立"吴

天一院士创新中心"、青海大学高原医学博士工作站等科教研基地 5 个，心血管病等专科联盟 8 个，4 家医院启动三级医院创建工作，2 家医院入选全国疼痛综合管理试点医院，5 家医院通过胸痛中心（基层版）认证，二级及以上公立医院均通过新一轮医院等级评审。海东市级综合医院和康复医院正在建设高原康养康复中心或慢性病高原诊疗中心，发展支气管哮喘、慢性阻塞性支气管炎、慢性肺炎等治疗呼吸系统疾病，心血管病、糖尿病、贫血、肥胖症等慢性病的高原诊疗。

大力发展中（藏）医健康服务。海东市强力推进中藏医药传承创新发展，全市公立中藏二级甲等医院 6 所，核定床位 815 张；民营中藏医院 4 所（二级甲等医院 1 所），核定床位 215 张；有序推进公立中藏医医院"两专科一中心"和省县共建中藏医特色专科、乡镇卫生院旗舰中医馆、村卫生室中医阁建设，互助土族自治县、化隆回族自治县、民和回族土族自治县中医院被确定为"无锡龙砂"医学流派海东分院推广站；设置中藏医个体诊所 26 所；全市 8 所公立综合医院、6 所县（区）级妇幼保健机构实现中医科和中医药房全覆盖，所有的乡镇卫生院均能够提供中藏医药服务；设立市县级中藏医适宜技术培训基地 6 个。乐都区、平安区、互助土族自治县被评为"全国基层中医药工作先进县（区）"，互助土族自治县中医院糖尿病科、疼痛科被确定为省级中藏医重点专科，循化撒拉族自治县中藏医院的藏医"尤阙疗法"入选第五批国家非物质文化遗产代表性项目。全市构建起了以县（区）中藏医医院为龙头、乡镇卫生院中医馆为枢纽、村卫生室中藏医药服务为网底、社会办中医医疗机构为补充的中藏医药服务体系。

（二）做大"养 +"，推进高原健康养老产业深度融合发展

养老服务能力不断提升。近年来，海东市以全国居家和社区养老服务改革试点工作为契机，积极争取到第一批全国居家和社区养老服务改革试点地区，第三批全国居家和社区基本养老服务提升行动项目试点地区，逐步形成以居家为基础、社区为依托、机构为补充的医养康养相结合养老服务体系。全市养老服务床位达 9576 张，运营的 288 家养老服务机构和设施中享受星级奖补资金的达75 家，包括 9 家养老机构、22 家社区日间照料中心、44 家农村互助幸福院，为打造"15 分钟养老服务圈"进一步夯实了工作基础；自"十四五"以来，全市共投入 2.1 亿元用于养老服务设施体系建设，截至 2024 年年底，全市公建的具有示范性、规模性的养老机构有三处——海东市养老示范基地、民和回族土族自治县老年养护院、循化撒拉族自治县民族敬老院（见表 10-6），建设面积达 55750 平方米，设置床位 1497 张，以完善养老服务基础设施助推海东市养老示范基地、

县（区）区域性养老中心为重点的海东养老建设新模式；目前培育承接政府购买养老服务的社会组织13家，各涉老组织因地制宜，创新性开展工作，为2.6万名60周岁以上特殊困难老年人及80周岁以上社会老年人提供医疗康复、心理慰藉、生活照料等多样化、多层次、个性化的居家养老服务；积极谋划实施养老服务领域民生实事项目，2021～2024年，按每户不高于5000元标准实施特殊困难老年人居家适老化改造项目3批次共1073户，不断提升老年人生活自理能力和居家生活品质，有效满足城乡老年人的居家养老需求，增强老年人的获得感、幸福感、安全感；协调青海高等职业技术学院开设养老服务护理和社工专业，培养专业人才200多名。截至2024年8月，全市养老服务领域从业人员1041人，其中初级以上护理人员485人，从事养老服务工作5年以上的从业人员212人，40周岁以下从业人员占比为35%，养老服务人才体系初步形成；依托基层医疗卫生资源，推进与居家和社区养老服务相结合，全市社区老年人日间照料中心与医疗卫生机构签约率达50%以上，养老服务机构与医疗卫生机构签约率达100%，在卫生健康部门备案的医养结合养老机构2家，提供康复服务的养老机构4家，海东市康复养生养老服务体系日趋完善。

表10-6　海东市具有示范性、规模性康复养老养生机构

序号	养老机构名称	地址	性质	基本状况
1	海东市养老示范基地	海东市乐都区，北与海东市第二人民医院毗邻、西与东胜街相连、南与西园街相接、东与青海万远房地产相邻	公建民营	基地占地85700平方米，是海东市投资最大、设置床位最多、最具规模的综合性养老示范基地，是集收养、疗养、康复为一体的多功能、社会化、开放式的养老服务中心。基地实施项目5个，分别为海东市福利中心及1号养护楼、海东市养老示范基地二期、海东市社会组织服务中心、海东市精神卫生福利中心和乐都区儿童福利院，总投资为2.3亿元，建筑面积为53000平方米，设置床位1028张。截至2024年8月，基地有专科医生、护士、行政和服务人员100余名，精神卫生福利中心已接收105名精神病患者入院康复治疗
2	民和回族土族自治县老年养护院	海东市民和回族土族自治县川垣新区	公建民营	养护院总投资4500万元，建筑面积约12750平方米，设置床位300张，设有多功能厅、棋牌室、阅览室、康复室、餐厅等，所有设施均按照安全性、无障碍性、社交性、健康护理性、智能科技性等原则设计。养护院按照"公建民营"模式，开展社会化养老服务业务，建立省内领先的"医养康养相结合"养老服务体系，全程解决自理、半失能、完全失能、认知照护、安宁疗护等不同养老养护需求，并以老年人的实际养老需求为导向，为老年人提供健康保健、医疗康复、生活照料、餐饮娱乐、文化教育、安宁疗养六大服务，为入住老年人创造一个安全、舒适的高品质颐养乐园

续表

序号	养老机构名称	地址	性质	基本状况
3	循化撒拉族自治县民族敬老院	海东市循化撒拉族自治县积石镇	公建民营	位于黄河岸边，景色优美，建筑面积为22000平方米，设置床位288张，是海东市具有清真特色的民族养老机构
4	青海恒生长者照护服务中心	海东市互助土族自治县塘川镇	民办	2016年建成运营，是一家集医疗、康复、养老、护理、营养膳食、心理慰藉、安宁疗护为一体的新型"医康养结合"养老机构。中心总占地面积为6.66万平方米，建筑面积为3万平方米，备案床位1040张，其中护理型床位300张。现有职工137人，其中护理人员65人、医（技）人员29人。中心内设有康复护理院、康养中心，配备了医疗、护理、康复、营养、社工团队。康复护理院开设康复医学科、老年病医学、全科医疗（内、外、妇）、中医科、临床心理科、临终关怀科、检验科、放射科

资料来源：根据对4家养老机构实地调研的资料整理。

形成独具特色的养老服务体系。近年来，海东市坚持推动养老服务创新化、多样化、信息化发展，按照"试点示范、提质扩面、整体推进"的工作思路，积极打造青藏高原康养示范基地，着力探索具有海东市特色的养老工作经验做法，初步形成了"政府兜底有力、城乡统筹发展、居家社区机构相协调、医养康养相结合"的养老服务体系：一是党建引领，助推养老服务新模式。在机构养老上积极推进"党建＋养老"模式，坚持党建引领促进养老事业发展，在具备条件的养老机构成立党支部，发挥党员的先锋模范作用和党组织的强大凝聚力，主动作为、引导养老服务组织探索新时代健康养老、快乐养老工作新模式、新思路。二是因地制宜，探索养老服务新功能。根据农村地区经济状况和老年人生活特点，采用互助幸福院"互助养老（集中服务）＋居家养老（上门服务）"模式，按照"集体建院、集中活动、互助服务、自我管理"的原则，坚持将农村互助幸福院与居家养老服务有机结合，让农村老年人集中享受助餐、生活服务、卫生保健等日间照料服务，实现了不同层次类型养老服务功能互补。三是统筹发展，立足医养结合新方向。着眼医、康、养、护融合发展，积极整合各方资源，加大护理人员培训，推行康复理疗、健康管理等服务项目，推动居家和社区养老服务模式逐步向康复护理转变。目前，海东市医疗卫生与养老机构签约率为100%，65岁以上居家老年人家庭服务签约率、健康管理率达65%。民和、互助等地区探索实施的"居家养老＋康复保健＋社工慈善"模式，整合康复保健和社工慈善等资源，为服务人群提供多层次、多样化养老服务需求，建立覆盖城乡的医养融合服务机制，进一步推动了海东市居家养老服务模式逐步向康复护理转变。四是创新探索，打造信息化服务新平台。建成海东市民政信息中心智慧民生管理服务平台，整合了居家养老、社区养老、机构养老、医养结合等多种养老场景数据采集监督，真实记录为老年人提供生活照料等综合性服务的过程，全面实现个人、家庭、社区与养老资源的有效衔接，形成政府、运营方、老年人、子女、服务商等共同参与的养老模式。

（三）做深"农＋"，推进高原特色农牧产品产业链延伸发展

加大高原农牧渔产品生产基地。海东市全力推动农牧渔业"三区六带"发展格局，形成了以高原蔬菜、特色果品为主的川水特色农业产业区，以高产玉米和马铃薯为主的浅山优势农业旱作产业区，以杂交油菜、青稞为主的高位浅山和脑山绿色农业产业区，着重打造了生猪、肉牛（牦牛）、肉羊（藏羊）、奶牛、禽蛋、冷水鱼为主的六大生态养殖产业带，建设了一批生态好、效益高、质量优、品牌亮的高原特色农牧产品生产基地，打造了"河湟硒谷""黄河彩篮"两大区域品牌。海东市累计有效认证绿色农畜产品108个（获证企业28家），建成全国绿色食品原料标准化生产基地4个，拥有循化花椒、平安青宏杏、乐都大樱桃、互助马铃薯、互助蚕豆、燕麦等有机农产品认证；共申报认定乐都紫皮大蒜、乐都大樱桃、乐都长辣椒、乐都绿萝卜、互助蚕豆、互助八眉猪、互助葱花土鸡、互助白牦牛、民和羊肉、民和旱砂西瓜、民和马铃薯、民和肉牛等农产品地理标志18个；注册乐都洋芋、乐都紫皮大蒜、乐都长辣椒、互助八眉猪、互助马铃薯、循化花椒、循化薄皮核桃、循化线辣椒等地理标志证明商标8个；"互助八眉猪""乐都紫皮大蒜"被认定为省级农产品区域公用品牌。

增强高原农牧渔产品深加工力度。近年来，海东市注重一二三产业融合发展，推动农牧渔产品就地就近转化增值，加大了对青稞、马铃薯、蚕（豌）豆、紫皮大蒜、长（线）辣椒、大樱桃、接杏等高原特色种植业产品，肉牛（牦牛）、肉羊（藏羊）、生猪（八眉猪）、牛奶、肉鸡、禽蛋、冷水鱼等高原特色养殖业产品的精深加工力度，延长了产业链条，输出农产品种类不断增多、品种日益多样，形成以油菜、马铃薯、果蔬、肉类、乳业蛋品、酿酒、种子、饲料、生物肥为主的9类农产品加工业。统筹推进农产品初加工、精深加工、主食加工和综合利用加工集群发展，就地就近转化增值，实现"粮头食尾""农头工尾"。全市市级以上农业产业化重点龙头企业有117家，其中，国家级4家、省级34家、市级79家。极大提升了海东市"高原、绿色、有机、富硒"农产品品牌和地理标志产品的影响力。

建设高原农牧产品深加工产业基地。集中力量打造海东高原优势特色农牧业品牌，加快形成一批海东农牧业品牌精品，引领农牧产业高质量发展，助力打造绿色有机农畜产品输出地，打造青海省和全国高原特色农牧产品精深加工产业基地。互助土族自治县（互助绿色产业园）依托青稞酒酿造、农副产品加工产业基础，重点发展了青稞深加工、农副产品加工、生物医药产业，打造我国最具影响力的青稞产品基地；化隆回族自治县立足农牧产业种植养殖优势，重点发展了青稞、冬小麦、牛羊、油菜、水产、沙棘、杂果等高原食品深加工产业集群基地；平安区加快发展高原富硒特色农产品精深加工产业，建设省级和国家级富硒产业园。

推进特医食品和功能性食品开发。目前，海东市正在积极推动营养方便食品、功能性食品、药食同源产品及特殊食品等高原特色康养食品发展，开发生产主食深加工产品，以及功能性蛋白、功能性膳食纤维、功能性糖原、功能性油脂、益生菌类、营养素补充剂等健康产品，大力发展区域特色康养食品，支持各县（区）因地制宜开发康养食品，重点发展特色康养食品、民族康养食品等，打造"海东高原康养食品"特色品牌。在确定发展高原康养产业的战略以后，海东市开始谋划实施一批药膳、药酒、药茶、保健品等药食两用产品加工项目，加快发展高原功能性营养健康饮品深加工，规范特医食品和功能性食品市场。以海东市青稞、马铃薯、藜麦、牛奶、酸奶、酥油等高原原生态食材为依托，结合高原养生饮食文化，加大"高原特色养生餐"开发力度。

（四）做强"旅+"，推进高原康养旅游产业高速度发展

构建生态旅游发展新格局。海东市聚焦打造国际生态旅游目的地，积极融入青海省"一芯一环多带"生态旅游发展新格局。全力打造生态观光游、民俗体验游、文化探秘游、黄河体验游、红色旅游等主导品牌，主推民族风情、黄河水上游览、自驾车体验等精品线路。着力实施旅游交通基础设施建设、景区提质、旅游公共服务、旅游要素配套、旅游厕所、智慧旅游、市场主体培育、旅游环境改善、旅游惠民等工程。

加快推进景区提质升级。依托海东山水林田湖草沙冰自然禀赋，推进中国互助土族故土园、互助北山、循化撒拉族绿色家园、孟达天池、平安驿、康格达、喇家遗址、七里花海、瞿昙寺、夏琼寺、岗山生态旅游景区、安达其哈等现有3A级以上景区为核心的海东生态旅游景区建设，进一步擦亮"彩陶故里·拉面之乡·青绣之源·醉美海东"四张名片。积极推动优质景区创建国际生态旅游目

的地省级实验区，突出撒拉族文化特色，打造独一无二的青藏高原康养基地、全国独具吸引力的文化生态旅游目的地。突出土族文化特色，全面提升5A级景区互助土族故土园景区，打造集土族文化展示、民俗体验、温泉度假、高原健身、休闲娱乐为一体的富有特色文化底蕴的旅游景区。持续推进瞿昙文化旅游景区基础设施畅通工程和旅游要素补齐项目，打造国内知名的集旅游、度假、休闲、观光为一体的旅游胜地。

丰富旅游产品供给。以全面融入青海省打造国际生态旅游目的地为引领，加强新产品和新业态开发，不断丰富海东市旅游产品供给体系。一是丰富观光旅游产品。依托海东市境内"三山""三河""三峡"和森林公园、地质公园、生态旅游景区等自然生态资源，完善生态旅游景区基础设施和观光服务配套，打造面向大众的观光旅游产品。二是开发河湟文化研学旅游产品。充分利用河湟文化资源，大力开发柳湾彩陶、阿河滩地质文化村、七里店九曲黄河灯阵、土族纳顿、青绣、唐卡、皮影、酩馏酒非遗项目体验等研学旅游产品。三是发展康养度假旅游产品。依托海东市森林、温泉、富硒、冰雪等资源，充分发挥海拔适宜、气候宜人、物产丰富等优势，大力发展森林康养、温泉康养、冰雪体验、藏药藏浴康养体验、民俗美食体验等康养度假产品。四是开发河湟历史文化旅游产品。充分挖掘羌中道、唐蕃古道、吐谷浑道、茶马古道历史文化，精心规划打造南凉古都、陇右节度使、冰沟驿、古鄯驿、平安驿、接官亭、临津古渡等一批历史文化旅游景点，直观再现河湟古道，交融天下的历史形象，增添河湟文化魅力和吸引力。五是深化保健养生功能的健康旅游产品开发。立足海东民族医疗优势，与健康管理、康复理疗、智慧医疗等新理念、新技术有机融合，深度挖掘海东生态环境资源、食药资源和人文资源的康养价值，开发森林自然疗法、亚健康调养、职业病康复、特定病种康养等服务项目和实体型高端医疗园区。以中青年的健康养生调理和养老旅游为突破口，开发更多体验性强、参与度高的医养、中医药、养老、药食、体育、教育、温泉等结合健康旅游线路和旅游产品。拓展针对慢性病调养、养老养生、亚健康调理、职业病康复、儿童孤独症及心理精神障碍等特定病的健康旅游疗养系列产品。六是做精做优旅游线路产品。按照"打造点、串成线、形成面"的思路，以国、省道、黄河、湟水河、大通河沿线景区景点为支撑，做大做优河湟民俗文化深度体验旅游圈、乡村生态暨沿大通河旅游线、乡村人文暨沿湟水河旅游线、黄河文化旅游风情线。

全面提升森林康养基地专业服务能力。立足互助北山国家级森林公园、南门峡省级森林自然公园、峡群森林公园、乐都区央宗省级森林自然公园、民和南大山省级森林公园、药草台省级森林自然公园等各地森林康养资源基础、区位条件、知名度优势，依托森林康养基地内森林"五感"体验等多感官活动。因地制宜建设和布局一批功能显著、设施齐备、特色突出、服务优良的森林康养基地、森林康养小镇，重点建设包括康复疗养、养生养老、休闲度假等一体森林康养服务项目。打造修身养性、调试机能、延缓衰老为目的的全链条式"康、养、护"服务体系，努力形成"以疾病预防为优势、功能康复为重点、优质服务为特色"的森林康养服务体系。

（五）做广"体 +"，推进高原康体运动产业高质效发展

广泛开展全民健身活动。海东市加大全民健身场地设施供给，推进城乡公共体育设施建设，强化海东市体育中心的运营管理，加快县（区）级全民健身中心建设，推动全民健身场地设施均等化，建成城市"15 分钟健身圈""15 分钟养老圈"，极大推进了海东市体育健身事业的发展。体育场地设施齐备，截至 2024 年 8 月，海东市有标准体育场 8 处、体育馆 6 个、全民健身中心 4 个，全市体育场地面积为 341.41 万平方米，体育场地数量为 7554 个，人均场地面积为 2.52 平方米；体育健身氛围浓厚，建立了市级单项协会 16 个、县（区）级单项协会 132 个、非注册协会 86 个，组建国家级青少年体育俱乐部 13 个、省级青少年体育俱乐部 3 个，体育传统项目学校 10 所，30% 以上的村镇建有体育组织，城镇社区实现体育健身站点全覆盖，构建多层次、多样化、个性化的体育消费新场景。

发展民族文化特色康体运动。充分挖掘了具有精彩表现形式和独特文化内涵的传统武术、民族式摔跤、民族传统弓射箭、安昭、轮子秋、舞狮、农牧民篮球赛、锅庄、广场舞等海东市民族民间传统体育项目，推进民族民间民俗体育活动与旅游、文化、教育、康养等多业态融合，鼓励各县（区）依据资源特色，加快发展高原骑行、路跑越野、户外拓展、汽车露营、汽车山地越野、公路竞赛等特色户外运动，培育高原特色户外运动产业；拓展"体医融合"理念，深度开发运动康复、运动疗养等特色健康运动养生旅游项目；以"体旅融合"理念为引领，发展健康与体育运动、旅游深度融合的户外运动休闲健身产业，打造一批健身休闲旅游综合服务体，形成各具特色、陆水空协同发展的体育旅游产业格局。

打造高原康体运动系列品牌。承办了第十六届、十七届、十八届环青海湖国际公路自行车赛、承办行走中华水塔国际越野徒步大赛、沿黄河马拉松赛、中国·青海河湟地区国际民间射箭邀请赛、中国·青海国际抢渡黄河极限挑战赛、青海省第十七届运动会暨第二届全民健身大会、全省农牧民篮球公开赛等著名体育赛事。坚持体育竞赛与全民健身相结合，鼓励各县（区）定期开展全民健身赛

事，实施"一区一品牌，一县一特色"全民健身特色品牌创建工程，举办地方特色赛事，办好一批具有地方特色的群众性体育赛事。各县（区）通过主办国际男篮争霸赛、拳王争霸赛、民间射箭邀请赛等体育赛事活动。积极推进高原体育训练产业，推进海东市体育中心作为多巴高原转训基地，与多巴基地形成不同层次、不同高度和不同项目的高原训练基地。完善海东市体育中心场地设施和保障服务条件，吸引国家队、省专业队集训交流，促进高原体育训练产业发展。

三、高原康养产业提档升级八大工程的建议

康养产业作为全球新一轮科技革命和产业变革战略制高点，发达国家、发达省份和地市纷纷加大支持力度，昆明、丽江、大理等具有高原康养资源的地市康养产业发展势头强劲，区域康养品牌业已形成，发展挑战日趋严峻，区域竞争日益升级。各省（区、市）、各地市纷纷瞄准生物医药、健康医疗、养生养老、康养旅游等领域，不断加大招商引资力度，区域间项目、产品同质化竞争的问题普遍存在。海东市依托独特的高原地理气候环境、丰富康养资源禀赋和厚实的产业发展基础，发展独具特色的高原康养产业，有利于形成差异化竞争优势。基于目前海东市高原康养产业的发展基础、发展现状和所面临的竞争形势，建议进一步实施高原康养产业提档升级八大工程。

（一）高原康养产业承载能力增强工程

打造一批高原康养小镇。贯彻"三生融合"发展理念，实施高原康养特色小镇高质量发展工程，在康养资源丰富、生态环境优美、文化底蕴浓厚、服务设施齐全的地区，谋划建设一批特色鲜明、富有生机活力、示范效应明显的高原康养小镇，优化康养小镇布局。推进乐都区达拉高山运动康养小镇、平安区袁家村河湟民俗风情康养小镇、互助土族自治县南门峡特色康养度假小镇、民和回族土族自治县七里寺药水泉康养小镇、化隆回族自治县群科高原美食康养小镇、循化撒拉族自治县撒拉绿色家园康养小镇等高原康养小镇建设。

建设一批高原康养产业基地。全力打造青海东部特色农牧种养八大基地，重点发展高原特色农牧九大特色产业，大力推进青稞产业园、牦牛产业园、富硒农产品产业园、青绣产业园等农业园区建设；进一步提升高原特色生物产业规模及质量，推动高原生物医药，植物提取物、维生素、矿物质等特医食品，富硒产品深加工，高原特色功能饮料等高原特色生物加工产业；以医疗服务、健康旅游、

健康养老、休闲健身、中医药养生保健等领域为重点，在产业基础良好、配套设施完善、集群效应凸显的地区，打造一批发展特色鲜明、高度集聚、效益显著的高原康养产业基地。推进乐都海东市养老示范基地、互助绿色产业园、平安高原富硒产业园、化隆回族自治县群科绿色产业园、互助北山森林康养基地建设。

（二）高原康养产业市场主体引育工程

实施领军企业引育计划。坚持"引育并重、量质并举"，以"政策引导、企业自主、优化服务"方式，大力培育领军企业。加快引进一批国内康养领域知名企业，围绕重点领域，吸引大批延链补链强链"头部"企业、企业地区总部以及优质项目落户。支持国内外健康产业龙头企业集团在海东设立区域总部、研发中心和生产基地等。加大康养产业领军企业培育扶持力度，在医、养、康、文、体、旅等领域培育一批市场效益好、发展潜力大、龙头带动作用强的国内知名企业。鼓励传统产业企业跨领域跨行业向康养产业转型发展，加快形成一批康养全产业链条的大型企业集团。

实施中小微企业成长计划。鼓励康养产业中小微企业向产业园区、特色小镇、专业孵化器、众创空间等集聚。搭建合作对接平台，推进企业与高校院所、服务机构等协同创新，支持有条件的中小微企业建立研发机构，开发康养新产品，促进康养企业"专精特新"发展，打造一批康养领域隐形冠军和省级专精特新"小巨人"企业、国家级专精特新"小巨人"。建立健全企业培育储备、奖励机制，对新培育升规达规、对全市经济发展有突出贡献的企业和取得国家、省级资质认定、评先评优的企业给予奖励，并在项目申报、资金扶持、技术改造等方面给予倾斜支持。

（三）高原康养产业西宁海东协同工程

推动优质医疗资源共建共享。积极推进西宁—海东都市圈一体化发展行动计划，全面加强与西宁市优质医疗资源的对接合作，采取合作办医、设立分院、委托管理、组建医联体等形式与西宁开展深度合作，加快推进省级区域医疗中心、青海省中医院河湟院区等项目建设。加快发展"互联网＋医疗健康"，促进医疗信息互联互通，逐步实现疾病诊断标准、治疗方案、质量控制、数据归集、疗效分析五个统一。推动两地医学检验、医学影像等检查结果互认和影像资料共享范围，逐步实现两地定点医疗机构全部互认、异地结算。

拓展区域健康养老合作。推动西宁、海东一体化养老试点建设，推进西宁优质养老服务资源向海东县（区）延伸，在西宁、海东交界处青海"零碳"产业园区谋划一批高端护理专科医院和医养结合机构，构建集医护养学研于一体的健康养老产业区。加快西宁、海东健康养老交流合作，培养健康养老品牌。完善政府购买养老服务机制，加强西宁、海东跨区域购买养老服务合作，推动与西宁、海东老年人能力综合评估等标准互认，拓展跨市购买养老服务试点，改进购买服务方式方法，拓展政府购买养老服务领域和范围。

深化康养旅游协同发展。加快推动西宁、海东一体化示范区，互助—大通、平安—湟中跨界协作区，打造大通—互助旅游大通道，积极融入"一芯一环多带"生态旅游发展新格局，打造"天佑德不夜城"、平安驿·河湟民俗文化体验地等特色民俗和美食旅游打卡点，全力做优西宁旅游核心目的地外围配套服务。促进公共服务共建共享，着力打造青海省康养产业示范基地，致力于承载西宁和全省高原康养功能。

推动高原特色生物产业协同。依托海东丰富的高原特色生物及动物资源，以海东河湟新区为重点，联合西宁市生物科技产业园，推进高原生物医药、富硒产品深加工、高原特色功能饮料等产业发展，生产沙棘原浆、牦牛胶原蛋白多肽冻干粉、胆酸、胆粉、中药切片等产品，打造都市圈中医药材加工基地。

（四）高原康养产业市场消费升级工程

拓展康养消费市场。增加普惠性康养服务项目，探索将康养项目更大范围纳入医保体系，着力破解中低收入群体康养消费能力受限问题，让城乡居民能消费、愿消费、敢消费。依托城镇周边良好生态环境打造分别以城市、县城、小镇为中心的两小时车程内的康养休闲消费核心圈。突出地方特色、发掘区域高原康养资源，精准对接消费市场，统筹开发养生养老、康复疗养、旅游度假、体育休闲等康养项目。对于资源优质区，重点打造康养产业园、田园康养农业、康养小镇等高原康养服务综合体。支持推出特色康养消费季、健康旅游季、文博旅游季等主题旅游季活动，集中推出一批精品高原康养线路、特色活动、康养体验，引导居民游康养景点、住康养酒店、体验康养服务、消费康养产品。

培育康养消费新业态。制定扩大网络消费激励政策，充分利用电子商务发展专项资金，促进医疗、健康、养老、文旅、体育等服务消费线上线下融合发展，发展智慧超市、智慧商店、智慧餐厅等新零售业态，拓宽可穿戴设备等产品消费。创新健康消费新形式，大力发展在线健身、健康等"云经济""宅经济"，进一步促进线上线下融合发展。促进传统线下业态数字化改造升级，搭建全域"互联网＋康养"在线预订销售服务平台，强化与知名电商合作，完善网络购物体系，打通供给端和需求端消费渠道，促进高原康养产品和服务网上消费。结合乡村振兴战略，探索乡村旅居康养、森林康养、食疗康养等"康养＋旅游""康养＋林业""康养＋农业"多产业融合模式。

优化康养消费市场环境。建立良好的消费宣传推介机制，积极培育健康理性的消费理念，大力宣传倡导丰俭有度的健康消费文化。鼓励有条件的地区在文化旅游、体育健身、商业零售等领域或行业，发行电子消费券，推出惠民促销系列活动。鼓励保险机构开发场地设施责任、运动人身意外伤害等体育保险。规范康养市场秩序，加强康养消费市场诚信体系建设，完善市场主体和从业人员信用记录，加大对康养市场违法违规、失信行为的打击力度。进一步完善康养市场监管体系，畅通康养消费者维权渠道。

（五）高原康养产业创新能力提升工程

实施产业关键技术创新工程。围绕提升海东市高原康养产业链技术竞争力，充分发挥青海省高原医学科研基础优势，有效融合林业、旅游、农业、环保和医药卫生等多学科领域的理论和技术，开展高原康养理论、技术、设施设备、产品的研发。以慢性病高原诊疗养护、生物医药、中医药、公共卫生等领域为重点，布局系列重大关键核心技术攻关项目，在低氧生理学与高原医学、高原健康养护学、高原运动与健康促进、高原康养医学、民族医药康养产品开发等领域开展一批前沿和交叉科学研究项目，超前部署一批前沿引领技术，突破一批"卡脖子"和"撒手锏"技术。

实施产业创新平台搭建工程。鼓励海东市企业主导推动健康养老养生重大关键核心技术创新突破，支持符合条件的行业龙头骨干企业建立相关工程研究中心、工程实验室、国家地方联合创新平台、企业技术中心，助力企业提高科技创新能力。支持重点企业、县级以上医疗卫生机构与省内外知名专家团队、有实力的单位共建院士工作站、教授工作站等基础平台，引进创新型高端人才，引进新技术新产品，开展高原康养服务领域研究。搭建公共创新服务平台，通过"政府引导＋市场运作＋社会参与"的形式，引导高校、企业、资本、科研院所等机构参与构建高原康养产业孵化创新平台、产业技术创新平台、公共创新资源平台、第三方中介服务机构等公共创新服务平台。积极招引健康养老养生领域优质项目落户海东。在全市创新资源集聚度较高的地区，建设一批市级产业创新中心和技术创新中心等综合性高原康养产业技术创新平台。

加强新技术新成果应用与转化。以海东市第二人民医院为高原康养医学技术成果转化应用示范地，以海东市养老示范基地、青海恒生长者照护服务中心、互助北山森林康养基地和各高原康养小镇为高血压、高血脂、糖尿病、心脏病、阿尔茨海默病、抑郁症等慢性病高原疗养技术成果转移示范地，以平安富硒产业园、化隆群科绿色（拉面）产业园、互助绿色产业园为康养食品和生物制药技术成果转化应用示范地，以此三大成果转化示范地为重点，对接国家和青海省科技成果库，在慢性病高原诊疗养护、高原康养食品加工、高原生物医药、健康大数据等重点领域，实施一批重大科技成果转化项目，推动重大创新成果落地转化并实现产品化、产业化。持续构建"众创空间＋孵化器＋加速器＋产业园区"上下流程紧密衔接的孵化熟化平台，建设技术中试基地。探索搭建一体化科技成果转移转化服务平台，建立统一的技术信息标准和技术转移服务规范，形成信息共享、标准统一、线上线下结合、产学研扁平化合作的技术交易市场体系。

（六）高原康养产业人才梯队建设工程

引育领军人才和青年英才。设立高原康养产业领军人才引进专项行动，将高原康养领域紧缺急需的医疗服务、生物医药、健康养老等重点行业、"瓶颈"行业的人才优先纳入行动专项，制定高原康养产业高层次人才认定标准，积极构建康养产业"高精尖缺"人才开发目录库，建立健全高端人才引进机制、面向市场需求的人才培养和共享机制、创新创业人才扶持等政策。支持用人单位大力引进生命健康领域国内国际顶尖人才、科技领军人才和高水平创新团队，鼓励海东企业布局省外海外"人才飞地"。实施青年英才集聚系列行动，建立康养产业领域青年人才阶梯式支持机制。实施百名博士集聚行动，推动高校、科研院所和企业共建医疗医药康养产业领域博士后工作站。实施新生代企业家素质能力提升行动计划，全面提升康养产业领域企业家和企业高层次管理人才全球视野、战略思维和创新能力。

打造人才培养基地。加大高原康养教育资源整合力度，构建由高等教育、职业教育和成人教育组成的多层次、多元化康养产业人才培养体系。鼓励具备条件的综合医院与省内外医学类院校、职业院校在海东建设全科医生临床培养基地、中医助理医师培训基地，引导和支持青海高等职业技术学院开设高原康养产业相关学科专业，培养护士、营养师、按摩师、护理师、理疗师等专业应用型人才，以及中药材种植加工方面的技术能手等实用型人才。建立健全覆盖中医药领域的中医药师承教育体系，鼓励支持名老中医和长期服务基层的中医药专家通过师承模式培养多层次的中医药人才。深入推进产教融合，以市场需求为导向建立康养服务职业培训机构、实践基地，大规模开展职业技能培训，推进技能人才评价，扩大养老护理、公共营养、保健按摩、康复治疗、健康管理、健身指导等紧缺型技能人才供给。

优化人才服务生态。在康养产业领域积极开展市级人才计划遴选方式改革，实施高水平大学、一流科研院所、领军企业等人才引进推荐认定制度。支持各县（区）创建人才管理改革试验区，积极探索创新康养产业人才政策。在康养产业领域，积极探索建立"企业评价＋政府奖励"的人才激励机制，赋予企业更大的人才评价自主权。鼓励设立引才专项基金的县（区），划出一定比例用于康养产业人才引进、培养工作。加强人才信息服务，鼓励各地定期发布康养产业重点引才目录，建立开放共享的高层次康养产业人才信息云平台。优化康养产业引进人才公共服务，重点对引进人才的住房、医疗、子女教育、家属安置等提供专项服务。

（七）高原康养产业海东品牌创建工程

城市品牌塑造行动。立足国内一流健康养生生活目的地打造，对标全国康养城市评价指标体系，加快树立海东市"高原康养之都"、全国高原康养产业基地和高原康养产业示范区的品牌形象，打响高原康养城市品牌。重点开展海东市高原康养城市品牌形象设计，突出世界级高原康养旅游品牌优势，整合海东市独特的高原自然生态资源，融合多彩的民族文化内涵，高度概括和凝聚城市高原康养形象与特色。加快推进高原康养城市品牌宣传推广，围绕海东市高原康养城市品牌形象，提炼统一的品牌宣传标识，在对外交流、招商引资和重大活动中进行集中展示；整合提升现有节庆平台，系统策划、组织和举办一批以高端论坛、主题活动、会议会展为核心的高原康养品牌活动，提升海东市高原康养城市品牌知名度和影响力。

示范项目引领行动。重点实施海东市全国"高原康养产业示范区"创建工程，充分发挥海东市生态气候、文化旅游及民族医药资源优势，主动对接"健康中国""健康青海"等战略规划，积极争取国家、青海省相关部委支持，申报创建康养产业发展示范区，引进国家、青海省健康领域重大项目、资源配套和产业布局落户海东。打造一批高原康养产业特色示范项目，聚焦民族医药、养老养生、康养旅游、高原运动等资源富集领域，以及医学创新、综合医改、医康养结合、养老改革、乡村振兴等重点领域，以"一核三带多园多镇"为实施范围，积极开展高原康养产业融合试点示范，尽快在若干领域形成一批可复制、可推广的经验，为全市高原康养产业发展探索新路径、积累新经验。

质量标准筑基行动。深入实施标准化战略，推动高原康养产业标准化建设。制定面向特殊病种人群康复的高原环境与病理科学的诊疗标准和特殊病种康养标准。实施健康领域企业标准"领跑者"制度，加快制定和采用先进标准，推动企业标准创新，带动产品和技术创新。完善高原康养产业品牌标准架构，建设由基础标准、技术标准、应用标准组成的品牌标准体系。鼓励企业积极参与相关标准制定，围绕健康养老、中藏药材、智慧医疗、养生保健等重点领域，进一步完善产品标准和服务规范，提高产业发展标准化、规范化水平。

质量品牌提升行动。加快推进产品品牌体系建设，围绕"区域公用品牌＋企业品牌＋产品品牌"三位一体的发展模式，引导高原农牧产品、高原生物医药、高原特色食品领域企业申报"青海省质量品牌提升重点项目"，注册集体商标、证明商标及申报地理标志产品，参与评选青海省名优名品；围绕企业和产品品牌，制定实施分层级梯次品牌培育计划，提升传统品牌、培植新兴品牌。加大海东民族医药传承与保护工程实施力度，加强中藏医药古籍文献、经典名方、口传心授等医药资料的抢救收集、整理研究和推广应用。开展中藏药材区域品牌提升工程，打造"海东中药"区域品牌，加快推进海东市特色优势品种申报"国家地理标志产品""地理标志证明商标"，开展产地认证、标准建设、溯源管理和质量提升。培育"海东高原农产品"区域品牌，打造区域性公共绿色品牌。持续推进高原特色食品及生物医药产业质量标准认证，强化食品药品质量监管体系和追溯能力建设。

（八）高原康养产业智慧发展推进工程

推动康养大数据共建共享。坚持政府统筹协调，依托电子政务网，搭建覆盖城乡的智慧康养平台，整合康养产业相关数据，打通数据资源共享通道，强化医疗服务、健康养老、药品供应、体育健身、健康旅游、综合管理等应用信息系统数据采集，建设海东市康养大数据库。制定发布康养行业公共数据开放标准、开放目录和开放计划，明确开放范围，畅通区域、部门、层级间的数据开放共享通道，建立依法开发、有序应用的数据开发机制和共享模式。加快康养数据安全体系建设，建立健全"分级授权、分类应用、权责一致"管理制度，采取实名认证、资格认证、加密认证等措施，严格规定不同等级用户的数据接入和使用权限，防止数据滥用和隐私泄露。

加强康养大数据创新应用。推动智慧医疗、智慧养老、智慧康旅、智慧体育等平台的应用开发，为城乡居民提供智慧化康养服务，打造智慧康养产业体系。谋划建设全市统一的互联网医疗服务和运行平台，支撑各级各类医疗机构便捷入驻并提供服务，打造面向广大群众和医疗机构的互联网医疗服务新模式，探索建设"西宁—海东互联网医院"。加快互联网与养老服务深度融合，支持建设智慧健康养老创新中心、养老信息共享服务平台和健康养老综合服务平台，开发面向老年人的移动社交和服务平台，为老年人提供"菜单式"就近便捷养老服务。完善海东旅游大数据中心，建立和提升"一部手机游海东"平台的质量和水平，提升旅游消费智能化、便捷化水平。建设智慧体育平台，提升场馆线上预订、赛事智能服务等综合服务水平，丰富线上体育智能赛事供给，结合拓宽5G应用场景，带动健身器材和5G终端产品发展。

第十一章

林芝市：建设雪域高原生态旅游目的地

　　林芝市古称"工布"，藏语音译为"尼池"，寓意为"太阳宝座"，地处西藏东南部，雅鲁藏布江中下游，总面积 114870 平方千米，内与拉萨、山南、那曲、昌都相邻，与云南毗邻，外与印度、缅甸接壤，平均海拔 3100 米，辖巴宜区、工布江达县、米林市、墨脱县、波密县、察隅县和朗县共 1 区 5 县 1 县级市，居住着藏、汉、门巴、珞巴等 35 个民族，是一个以藏族为主体的多民族聚居区，也是西藏海拔最低、气候最好、生态最佳、民族分布最广的地级市，素有"西藏江南""雪域明珠"等美称。

　　党的十八大以来，党中央、西藏自治区党委政府和国家旅游部门明确将林芝市定位为"国际生态旅游区"和"全域旅游示范区"。林芝市围绕创建国际生态旅游区和国家全域旅游示范区目标定位，着力推进"旅游+""+旅游"深度融合，重点培育、重点发展生态旅游业，使"人间净地·醉美林芝"旅游品牌形象逐渐深入人心，林芝市由此成长为西藏旅游业发展最快的地市之一。

一、林芝市优越的自然生态环境

　　林芝市自然生态环境条件优越，生态资源丰富，是我国气候多样性和山地生物物种最丰富的地区、北半球同纬度水热条件最优越的地区，空气质量优越，PM2.5 指数常年保持 I 级（优）水平，是我国乃至全球空气质量最佳的陆地地区之一。

　　林芝市拥有我国规模最大、最完整的森林生态系统，森林覆盖率达 47.6%；山地资源丰富，拥有世界第一大峡谷雅鲁藏布大峡谷、被誉为我国最美山峰的南迦巴瓦峰、我国最美森林之一的岗云杉林、巴松措等闻名遐迩的自然景观，是山地运动的天堂；拥有鲁朗林海、南伊沟、米堆冰川、卡定沟林、世界柏树王园林、林则生态文化旅游景区等一大批绿色生态景观。林芝市的森林原始景观保存完好，有世界上落差最大的垂直地貌分布，异常丰富的植被及野生动物资源，是世界生物多样性最典型地区，高原挺拔的西藏古柏、喜马拉雅冷杉、植物活化石"树蕨"以及百余种杜鹃等应有尽有，素有"天然的自然博物馆""自然的绿色基因库"之称。有哺乳类动物有 94 种、鸟类动物 315 种、爬行类动物 43 种，两栖类动物 32 种、鱼类 24 种、昆虫 2322 种，各种野生动物依其自身生态习性分布于各地不同的生境。林芝市地域宽广、地形及水热条件各异、植被类型复杂，有热带、亚热带、温带直至高山寒带的各类植被间既呈水平地带分布，又有明显的垂直地带分布。有高等植物 4817 种、大型真菌植物 686 种，其中有杪椤、巨柏、云南红豆杉、穗花杉、长蕊木兰等国家一级保护植物 5 种，有澜沧黄杉、水青树、星叶草等国家二级保护植物 18 种。林芝市是西藏自治区重要药材产区之一，有药用植物 1000 余种；是野生花卉主要产区之一，有杜鹃、海棠、桃、木兰等几百种花卉植物；是重要食用菌产区之一，拥有松茸等十几种食用菌种。

优越的自然生态环境使林芝成为国际生态旅游区、全域旅游示范区和重要世界旅游目的地，近年来先后荣获国家卫生城市、国家生态文明示范市、全国绿化先进城市、"最美中国榜·目的地城市"、第二批国家生态文明建设示范市等荣誉称号和"长安杯"（社会治安综合治理最高奖项）、全国人居环境范例奖、中国最佳文化生态旅游目的地、中国最美自驾旅游目的地、最受欢迎生态旅游目的地等多项荣誉。林芝市也逐渐成为高原生态康养旅游的目的地。2020 年，林芝市的墨脱生态旅游区、鲁朗国际旅游小镇、波密岗云杉林旅游区（含古乡湖）入选首批西藏自治区级绿色旅游示范基地试点；2023 年，墨脱县入选国家级全域森林康养试点建设县。

二、全面推进全域生态旅游融合发展

（一）创新"乡村＋旅游"发展模式，构建乡村生态旅游新业态

近年来，林芝市充分利用生态农业和乡村旅游等产业的优势资源，大力发展乡村旅游，实施乡村旅游精品工程，成功打造了一批具有地方特色的旅游产品和精品线路。这些产品和线路不仅满足了游客多样化的需求，还有助于推动当地产业的转型升级和可持续发展。

例如，工布江达县依托丰富多彩的乡村旅游资源，采取政府扶持、企业经

营、群众参与的模式，积极发展观光农业，打造田园东玛生态园、薰衣草观光园、仿野生灵芝采摘园，建设集游玩、采摘、垂钓为一体的"巴河鱼"生态园，逐步形成集"吃、住、游、玩、养"一体的综合观光体验带。积极发展民宿经济，注重民宿中"农"的味道、"家"的温馨和"业"的生态，把特色文化、乡土风貌与现代旅游需求有机结合，打造结巴、欧巴精品民宿集群。截至2024年10月底，全县家庭旅馆接待游客16.37万人次，实现收入4051.88万元，分别同比增长80.9%、130.06%。积极发展乡村康养旅游，充分利用丰富的温泉、湖水、森林等自然资源，提出"高原健康游"理念，投资2000余万元打造阿沛温泉康养旅游基地、念朗温泉康养旅游基地，开发"林海深呼吸、温泉慢旅游"产品体系，切实提升"健康工布江达"知名度。开发特色传统古村落，坚持把保护性开发利用古村落作为守护历史根脉、推进乡村振兴的重要途径，对不适宜现代居住的传统村落组织实施易地搬迁、进行保护性修缮，引导村集体开展适度经营，盘活古村落这一重要文化资源。错高古村享有"中国十大最美乡村"美誉，48栋工布传统木质结构房屋平均使用时间超过了150年，甚至有4栋石木结构房屋年逾400年，在政府支持下，村党支部对搬出地老宅进行保护性修缮，打包租给旅游公司，开发为连片式民宿酒店，实现村集体年均增入250万元以上，真正让乡村旅游成为群众增收致富的"聚宝盆"、幸福生活的动力源。

米林市以精品农产品为依托，以羌纳乡盛世农业水果基地为试点，因地制宜拓展农业多种功能，培育木耳、灵芝、川贝母、野生蜂蜜等具有米林地域特色的"药洲"农特产品，打造休闲采摘、农业景观观光、农业自然科普等沉浸式消费体验新场景，形成多元消费体验农旅业态"引力场"。截至目前，米林市培育家庭旅馆76家、民宿19家，乡村旅游接待游客435319人次，实现旅游收入12042.95万元，促进农牧民就业4767人次。

（二）创新"文化＋旅游"发展模式，推动文化旅游高水平融合

林芝市依托工布文化、娘布文化、塔布文化、珞隅文化、门巴文化、藏医药文化资源宝库优势，统筹整合历史文化、红色文化、民俗文化、自然风光等特色旅游资源，着力在挖掘提升、传承创新上下功夫，推动文化旅游的高水平融合，依托多民族文化旅游资源，以历史体验为主要内容，打造神秘文化旅游目的地；依托丰富的民俗文化和独特的区位优势等资源，打造最佳生态旅游目的地；以巴松错景区为核心，打造绿色生态文化旅游目的地；依托"三波四玉"文化旅游资源，培育工布文化旅游目的地；依托列山古墓群、太昭古城等民俗风情旅游资

源，打造历史遗产旅游目的地。

林芝市持续推出内容丰富、形式多样、线上线下相结合的节庆活动，不断拓展衍生新产品、新业态、新供给，形成特色旅游精品，将厚重多元文化资源转化成独具魅力的旅游品牌，讲好"林芝故事"，传播"林芝声音"，开发再现、活化、衍生等系列主题旅游产品，让文物"动"起来、经典"活"起来、传统"演"出来。2024年10月1日，备受瞩目的"2024林芝雅鲁藏布生态文化旅游节"盛大开幕，并持续至10月6日，举办了包括音乐嘉年华、非遗体验集市、高原漫展、民族器乐之夜，以及鲁朗小镇游览等一系列精彩纷呈的文、旅、体活动。"桃花节""工布新年"以及2024年10月10日"冬游西藏""音你而在，乐动巴宜"——民族器乐音乐之夜等活动，也充分展示了林芝市独特的自然景观和深厚的民俗文化，为游客带来了难忘的旅游体验。这些活动的成功举办，不仅展现了林芝市独特的文旅魅力，还有力推动了当地经济的繁荣与发展。

各县（区、市）也举办了丰富多彩的文化旅游活动。例如，波密县将36种文创产品投放至318沿线各景区景点、游客服务中心、大型土特产店联合销售；打造红楼舞台剧《波密红》，创作《踏音波隅》《金色波密》等17个文艺精品节目；成功举办波密县首届"冰川杯"足球邀请赛、"帕隆河"杯篮球赛，立体展示波密旅游特色，深化体旅融合内涵。相继举办"春光烂漫，赴一场桃花之约""穿梭于林，'岗'于突破"——岗云杉林徒步等各类活动；组织波密波校（藏纸）、易贡藏刀、易贡砖茶制作技艺参加非遗宣传展示活动；举办多吉乡第三届非遗文化旅游文化节，"帕熊热巴舞""波央"等非遗节目，展现传统文化魅力，给广大游客群众带来独特视听享受。

墨脱县收集整理"非遗"项目11项、门珞巴老歌60余首，改良门珞服饰800套，推出"非你'墨'属""墨云"系列文创产品；编撰《墨脱门珞文化历史》《美丽墨脱》等书，创作推广《石锅绽放的梦想》《故乡梅朵》等门珞特色舞蹈，连续三年荣登"中国最美县域"榜单；举办"墨脱赶集""梅朵乡亲""忆路有你·穿越墨脱"徒步等文旅、体旅活动近30次；围绕"通车十年"为契机，举办"墨脱十年路·奋进新征程"文艺汇演等活动，邀请中央广播电视总台、新华社、人民日报、中新社等十几家记者团队进行系列报道，全网累计点击量超过5000万次，墨脱县知名度、美誉度大幅提升（推动林芝先行工作领导小组办公室，2023）。

工布江达县自唐代起就是吐蕃沟通内地的交通要道，各族群众在此地交往交流交融，留下的历史文化资源。立足厚重的历史文化和丰富多彩的民族民俗文化，工布江达县推出了《大巴松措》《家在巴松措》《梦回太昭》《错高梗舞》等系列"工布江达好戏"，推动民族民俗文化展演进景区景点，举办巴松措林彩节暨雪山下的音乐集市，把藏文拓印、藏式小吃、文创产品、音乐表演融于其中，将丰富多彩的"文化盛宴"呈现给广大游客。2023年林芝桃花旅游文化节期间，工布江达县联合四川电视台康巴卫视，开展"四季如画·工布江达大直播"和生态旅游资源慢直播，开幕式活动全平台直播在线观看人次超过130万，抖音话题累计播放次数超过2亿人次。活化红色革命文化，串联G318沿线景区景点建设"红色长廊"，投资1600余万元修缮川藏公路会师点、阿沛管家庄园、烈士陵园、太昭古城等景点，配套建设"两路"精神展览馆、阿沛·阿旺晋美纪念馆、太昭铸牢中华民族共同体意识专题展览馆等红色文化展馆，开发重走十八军进藏路、重走茶马古道、体验川藏公路修建等红色旅游、研学经典线路，让游客感受"两路精神"发源地的红色魅力。

米林市精心打造"米林好戏"、讲好"米林故事"，新创改编续编歌舞《盛装》《来果桥的情缘》等文艺作品9部；投资40余万元，研发南迦巴瓦日照金山瓷器香台、黄牡丹元素文创笔记本等文创产品，打造具有"米"味文化旅游产品。擦亮旅游"金名片"。依托黄牡丹藏医药文化旅游节、南迦巴瓦山地马拉松赛等平台，通过抖音直播、微信公众号运营和现场体验等方式，多维度、全方位、立体式宣传米林旅游资源，拓展"山水米林花谷药洲"旅游知名度，传播旅游"好声音"。

（三）创新"体育＋旅游"发展模式，打造运动康养精品项目

林芝市立足特殊的高原气候和地貌地形特点，大力发展时尚健康户外旅游，集中建设了一批体育旅游示范基地和户外运动基地，开发徒步、探险、越野等系列户外体育运动旅游产品，积极争取国际国内大型赛事和高水平单项赛事落户林芝，建设一批国际一流体育场馆和训练基地。近年来，依托体育赛事的影响力，积极推动体育与旅游深度融合，展示当地旅游资源，丰富赛事旅游体验，积极打造运动康养精品项目。将鲁朗小镇打造成以运动休闲为特色的高原康养基地。

2024年，林芝市举办（承办）了15项国际国内重大赛事和区域性品牌赛事，大力推进"体育＋旅游"融合发展。其中，国际性赛事3项，分别为国际漂流公开赛、中尼高原龙舟友谊赛、国际公路自行车极限赛（林芝赛段）；全国性赛事6项，分别为林芝半程马拉松赛、南粤古驿道定向越野赛林芝站、山地自行车联赛（林芝分站赛）、"绿水青山"中国休闲运动挑战赛暨首届民族传统体育运动会、第二届巴松措徒步露营大会、南迦巴瓦山地马拉松赛；全区性赛事2项，分别

为"南迦巴瓦峰杯"高原篮球邀请赛、第九届户外大会林芝响箭比赛；市级赛事4项，分别为全民健身日系列活动、首届民族传统马术比赛、首届教育系统"园丁杯"篮球赛、"工布阿达杯"响箭比赛。

工布江达县依托相对较低的海拔与多种多样的地质地貌，适宜发展登山、徒步、漂流等户外运动的天然优势，创建巴松措国家体育产业示范基地，打造巴松措水上运动基地，系统开发徒步穿越、定向越野等户外运动项目，推出巴松措至新措、中措等精品徒步线路3条，探索开发静水漂流、激流竞速等项目，让工布江达成为广大户外运动爱好者的打卡地。打造国内知名体育赛事，利用巴松措景区"户外天堂"体育旅游 IP，将巴松措作为各大赛事的"主舞台"，成功举办全国性漂流赛事——2023 年中国漂流联赛（工布江达县站）和第九届环巴松措国际山地自行车越野竞速赛，配合举办第四届跨喜马拉雅国际公路自行车极限赛，让广大游客在欣赏运动之美的同时，充分感受当地的民族风情和自然风光，实现了体育赛事与旅游发展的互联互动（推动林芝先行工作领导小组办公室，2023）。2023 年巴松措景区累计接待游客 6780 人次。

墨脱县以举办赛事活动为突破口，参赛运动员、观赛体育爱好者就地转化为游客，直接拉动了地方体育旅游消费，推动了交通、住宿、餐饮、购物、文娱等相关产业链发展。近年来，墨脱县陆续举办"雅江杯"足球比赛、"迎新杯"篮球赛、"健康墨脱"环雅江徒步等体育活动，邀请前国家男足队长郜林，前国家男足队员荣昊和著名国家级运动健将、国家高级教练员徐国翀、潘巍现场指导"雅江杯"足球赛、"迎新杯"篮球赛，推动赛事水平和知名度再上新台阶。

林芝推出丰富多彩的"文体活动 + 旅游"新场景、新玩法，让"跟着赛事去旅行""伴着旅游来参赛"等活动从一句口号转变为人们的一种生活方式。"以赛为媒""体育惠民"，极大提升了林芝的城市影响力，切实增强了周边群众的获得感。林芝市"户外天堂、运动林芝"的发展格局进一步形成，高原体育名城的名片越擦越亮。

（四）创新"美食 + 旅游"发展模式，做深"醉美林芝"特色美食文化

近年来，林芝市积极探索"美食 + 旅游"发展模式，打造具有林芝特色的地域美食，提升生态文化旅游品牌效应、名片效应，助力推动高质量发展、促进改革开放先行。

林芝市聚焦美食文化制定标准，保护传承"醉美林芝"特色美食文化，出台了《林芝市地方标准制定工作流程》《林芝市标准化专家组管理办法（试行）》，

组建标准化工作专家库，并依托广东省对口援藏和成都市市场监督管理局跨区域协同机制优势，为地方标准制修（订）工作提供资金、人才、技术支撑；依托"墨脱石锅""米林藏鸡""林芝松茸"等国家地理标志保护产品品牌质量优势和门巴、珞巴民俗特点，深入开展林芝市特色菜品标准调研，充分挖掘各民族特色美食资源，编制《林芝特色美食鉴赏》，收录储备菜品45道，拓展美食体验和旅游融合发展新路径；围绕菜品特色、食材规范、服务精细化等要素，从原料选择、食材搭配、制作工艺、感官要求等方面入手，汇聚相关部门、菜品创始人等多方智力，打造具有林芝市地域特色的美食标准，为广大餐饮经营单位和游客制作出口味地道、品质安全的林芝特色美食提供权威指引。截至2024年3月，发布实施"林芝鲁朗石锅鸡""察隅僜人手抓饭"等特色美食标准8个，成功立项墨脱县门珞石锅牛肉、门巴白椒脆猪皮、茶青炒土鸡蛋等特色菜品标准13个，为促进林芝市特色美食标准化、品牌化建设注入了强劲动力。

林芝市积极创新"地方标准＋特色美食"商业模式，强化宣传推广使用标准。搭建推广特色美食标准平台，印发标准宣传贯彻工作实施方案，线上线下同步开展地方标准宣传贯彻培训和问卷调查活动，重点借助微信公众号、抖音等平台，全方位、高频次宣传报道林芝特色美食标准。召开《林芝鲁朗石锅鸡》地方标准推广使用承诺会，培育创建"林芝鲁朗石锅鸡"标准化示范单位26家，推动林芝特色美食地方标准在全市推广使用。采取定期专项执法检查、标准化示范单位跟踪评价、不合格摘牌等措施，坚决整治标准执行不严、以次充好、欺诈消费者等违法违规行为。畅通消费维权渠道，全时段、全领域受理消费投诉举报，第一时间分流、受理、处置，切实保护消费者合法权益。确保林芝特色美食品质，维护群众"舌尖上的安全"。

（五）创新"藏药＋旅游"发展模式，打响藏医药养生品牌 [①]

米林藏语意为"药洲"，藏药材资源丰富，发展藏医药业前景广阔。随着藏医药与文化、旅游、康养等深度融合，藏医药文化得到有效保护和传承，传统藏医药迸发出新活力。林芝市依托优质的森林资源，将现代医学和传统藏医学有机

---

① 资料引自：推动林芝先行工作领导小组办公室.林芝市紧扣"四个优势"探索藏医药业高质量发展新路径 [EB/OL]. 林芝市微信公众号·林芝发布 .（2024-9-2）[2024-12-31].https://mp.weixin.qq.com/s?__biz= MzUyNzY0MTUyQQ==&mid=2247717531&idx=1&sn=1c894876be23d017e081d15e557ed56c&chksm=fb17f1 22857af1d728317c816eeb1f667f0e2edfdea930731319842b9e1ccfb2cc732ed0c1bb&scene=27.

结合，促进藏医药文化、藏医药产业、养生保健和休闲旅游深度融合，建设一批藏医药食疗、浴疗、温泉养生保健旅游基地，并配备相应的服务设施、丰富森林游憩体验，打造一系列以改善身心健康、养生、养老为主要目的的森林康养旅游度假产品。

一是紧扣文化优势，挖掘藏医药业深厚内涵。传承藏医文化，打响"药洲"品牌。立足"药王谷"文化优势，依托宇妥·云丹贡布传医授徒的历史背景，挖掘保护、传承弘扬藏医药文化，宣传展示米林丰富的藏医药资源和深厚的藏医药文化底蕴，打响米林"药洲"品牌。深挖藏药文化，建立藏医药库。以藏医药文化馆为基础，以米林市藏医院为依托，开展以"五省藏区"藏医古籍为主的文献收集整理工作，深入研究近现代名藏医处方笺、医案、手稿等资源，打造种类较为齐全的米林藏医古籍资源库。目前，共收集整理古籍350余册、收藏处方笺500余张，为藏医药传承创新和可持续发展奠定坚实基础。

二是紧扣资源优势，探索藏医药业发展模式。探索"+生态"发展模式，以机场空港小镇、中心城区、南伊大健康基地为支撑点，整合现有资源，做精特色产业，打造集藏医药文化展示保护、休闲旅游观光功能为一体的藏医药文化馆，引进具有较强影响力的中医药和保健品企业入驻，建成高原民族特色养生基地。探索藏式养生调理，依托黄牡丹藏医药文化旅游节、五省藏区藏医药文化论坛等平台，开展藏医体质辨识、藏医涂擦疗法、藏医霍尔麦疗法、藏药足浴、甘露藏药展示等宣传体验活动，为游客定制个性化养生调理方案，让藏医药独特的养生理念更加深入人心。2022年6月30日，"粤林中医藏医康养中心"在林芝市藏医院成功揭牌。

三是紧扣品质优势，加大藏医药材开发利用。以制度保障强化藏药材保护。出台《米林市野生药用植物资源保护管理办法》《米林市藏药材种植扶持管理办法》，以更大力度做好野生药用植物资源保护。鼓励人工种植藏药材，由政府统筹协调种苗供应、种植补贴、技术支撑及保底销售，进一步推广藏药材培育种植。以技术创新提升藏药材质量。积极探索仿野生藏药材种植技术，投入29个温室大棚用于药材示范种植，试种植藏灵芝、藏木香等藏药材，并与西藏林芝藏养实业有限公司等企业合作，邀请技术人员全程指导藏药材种植，提升药材种植质量和产量，有效提高藏医药业市场竞争力。

四是紧扣连带优势，创新藏医药业合作机制。积极培育发展藏药材种植示范基地——红太阳家庭科技示范农场，种植天麻、灵芝、手掌参、七叶一枝花（重楼）等藏药材。推行"政府+企业+村集体+群众"模式，引进西藏灵芝生物科技有限公司与7家当地藏药材种植基地开展合作，种植灵芝菌种，生产干品灵芝、孢子粉，并通过土地流转、分红、吸纳就业等方式带动群众增收致富，推动藏药产业从零散化向产业化、碎片化向规模化转变。

三、强化生态旅游发展的保障体系

（一）完善旅游基础设施

鼓励发展多业态精品酒店、文化主题酒店等，建设高端旅游度假酒店群，打造林芝民宿品牌；在全市干线公路和景区公路沿线合理布设服务区、停车场、观景台等旅游服务设施。实施 G219、G318 风景廊道规划，展现最美生态自然景观大道，发展 G318 和 G219 林芝段自驾旅游，建成满足自驾车旅游需求的房车营地；打通生态旅游"内环线"，形成"环南迦巴瓦""跨喜马拉雅"全谱系多维度旅游景观，建设"快行慢游"公共交通系统，补充市、县（区、市）公路站点游客集散功能，开通符合自由行需求的穿梭巴士、旅游专线车次；实现 A 级景区、乡村旅游点周边等级以上公路全覆盖。实施旅游"厕所革命"新三年行动计划，改造建设高标准的旅游 A 级厕所；建立布局合理、指向清晰的全域旅游引导标识标牌体系，实现重点涉旅场所规范使用符合国家标准的公共信息图形符号。

例如，波密县持续在"留客驻波"上下功夫，对县域内自驾营地进行提升改造，增设停车位，完善水电网厕等基础设施，安排安全员、保洁员，引导游客有序停车、文明露营，投入资金日常维护 G318 沿线旅游厕所环境卫生和设备。

（二）创建一流服务环境

积极推进国际质量认证，建立健全与国际通行规则相衔接的旅游服务标准体系，强化旅游市场环境治理和诚信体系建设。制定林芝市特色旅游示范村、家庭旅馆、民宿建设规范和服务等级标准，规范提升乡村旅游服务质量与水平。实施乡村旅游品牌工程，鼓励支持传统村落、田园综合体等创建 A 级旅游景区和旅游度假区，改善游客接待、停车、通信等基础条件，建设配套服务设施。加强对自然生态、田园风光、传统村落、历史文化、民族文化等保护，依法保护名胜名镇名村的真实性和完整性，严格规划建设管控，保持传统村镇原有肌理，延续传统空间格局，构筑具有地域特征、民族特色的城乡建筑风貌。推进全域环境整治，主要旅游线路沿线民居风貌集中整治，路边、水边、山边、村边开展净化、绿化、美化行动，重点旅游村镇实行改厨房、改客房、整理院落和垃圾污水生态无害化处理。

通过与旅游大数据企业合作，建立健全以游客满意度为核心，以环境质量、产品质量、服务质量等为主要指标的旅游质量评价体系，加强游客满意度调查评价信息的共享。支持各类旅游企业创建国家级、自治区级、市级各类优质品牌，增强服务意识和水平，形成共同提升游客满意度的工作合力。鼓励旅游企业开展个性化、亲情化、细微化服务，发展壮大各类旅游志愿者队伍，广泛开展"服务明星"等文明旅游评选活动，提升林芝市旅游行业服务素质。培育创建"十佳优质旅游服务企业""十佳优质旅游服务明星"等，打造林芝市优质旅游服务品牌。

（三）积极拓展外部市场

拓展旅游市场发展空间。积极对接国内外优秀旅游公司，鼓励国际国内旅游组织在林芝市设立分支机构，引进和转化国际国内旅游标准、先进技术、管理经验、服务模式，不断提高林芝旅游现代化、国际化程度。持续深化林芝、拉萨、山南三地"藏东南旅游联盟"合作，深化与周边地区旅游区域合作，推进信息互通、市场互连、客源互送，促进共同发展。进一步加大林芝与四川、云南等周边地区和对口援藏省（区、市）建立"大香格里拉旅游联盟""粤林旅游对口援助"等区域旅游合作发展机制，从市场开发、环线安排、服务提升、宣传营销等多方面加强沟通协作。协调开通林芝至上海、林芝至郑州航班航线，打通林芝至环渤海、长三角等潜力市场大通道。积极融入"环喜马拉雅"、G219旅游推广联盟，在"一带一路"重要节点地区、国际友好城市、战略合作城市设立驻区外旅游联络站，加强与区内外航空公司及知名旅游企业合作，建立促销联盟，拓展客源市场。

创新旅游市场营销机制。统筹各级各部门涉及城市形象宣传、目的地营销等方面的资金和相关资源，有效运用公众营销、网络营销、事件营销、节庆营销、反季营销等多种方式，强化旅游全域化整体营销。推进旅游宣传进社区、进乡村、进校园、进企业、进商场。瞄准长三角、京津冀、珠三角等城市群，推出林芝四季品牌旅游精品线路，全方位建立区内外市场旅游营销渠道体系。通过完善林芝市旅游官网、微信公众号、抖音等平台，创建并参与形式及内容多样的旅游线上展示、宣传、推介与招商引资等功能App，实现线上线下旅游信息与资源的兼顾与共融。探索市场化办节举措，持续办好"两节一季"等旅游节会，不断提升县（区、市）旅游节会水平，打造特色节会品牌，放大节会宣传效应，以节促销，以节促游。进一步完善旅游消费刺激政策，实行补贴与奖励相结合，鼓励市场主体坚持特色化、差异化经营，不断提升旅游市场消费活力。

激发旅游发展主体活力。加快推动旅游市场主体跨地区、跨领域重组，实现旅游资源有效整合和要素聚集，以及利益主体的合作共赢和战略互惠。坚持政府主导、市场运作、多元投入和安全稳健的投融资原则，吸引更多的民间资本。通过林芝市文化旅游投资公司，加强旅游文化产品研发和宣传推介、推广联盟及合作交流平台，不断提高林芝市旅游文化产品传播力。

（四）深化旅游智治支撑

在全市率先推进数字化城市，推进旅游大数据中心建设，建立公安、交通、卫生、应急、气象、边防、通信等涉旅大数据体系和综合服务平台，提升数字旅游水平。建立"一部手机游林芝"智慧旅游公共服务体系，实施信号、网络全覆盖建设，推进服务数字化智能化。建立统一受理旅游投诉举报机制，积极运用"12301"智慧旅游服务平台、"12345"政府服务热线，以及手机App、微信公众号、咨询中心等多种手段，形成线上线下联动、高效、便捷、畅通的旅游投诉举报受理、处理、反馈机制。

例如，墨脱县以做靓"美丽边城·秘境墨脱"名片为抓手，以取消门票为突破口，推出景区环境卫生、旅游班线车、入住体验反馈系统二维码，动态了解掌握游客旅游所需及建议；协调高德地图、百度地图、腾讯地图导航App推送"双进单出"限行消息和边防证提示，让游客进出更便利、更安全、更高效。

（五）加强旅游安全保障

建立旅游安全预警机制，积极探索利用公安、消防、武警等救援力量和专业化救援队伍为旅游紧急救援提供服务的联络机制，完善各项应急预案，定期组织开展应急培训和应急演练，建立政府救助与商业救援相结合的旅游救援体系；开展旅游风险评估，加强旅游安全制度建设，强化各有关部门安全监管责任。强化安全警示、宣传、引导，加强最大承载量警示、重点时段游客量调控和应急管理工作，提高景区灾害风险管理能力，强化对客运大型游乐设施和旅游客运、道路、节庆活动等重点领域及环节的监管，落实旅行社、饭店、景区安全规范。完善旅游保险保障体系，继续实施旅行社责任保险，推动住宿、旅游交通及高风险旅游项目等经营者实施责任保险制度，完善旅游保险产品，扩大旅游保险覆盖面，提高保险理赔服务水平；健全社会监督、舆论监督、联合执法机制，对旅游市场秩序热点难点问题开展专项治理，实施全年全天候、高频率、多形式的明察暗访。加大旅游市场执法工作力度，健全旅游市场综合监管、联合执法检查、投诉统一受理、案件分办转办和信息共享工作制度。建立线上线下联动、高效便捷畅通的旅游投诉举报受理、处理、反馈机制。

四、林芝市发展高原康养的三个新"赛道"思考

林芝市完全具备建设国际一流生态康养旅游目的地的条件，吴普（2024）建议从以下三个新"赛道"发力：

一是避暑度假。随着全球气候变暖和城市热岛效应，优良舒适的夏季气候条件成为稀缺资源，同时避暑旅游需求持续旺盛。林芝夏季平均气温16℃，是夏季避暑好去处。林芝应加大在周边地区，包括四川、重庆以及直航的北京、西安和对口援建的广东省避暑旅游宣传推广。最湿、最绿的"西藏江南"林芝对于大多健康人群几乎没有高反的顾虑，完全可以成为避暑度假甚至避暑旅居的目的地。

二是气候康养、气候治疗。人体健康与气候密切相关，有的疾病会因不利气候条件而诱发或加重，有的疾病会因气候环境改变而好转或痊愈。高原气候特点是空气洁净、低氧、低压、偏凉、紫外线强、高辐射，对特定人群是大有益处的。比如，紫外线可使银屑病患者皮肤发病面积和严重程度得到显著改善。而低压能激发肌体呼吸系统和血液循环系统，对哮喘和心脑血管疾病具有疗愈作用。现有的高原医学研究表明，符合一定条件的高原低氧环境，可以激活机体潜能、提高心肺血液功能、改善人体新陈代谢。

三是疗愈旅游。疗愈旅游是指游客置身于支持健康改善的旅游场域中，通过参与疗愈活动而获得愉悦、放松、畅爽体验，进而改善身心健康的一种非医药干预手段。林芝市错综复杂的地形，绮丽神秘的自然风光，奔腾的江河，陡峭的高山峡谷，茂密的森林和雪山草地，独特的原生态文化系统、藏药文化等是非常好的疗愈旅游场景。对现代人的抑郁、焦虑、压力等有特殊疗效。

以上三个方面，避暑度假主要针对健康群体，气候康养针对慢性病群体，疗愈旅游针对亚健康群体，林芝生态康养前景广阔。发展生态康养也是生态产品价值实现的重要路径，要真正通过生态产业促进旅游业和地方经济社会高质量发展。

第十二章

推进曲靖市旅居康养产业发展的调查思考 ①

党的二十大报告提出："坚持以文塑旅、以旅彰文，推进文化和旅游深度融合发展。"中共云南省委十一届六次全会要求："围绕文旅产业升级深化改革，打造文旅产业升级版，在培育消费新场景新增长点上有新突破。"曲靖市生态气候环境宜居，区位交通条件优越，历史文化底蕴深厚，山水田园风光优美，旅游要素多元，具备发展旅居康养产业的基本条件。建议采取切实有效措施，推进旅居康养产业发展，聚焦打造"有一种叫云南的生活"曲靖样板，提高"吃住行、游购娱、康养学"一体化服务水平，打响"旅居曲靖"新品牌，打造文旅产业升级版，为曲靖市高质量跨越式发展提供有力支撑。

一、曲靖市发展旅居康养产业的优势

旅居康养是经济与社会发展到一定程度后产生的一种需求，是继自然观光旅游和传统度假旅游后的一种特色旅游类型，是在现代旅游业发展到一定阶段后衍生出的一类新型产业形态，体现的是旅游者自我实现的需求，代表现代旅游转型升级的发展方向。曲靖市具备发展旅居康养产业的明显优势。

（一）一夏清凉，四季宜居

现代医学研究认为，气候舒适指数的变化主要受海拔的制约，最适合人类生存的海拔为 500～2000 米，人体感觉舒适的气温为 10～26℃。曲靖市地处北纬

---

① 本章内容最早发表于《创造》总第 362 期 /2024.12，在编入本书时做了文字上的修改。

25°，平均海拔 2000 米，亚热带高原型季风造就了曲靖市无与伦比的舒适气候，年平均气温 14.3℃，夏季平均气温 19.7℃，是当之无愧的"避暑天堂"。曲靖市作为全国文明城市、国家卫生城市、国家园林城市、国家森林城市，全市森林蓄积量达 6983 万立方米，森林覆盖率达 50.4%，负氧离子含量每立方厘米达 1 万个以上，是名副其实的"天然氧吧"。上海交通大学行业研究院发布的《2024 中国候鸟式养老夏季栖息地适宜度指数》显示，在全国 76 个上榜城市中，曲靖市居第 16 位。

（二）区位优越，交通发达

曲靖市位于云贵高原中部，云南省东部，滇桂黔三省（区）接合部，素有"入滇锁钥""云南咽喉"之称。沪昆、杭瑞、汕昆、银昆 4 条高速公路和南昆、贵昆、沪昆高铁 3 条铁路贯穿全境，是全国性综合交通枢纽和 66 个区域级流通节点城市之一，具有"东接黔桂达沿海，西连昆明出印巴，南眺越老通泰柬，北经昭通进川渝"的区位优势。建成 19 条高速公路，通车里程 1122 千米，在云南省率先实现"县县通高速"，绕城高速全线闭合。曲靖市中心城区距昆明 130 千米，距昆明长水国际机场的车程为 1 小时，有机场大巴通长水机场。铁路运营里程 629.7 千米，铁路网密度 218 千米 / 万平方千米，密度远超全国、全省平均水平，从曲靖市乘坐高铁 39 分钟、城际列车 68 分钟可达昆明市。道路客运线路 804 条，营运客车 3276 辆、46931 个客位，实现所有建制村 100% 通客车。中心城区公交线路达 54 条，至各县（区、市）的城际公交全面开通，中心城区公交 500 米站点覆盖率达 100%。增设"网红"景点公交专线 8 条，开通"卫健＋公交窗口"绿色通道，为游客一站式办理老年优待证和公交"爱心卡"。市内出行方式多样，有巡游出租企业 14 户、车辆 1639 辆，网约车平台企业 26 户、车辆 2520 辆，共享单车平台企业 3 户、中心城区车辆超 2 万辆，公交企业 10 户、车辆 1096 辆，道路运输及城市客运从业人员 33 万余人。

（三）文化璀璨，开放包容

曲靖市是约 4.1 亿年前登陆鱼类和人类鱼形祖先的起源地之一，被古生物学界誉为"鱼的故乡""化石圣地"。曲靖市是云南省建制最早的地区之一，有 3000 多年的文明史、2000 多年的建制史。境内的南盘江流域是人类活动较早的地区之一，留有旧石器时代人类活动的足迹。春秋战国时期，曲靖市为"靡莫之属"，秦修"五尺道"、西晋设宁州，为全国 19 州之一。从富源大河旧石器遗址到宣威尖角洞新石器遗址，从珠江源孕育的盘江两岸稻作文化到会泽几千年的铜商文化，从"神品第一"的爨龙颜碑到段氏与三十七部会盟碑，民族历史文化积淀十分深厚。此外，诸葛亮"七擒孟获"古战场遗址、陆良大觉寺、会泽西来寺、江西会馆、富源胜境关等，都是人们追溯历史、探奇访古、寻根求知、科学考察的好去处。红军长征两过曲靖，宣威虎头山红军烈士陵园、沾益区播乐"九·五"起义纪念塔等被列为云南省爱国主义教育基地。曲靖市有汉族、彝族、回族、壮族、布依族、苗族、瑶族、水族 8 个世居民族，各自有独特的民族语言、服饰、风俗和信仰，形成了乌蒙彝风、苗岭霜雪、水寨田园、壮乡木楼、布依蜡染、瑶家度戒等民族风情，有彝族的"火把节"、壮族的"三月三"、布依族的"二月二"、苗族的"花山节"、水族的"祭龙节"等民族节日；有踩花山、绑神猴、三月三、立秋节、斗牛斗羊、大三弦、对山歌、踩高跷、划旱船等民俗文化，形成了陆良爨陶、洞经音乐、会泽斑铜等民族特色产品，还有丰富多彩的民族服饰文化和工艺精巧的民间工艺美术。

（四）奇山秀水，美不胜收

曲靖市是珠江的发源地，有"一水滴三江，一脉隔两盘"的奇美景观，是三大江中唯一可以徒步抵达的大江源头。境内山川、江河、湖泊、湿地、溶洞、高山草场等自然形态星罗棋布，日月光华、大地钟灵、山水交汇，形成了"长线串珠"的自然美景长廊。现有国家 4A 级旅游景区 17 个、3A 级旅游景区 20 个，全国乡村旅游重点镇 1 个，全国乡村旅游重点村 4 个，云南省金牌旅游村 9 个，云南省最美乡愁旅游地 9 个，众多的自然风光和厚重的人文景观，绘成了曲靖市绚丽多彩的美丽画卷。地热资源丰富、温泉众多，境内有三宝温泉、金麟湾温泉、沾益德泽温泉、罗平长底温泉、马龙盛水湾温泉等，水质多为碳酸泉、硫磺泉，常年水温在 52～54℃，有康养保健功效。

二、曲靖市发展旅居康养产业面临的困难

（一）系统规划不强，地区间联动不足

曲靖市各地各部门缺乏推进旅居康养产业发展的专题性规划和实施方案，对旅居康养人群吃、住、行缺乏系统的规划和政策考量，发展旅居康养产业停留

在各地区零星的实践探索阶段，未形成"旅居曲靖"品牌。游客居住地主要集中在中心城区，且麒麟区最多，占 65% 以上，中心城区以外的县（区、市）不足5%。凤凰谷、彩色沙林、大海草山、九龙瀑布、尼珠河大峡谷、珠江源等风景区未能形成联动，景区未实现互相推荐，未能形成旅游精品路线相互引流。市一县（区、市）—景区三级旅游集散体系不健全，城区至景区、景区至景区的"最后一公里"未全面打通。

（二）产业价值链短，经济带动效应不显

当前，呈现"旅居为主、低层次消费"的特点，旅居平均时间为 30 天，最长为 100 天，最短为 7 天。到曲靖旅居人员的年龄结构普遍偏大，60 岁以下的占 20% 左右，60～70 岁的占 70% 左右，70 岁以上的占 10% 左右，老年群体消费欲望不高、消费能力较低，40% 左右的旅居人员租住居民自建房，43% 左右的自己买菜做饭，73% 左右的主要活动方式是景区、广场和公园，人均每天吃住用等所有消费有 50 元左右。缺少拉动需求、引领消费升级的业态，消费场景单一、附加值低，高端旅居康养产品和服务欠缺，集休闲、体验、医药、养生、健身于一体的"一站式"旅居康养产品欠缺，对经济带动作用不明显。

（三）产品业态开发单一，拳头产品不多

现有旅游产品仍以传统休闲观光类为主，特色化的产品和特色服务丰富程度不足，旅游产品品种单一，互动性、参与性、娱乐性项目少，难以深层次地留住游客。师宗县共有 3 个国家 4A 级旅游景区和 2 个国家 3A 级旅游景区，其他景区主要以观光游览为主，体验性项目严重缺乏。爨文化中被开发出来的文创产品较少，除爨体书法外，其他爨文化产品少有人知，未能开发出爨文化剪纸、明信片、摆件等游客便携易购的特色文化旅游纪念品。

（四）基础设施薄弱、配套设施建设滞后

满足游客短期居住的精装修、小户型、配置全、环境好的房源较少，公寓型酒店、度假型酒店、老年公寓等供给不足；一些针对旅居游客改扩建的社区居民自建房、民宿等规划不合理，设施配置不完善，存在安全隐患；封闭式小区的房东大多不愿为旅居游客提供房屋短租服务；少数宾馆、酒店硬件设施差，对外省

（区、市）游客个性化服务意识薄弱；房地产市场在售的小区商品房在面积、户型、设施等要素上与旅居游客购房需求不匹配。同时，曲靖市的很多景区景点都不同程度地存在开发程度较低、品质不高、设施设备不完善、产品业态不丰富、服务质量不优的问题。旅游商品供给普遍存在种类不够丰富、包装设计不够精致，食品、果蔬类产品携带不方便，本地特色产品的知名度不高。

三、推进旅居康养产业发展，打造"旅居曲靖"品牌的建议

（一）加强"旅居曲靖"宣传推介引导

旅游和旅居具有相通之处，都需要良好的生态环境、浓郁的文化风情、好吃好玩好逛等吃住行游购娱要素。但是，从旅游到旅居，是从一次性消费到重复性消费、从短期旅游收入到长期旅居收入、从旅游门票经济到旅居综合性收入、从走马观花式旅游到沉浸式体验旅居的巨大变化。要树立"旅游旅居"的"引进来到留下来"的新观念，转变"我为主到客为主"的"主观性走心式"的新理念，整体策划、统一营销、精准推送，扩大"旅居曲靖"的知名度和影响力。

一是打响旅游品牌。巩固提升"珠江源""爨文化""罗平油菜花""会泽全国历史文化名城"等旅游品牌，创建中国气象局国家气候标志"中国天然氧吧""避暑旅游目的地"。统一策划"旅居曲靖"的宣传标语和口号，在市域内公园、广场、公交站台等进行广泛宣传，使其刻入广大市民的记忆里；精心制作完善一批体现"旅居曲靖"主题的形象宣传片、歌曲、剧目，借助新媒体和网络传播渠道，做好系列宣传推广工作，提高活跃度。

二是创新营销方式。实施"走出去"和"引进来"相结合，组织文旅企业到目标市场客源地城市举办诸如景区推介会、旅游地产推介会、文旅项目推介会、特色产品推介会等活动，面对面与"客人""客户"交流。加强与主流媒体平台合作，统筹官方微信公众号、抖音、快手、小红书、微博等新媒体，开展线上精准营销，构建"央媒＋省媒＋市县媒体＋文旅企业"联动的品牌传播矩阵，将曲靖市独特的清凉气候优势、良好的生态资源优势、多姿多彩的民族文化、丰富多样的饮食文化、热情周到的服务保障全面宣传到位，通过优质的服务、较高的性价比、宾至如归的体验、便捷的生活等，更好地让旅居游客再来，邀请或带动周边人群，把"流量"转化为"留量"。

三是加强宣传引导。完善涉旅舆情监测、预警、处置机制，及时掌握网络舆论动向，第一时间回应涉旅负面言论，依法查处恶意抹黑信息。加强正面回应、

舆论引导，加大旅游暖心举措和服务的宣传力度，及时将公共服务完善、特色亮点服务等以大众喜闻乐见、易于传播的短视频、图文等形式全面宣推，切实维护好"旅居曲靖"形象。

（二）创新"旅居曲靖"消费场景

围绕"旅居曲靖"目标，积极构建具有"居住舒适度、生活实惠度、娱乐开心度、出行便捷度、氛围适应度"特点的旅居康养新维度，围绕"吃住行游购娱康养学"做好旅居康养九要素文章。

一是提供"尝地方味、吃家乡菜"，使旅居康养者吃得放心。调研发现，旅居康养者尤其是老年人，因为旅居时间较长，他们更愿意吃自己家乡的味道、更愿意自己动手做菜做饭，偶尔品尝一下旅居地的特色美食。因此，一方面，可以适当推广本地特色美食，引导旅居康养者购买特色产品品尝或作为礼品等，擦亮"吃在曲靖"饮食文化品牌，彰显曲靖蒸饵丝、宣威火腿、沾益辣子鸡、马龙野生菌、陆良米线、会泽稀豆粉、罗平花米饭、富源羊汤锅、师宗黑山羊等特色优势，丰富餐饮供给和体验，满足旅居康养者不同层次的消费需求。另一方面，要为旅居康养者提供良好的"菜篮子""菜市场""菜工坊"，提供更多生态、有机和"土"产品，为旅居康养者提供符合他们胃口美食的方便选择。要充分调查研究旅居康养者的需求，以客户需求为导向，适度引导消费，让他们身在他乡却能感受到自己的"家乡情谊"和"家乡味道"，从"走形"向"走心"转变。

二是引导"便利短租、拎包入住"，使旅居康养者住得安心。大部分旅居康养者居住时间较长，一般在一个月以上，住宿往往选择租房。但是，相较于一般性租房至少要 6 个月，旅居康养者租房又属于短租。因此，需为短期租房者提供便利条件和减少中间费用。首先，要加大短租市场监督检查力度，对旅居康养者短期租房进行专项督查，开通投诉热线，减少纠纷和争执。其次，要引导拎包入住房屋供给，统筹酒店公寓、社区自建房、居民小区等住宿资源，升级改造一批星级酒店、宾馆、客栈、民宿和农家乐，提供更多标准化、特色化和适用性好的短租房资源，提供更多高中低各类型拎包入住房屋，推广马龙区咀子上、水箐、土瓜冲，沾益区红瓦房等地旅居经验，统一开发、集中改造，打造集休闲度假、康养旅居、工作生活于一体的旅居村落，实现旅居康养者可以睡好觉、做好饭、进出方便等。

三是主推"出行便利、租赁简便"，使旅居康养者行得顺心。调研发现，旅居康养者很大一部分人不会开车，对出行交通需求度、关注度和敏感度高。要继续推进"麒、沾、马"中心城市交通一体化建设，加快中心城市与景区景点之间、与乡村旅游示范点之间的交通基础设施和服务保障体系建设，在旅居旺季需要优化公交路线，缩短等待时间。积极推出新能源公交车、出租车和租车行，降低出行成本。简化租车出行手续、降低抵押和租车费用，提升租车出行的便利度、舒适度和性价比。

四是强化"规范有序、提升质量"，使旅居康养者游得舒心。要树立"游客为本、服务至诚"的理念，提升服务管理精细化水平，为旅居康养者创造安全、有序、文明、和谐的旅游环境。以强有力举措推进旅游市场秩序整治，严厉打击组织接待"不合理低价游"、停车场乱收费等扰乱旅游市场秩序的行为，进行涉旅企业诚信评价，规范旅行社经营行为，切实维护旅居康养者合法权益。不断提升改造景区基础设施，抓好珠江源、彩色沙林、多依河、凤凰谷、菌子山、大海草山等老旧景区转型提质，优化景区连接道路、游览线路、标识标牌和智慧导览服务，推进旅游设施适老化、无障碍改造，提升旅游服务配套功能；加大旅游风景道、公路沿线自行车道、步道，以及沿途服务区、旅游驿站、营地等建设力度，打造便捷化、人性化、舒适化的旅游环境。引导景区引入新业态、新模式和新产品，提升景观质量和游览体验。盘活用好曲靖市各类自然、人文、历史等优质资源，充分挖掘古地质和古鱼类文化、爨文化、长征红色文化等资源，推动旅居康养发展模式创新、产品升级、服务提质。以罗平云上花乡等先导示范工程为引领，打造更多立得住、叫得响、可持续、能复制的乡村振兴示范项目，全面激活乡村振兴和文旅产业发展新动能。盘活"三线建设"老旧厂区、厂房等工业遗产，依托陶瓷文化小镇、爨文化小镇、古鱼化石博物院，创新开发一批集休闲与文化于一体的体验式、交互式旅游新场景。围绕老年人、亚健康和患者出行的便利度做好服务文章。

五是引领"回归传统、减少装饰"，使旅居康养者购得称心。民以食为天，食以安为先。旅游产品的工业化一定程度上提升了品牌效应，但也存在同质化、过度包装和性价比差的问题。因此，在"原汁原味、特色入味"原则下，尽可能做到新鲜、生态和安全。以麒麟美食街、麒麟西门街、曲靖外滩夜间经济地标、雄业218购物广场为龙头，以历史文化、餐饮美食、文化创意、品牌购物、旅游休闲等为主题，打造一批商旅文深度融合的城市商业综合体，改造提升一批特色商业步行街，推出一批具有代表性的本地特色美食产品、餐馆和商家企业等。实行贵重商品"一货一码"可追溯，优化"30天无理由退货"机制，明确退货范围、完善退货流程。对本地特产分层分类，推动本地农副产品、特色产品、文创产品等回归传统、回归本真和回归本味，让旅居康养者自愿购、自由购，获得

"原汁原味"的真东西。

六是突出"地域特色、放松心情"，使旅居康养者娱得开心。旅居康养者的娱乐方式具有一定的独特性，白天或周末节假日需要体验当地风情，晚上或平常时间更愿意做自己喜欢、擅长和成长工作地所开展的娱乐项目。因此，政府有关部门要充分挖掘本地节日资源、文体资源和娱乐资源，发挥文体公园、场馆优势，引进国际国内知名体育、旅游企业投资运营，打造集体育竞赛、商业演出、会议会展、运动休闲、全民健身等功能于一体的国家体育旅游示范区。要提前谋划、统筹开展、科学部署。比如，政府有关部门在旅居康养者大量进入前就要统筹各县（区、市）文化活动，把活动安排表广泛宣传，基本上实现每周末都有大型活动，让本地特色和旅居康养者喜欢的活动实现周末或节假日常态化、不间断。

七是完善"康养设施、研学项目"，使旅居康养者居得尽兴。康养的基础条件是具有一定的医疗条件和疗养设施。围绕建设云南省医疗康养副中心目标，充分发挥曲靖市气候环境、生物医药、温泉山水、健康食品等资源优势，推进"药、医、养、游"融合发展，建设一批集疗养、住宿、休闲、养护于一体的高端医疗康养基地。要挖掘本土康养资源。比如，温泉、湿地公园、医疗中心、康养项目、体验项目等。出台相关政策，为旅居康养者的就医、疗养提供方便，比如，医保报销、绿色通道和扩大优质医疗。围绕老年人疗养、慢性病康复和亚健康人群等提供针对性服务。简化程序、提升服务水平。应充分挖掘本地中医、中药、针灸、传统康养资源，针对高中低不同层次消费群体，针对身体、心理、年龄等各类偏好人群，制定体验好、效果好和切实可行的服务方案。从硬件、软件等方面为旅居康养者提供多种选择。发挥曲靖市既有的闻名全国的基础教育、职业教育品牌优势，结合独具特色的珠江源自然地理文化、爨文化、"古鱼王国"文化等科普基地、馆藏资源，设计多样化的研学课程和考察线路，吸引全国各地的中小学生在寒暑假期间与家人一道来曲靖研学游，打造系列具有吸引力的研学项目。

（三）坚持政府引导与市场主导

产业发展必须遵循市场规律，以旅居康养者消费需求为导向，既要注重发挥市场机制和经营主体的力量，推进产品、业态、模式创新，又要发挥好政府在优化旅游规划布局、完善旅游基础设施、公共服务等方面的重要作用，推动有效市场和有为政府更好结合，实现旅居康养产业高质量可持续发展。

一是优化发展布局。政府有关部门要编制具有前瞻性和可操作性的发展规划，统筹乡村旅游产业、避暑旅游产业、旅居康养产业发展，明确空间布局、重点区域、业态类型等，以确保布局有遵循、建设有依据、发展可持续。各县（区、市）要编制可用管用好用的专项规划或实施方案，精准定位准特色和优势，明确符合本地实际的发展定位和路径。

二是培育壮大经营主体。可借鉴山东泰安文旅营运集团公司的经验，整合市、县（区、市）文旅行业、企业资源，重组、壮大曲靖市文化体育旅游产业投资管理有限公司，把公司建设成为带动全市文化旅游资源开发运营平台、文化旅游产业投融资平台、文化旅游产业发展综合服务平台。支持全市旅游住宿企业连锁化、品牌化、特色化发展，深化国有景区所有权、管理权、经营权"三权"分置改革，推动传统文旅企业发展壮大。

三是积极开展文旅招商。聚焦中心城区、罗平片区、会泽片区等重点旅游片区，坚持策划、规划、运营一体化开发，谋划一批要素有保障、政策有支撑、产品有市场、投资有回报、政府有税收的重点项目，着力引进以沉浸式文化体验目的地、新型城市文体消费潮流聚集区、主题乐园为核心的引爆式重点项目建设。

参考文献
REFERENCES

［1］查瑞波，孙根年，董治宝，等.青藏高原大气氧分压及游客高原反应风险评价［J］.生态环境学报，2016，25（1）:92-98.

［2］陈涵旸.新需求催生新动能 银发经济驶入"快车道"［N］.经济参考报，2024-10-11（1-2）.

［3］陈朴.坚持绿色发展理念 大力发展净土健康产业［N］.光明日报，2020-08-07（6）.

［4］楚武干，王莉，洛桑等.拉萨市净土健康产业发展述评：蹚出一条绿色发展之路［EB/OL］.人民网西藏频道.（2020-12-15）［2025-01-05］.http://xz.people.com.cn/GB/n2/2020/1215/c138901-34475207.html.

［5］丛丽，张玉钧.对森林康养旅游科学性研究的思考［J］.旅游学刊，2016，31（11）:6-8.

［6］旦增桑珠.深入贯彻新发展理念 推进林芝旅游业高质量发展［EB/OL］.中国共产党西藏自治区委员会.（2021-06-28）［2025-01-05］.https://www.xzdw.gov.cn/dsdt/lz/202106/t20210628_189171.html.

［7］邓成财.王华杰：加快培育壮大高原康养产业 切实把群众的事办好办实［N］.海东日报，2024-08-26（1）.

［8］窦瀚洋，白光迪，李茂颖.直播销售汽车 引进多类首店 打造旅居康养丰富新场景 激发消费新活力［N］.人民日报，2025-01-03（10）.

［9］段树国，李晓玉.新疆康养旅游开发适宜性评价［J］.石河子大学学报（哲学社会科学版），2021，35（4）：21-28.

［10］福寿康集团，中国人民大学，上海交通大学，等.2024养老护理员职业现状调查研究报告［R］.上海：2024年护理员职业发展共创公益活动，2024.

［11］付欣鑫 . 我省全力打造旅居云南新品牌——到 2027 年培育 3000 个以上乡村旅居重点村［N］. 云南经济日报，2024-11-05（1）.

［12］葛慧，周鑫鑫，吴香芝 . 体医融合视角下我国体育康养产业发展模式提炼与发展路径研究［J］. 湖北科技学院学报，2024，44（1）：98-106.

［13］关于全市旅游产业发展情况的报告［EB/OL］. 丽江人大官网 .（2023-10-28）［2024-09-26］.http://www.lijiangrd.gov.cn/xljrd/d12chy/202311/cfaff33d975f47f2b6d06b42a688f486.shtml.

［14］何莽等 . 中国康养产业发展报告（2017）［M］. 北京：社会科学文献出版社，2017.

［15］何敏 . 加强针对性研究　促进高原运动与康养产业发展——"高原康养医学及产业发展"系列报道之四［N］. 青海日报，2023-06-11（4）.

［16］胡文 . 林芝市：文旅融合添异彩 赋能乡村促振兴［EB/OL］. 中国西藏新闻网 .（2024-07-15）［2024-12-28］.https://www.xzxw.com/xw/xzyw/2024/07/15/content_6227608.html.

［17］健文 . 精准对焦老年人生活需求，"工作指引"来了［EB/OL］. 健康报（2024-10-25）［2025-01-07］. https://www.jkb.com.cn/new/view/2024/1025/498586.html.

［18］金华山 . 十年奋进，青海体育硕果累累［N］. 西宁晚报，2023-03-02（4）.

［19］靳玉婷 . 河北省中医药健康养老服务发展研究［D］. 保定：河北大学，2022.

［20］昆明人运动健身消费意愿位居榜首［EB/OL］. 昆明发布 .（2023-05-09）［2025-01-10］.https://mp.weixin.qq.com/s?__biz=MzA5NzEwODAzMQ==&mid=2651207503&idx=1&sn=4e23b40806c76c1ef416232c3943d2cc.

［21］拉萨市民政局"康养+旅游"成全域旅游新引擎［EB/OL］. 拉萨市民政局官网 .（2024-05-17）［2024-09-11］.https://mzj.lasa.gov.cn/lamzj/xxyw/202405/ac39ef9664334e60b020a338ef395474.shtm.

［22］郎晶晶 . 云南成为旅居养老热门目的地——多元服务让旅居老人乐享晚年［N］. 云南日报，2024-07-23（5）.

［23］丽江市卫生健康委员会 . 丽江市大健康产业发展"十四五"规划（2021—2025）（征求意见稿）［EB/OL］. 丽江市人民政府官网 .（2021-12-9）［2024-11-16］. https://www.lijiang.gov.cn/ljsrmzf/c101846/202112/90652071cff446d48471f52a17e66462/files/0b43235efa9d48b9b3669451c7a1684b.pdf.

［24］李晓娟 . 走进黄金海拔 2200 青藏高原康养中心［N］. 西宁晚报，2024-12-23（3）.

［25］李铁成.丽江打造"体育＋旅游"崭新名片［EB/OL］.（2024–11–24）［2025–01–07］.https://baijiahao.baidu.com/s?id=1816608486194172015&wfr=spider&for=pc.

［26］林芝市试点探索打造旅游"三大模式" 加快构建全域旅游发展新格局［EB/OL］.西藏林芝网.（2023–10–26）［2024–12–28］.http://www.linzhinews.com/portal/#/detail?contentId=601734417748037&catalogId=469457499050053&contentType=article.

［27］林芝市试点探索"旅游＋"融合发展新模式 加出旅游产业高质量发展新活力［EB/OL］.西藏林芝网.（2023–12–08）［2024–12–28］.http://www.linzhinews.com/portal/#/detail?contentId=491054895636549&catalogId=469457499050053&contentType=article.

［28］刘宝.高原习服及习服不良过程中基因表达特征及其病理生理学意义研究［D］.重庆：第三军医大学，2017.

［29］刘峰贵，张忠孝，侯光良，等.青藏高原"渐进阶梯式"旅游模式探讨［J］.人文地理，2006，21（5）：22–24+65.

［30］罗春明，柴静.全网阅读量超500亿次！与"有一种叫云南的生活"如此相遇［EB/OL］.新华网.（2024–12–12）［2025–01–07］.http://www.yn.xinhuanet.com/20241212/9b396625f8c246379c496b7ed347f9d0/c.html.

［31］吕雪莉，朱建军.高原低氧环境也可能有利于人体健康？［N］.新华每日电讯，2006–06–11（2）.

［32］乔晓春.中国人口老龄化的过去、现在和未来［J］.社会政策研究，2024（1）：47–63.

［33］四川"康养产业发展研究"课题组.生态康养看攀西——以"六度理论"为衡量指标打造同心圆圈层发展体系［J］.当代县域经济，2015（4）：26–29.

［34］四川省保护消费者权益委员会，青海省消费者协会，重庆市消费者权益保护委员会.2024年居民养老现状消费调查报告［EB/OL］.四川省市场监督管理局官网.（2024–11–11）［2025–01–07］.https://scjgj.sc.gov.cn/scjgj/c104529/2024/11/11/ea42b6263de848c8861586f556ffdb0b.shtml.

［35］唐文佳.中国成人超重和肥胖患病率超50%［N］.文汇报，2024–03–6（8）.

［36］陶成录.海东全力推进高原康养工作［N］.海东日报，2024–05–09（1）.

［37］王超臣，罗勇军.促进高原习服与提高高原作业能力措施研究进展［J］.人民军医，2017，60（3）：316–319.

［38］王丹，段毅，杨抒燕.云南全力打造中医药旗舰产业［EB/OL］.云南日报

官网.（2024-10-11）[2025-01-07].http://www.yndaily.com/html/2024/yuncaifu_1011/129635.html.

[39] 王桂萍.海东市乐都：搭乘高原康养"快车"探寻"健康密码"[EB/OL].中国新闻网青海.（2024-07-27）[2024-09-24].https://www.qh.chinanews.com.cn/kj/news/2024/0727/127683.html.

[40] 王苗,柴培培,闫娟娟.我国老年人群中医药健康服务利用的发展轨迹及影响因素[J].中国卫生经济,2024,43（4）：59-63.

[41] 王旗,张筱晟.贵州省体育局局长吴涛：努力建设山地民族特色体育强省[EB/OL].贵州省体育局.政务.（2022-08-08）[2024-11-26].https://tyj.guizhou.gov.cn/xwdt/tpxw/202208/t20220808_76002286.html?isMobile=true.

[43] 王琼.高原康养,西宁体育这样做——我市打造黄金海拔康养之都系列报道之三[N].西宁晚报,2024-10-09（2）.

[44] 王琼.以赛营城,西宁驶入文体康旅新赛道——我市打造黄金海拔康养之都系列报道之四[N].西宁晚报,2024-10-14（5）.

[45] 王石峰,蒋依依.体育康养旅游积极应对人口老龄化的理论机制与行动路向[J].体育文化导刊,2024（11）：95-102.

[46] 王廷尧.让道地中药材更"地道"[N].云南日报,2024-11-11（5）.

[47] 卫正芳.海东在高原康养之路上阔步前行——探访海东高原康养中心[N].海东日报,2024-10-26（1）.

[48] 吴普.发挥生态气候优势 把握市场新需求 建设国际一流生态康养旅游目的地[N].西藏日报,2024-07-10（4）.

[49] 吴天一.高原环境对人体有益影响的研究[J].医学研究杂志,2007（12）：1-3+9.

[50] 吴天一.关于在青海开展"高原康养医学"的重要性和优势[EB/OL].青海党的生活.（2023-06-26）[2025-01-07].http://mp.weixin.qq.com/s?_biz=MzA4OTIxMjkzMg==&mid=2650243453&idx=1&sn=486052b6c82aef30223dc9e6c0d95635&chksm=881d7016bf6af9006d3a3ced30265b92e1dfefc6029ae40fbba0a1d9aba61b5d4475914aa461&scene=27.

[51] 吴天一,公保扎西.高原康养——青海是个好地方[M].西宁：青海人民出版社,2024.

[52] 伍贤武,王晓萍,黄心豪.贵州向体育事业高质量发展"黔"进[N].中国体育报,2022-08-11（3）.

[53] 县城之美！嵩明全力打造"云南入昆第一站"旅居品牌[EB/OL].

嵩明县人民政府官网.（2024-11-15）[2025-01-10].http://www.kmsm.gov.cn/c/2024-11-15/6930749.shtml.

［54］邢生祥.西宁打造"高原幸福养老之城"品牌［N］.工人日报，2024-06-17（6）.

［55］熊建，杨文明，王美华.滇重楼：雪山下孕育出"植物抗生素"［N］.人民日报海外版，2025-01-14（9）.

［56］许珂，王安卓.云南大力推进高原特色体育强省建设［N］.中国体育报，2024-08-30（4）.

［57］徐前.昆明首个"数字游民"人才驿站落子安宁龙山［EB/OL］.人民网—云南频道.（2024-09-14）[2025-03-8].http://yn.people.com.cn/n2/2024/0914/c372456-40978177.html.

［58］薛华菊.青藏高原"渐进阶梯式"旅游开发模式研究［D］.西宁：青海师范大学，2008.

［59］薛华菊，方成江.高原人体生理适应学理论在进藏旅游中的应用［J］.干旱区资源与环境，2011，25（2）：183-189.

［60］薛华菊，方成江，吴成永，等.基于高原适应理论的进藏旅游线路比较分析——以青藏线和滇藏线为例［J］.旅游纵览，2011（6）：57-58.

［61］杨振.在滇池东岸 解锁"现充ONLY"生活方式［EB/OL］.文旅头条.（2024-10-08）[2025-01-06].http://www.wenlvnews.com/p/738936.html.

［62］悠然.西宁在高原康养之路上阔步前行——我市打造黄金海拔康养之都系列报道之五［N］.西宁晚报，2024-10-17（5）.

［63］罗婕.云南百年古村变身旅居新宠［EB/OL］.中新网（2024-11-09）[2025-01-14].https://baijiahao.baidu.com/s?id=1815219835066175424&wfr=spider&for=pc.

［64］张贝尔，黄晓霞.康养旅游产业适宜性评价指标体系构建及提升策略［J］.经济纵横，2020（3）：78-86.

［65］张科，琚国全，郭春，等.高原习服对急进高原人员健康影响的Meta分析［J］.现代隧道技术，2020，57（Z1）：292-296.

［66］张婧超，韩晓玉，刘洋.青海激发体育消费新活力［N］.中国体育报，2024-09-18（5）.

［67］张猛，王珊，谢筱纯.绘就"诗和远方"新画卷——林芝市"旅游+""+旅游"深度融合发展综述［N］.西藏日报，2023-05-10（5）.

［68］张淑萍，陈彦玲，梁伟明.林芝：文旅体融合添异彩赋能乡村促振兴

［EB/OL］. 新浪新闻 .（2024－06－14）［2024－12－28］.https://news.sina.cn/znl/2024－
06－14/detail－inaytfva8441072.d.html.

　　［69］张卫花，康龙丽 . 高原习服的重要性及研究现状［J］. 国外医学（医学
地理分册），2018，39（2）：108－112.

　　［70］张晓英 . 青海高原康养高质量发展之"路"怎么走？——省政协围绕
"高原康养产业发展及人才培养"资政建言［N］. 青海日报，2024－08－29（9）.

　　［71］张晓英 . 充分发挥政协职能优势　为推动高原康养产业高质量发展贡
献力量［N］. 青海日报，2024－12－28（2）.

　　［72］张艳艳 . 首批高原康养游客抵达西宁——我市打造黄金海拔康养之都
系列报道之一［N］. 西宁晚报，2024－09－26（4）.

　　［73］张艳艳 . 西宁打造黄金海拔康养之都正当其时——西宁市打造黄金海
拔康养之都系列报道之二［N］. 西宁晚报，2024－10－06（2）.

　　［74］张英英，赵新星，孟彦峰 . 国内外健康旅游研究综述［J］. 合作经济与
科技，2013（11）:6－8.

　　［75］赵莹莹 . 让"候鸟式"养老路更宽、行更安［EB/OL］. 人民政
协　网　.（2024－12－05）［2025－01－07］.http://www.rmzxw.com.cn/c/2024－12－
05/3643479.shtml.

　　［76］中共政协青海省委员会党组 . 关于开展"高原康养医学及产业发展"
调研情况的报告［EB/OL］. 青海党的生活（2023－06－25）［2025－01－07］.http://
mp.weixin.qq.com/s?_biz=MzA4OTIxMjkzMg==&mid=2650243442&idx=1&sn=545
03b658e4fa5cde0d927bdaa665468&chksm=881d7019bf6af90fd01d79653eaa9665a1ff
7d831029cb757659b0b32840d051507cd5df915b&scene=27.

　　［77］中共中央党史和文献研究院 . 习近平关于健康中国论述摘编［M］. 北
京：中央文献出版社，2024.

　　［78］周建萍 . 西宁市幸福养老圈硬核"出圈"［N］. 西海都市报，
2023－02－07（5）.

　　［79］朱茂琪 . 高原逆向康养旅游适宜性评价及开发路径——以青海高原为
例［D］. 西宁：青海师范大学，2023.

　　［80］2024 年北京市老年人消费情况如何？最新调研报告来了！［EB/OL］.
北京统计 .（2024－11－29）［2025－01－07］.https://mp.weixin.qq.com/s?__biz=MzI1
ODIwMDg1NQ==&mid=2650957629&idx=1&sn=802de0979b632bc43ac715a612a1
b02d&chksm=f0fdfd058940f84524c37320c367130ac08a9eeea3229932617855e2a492
7d827d90337f11bfa&scene=27.